◇ 湖南省社科基金项目(17YBA431)成果
◇ 2018年中南林业科技大学人文社会科学学术专著出版资助
◇ 湖南省高校重点社科研究基地“农林经济管理研究中心”资助

基于农户需求的林业社会化服务供给研究

Study on the Socialized Service Supply of Forestry Based on Farmers' Demand

◎ 宋 璇 著

中国矿业大学出版社
China University of Mining and Technology Press

图书在版编目（CIP）数据

基于农户需求的林业社会化服务供给研究 / 宋璇著. —徐州:
中国矿业大学出版社，2019.8

ISBN 978-7-5646-4478-9

Ⅰ. ①基… Ⅱ. ①宋… Ⅲ. ①林业经济－农业社会化服务体系－研究－中国 Ⅳ. ① F326.23

中国版本图书馆 CIP 数据核字 (2019) 第 126045 号

书　　名　基于农户需求的林业社会化服务供给研究
著　　者　宋　璇
责任编辑　张海平　章　毅
出版发行　中国矿业大学出版社有限责任公司
（江苏省徐州市解放南路 邮编 221008）
营销热线　（0516）83884103　83885105
出版服务　（0516）83995789　83884920
网　　址　http://www.cumtp.com　**E-mail**：cumtpvip@cumtp.com
印　　刷　湖南省众鑫印务有限公司
开　　本　710×1000　1/16　**印张** 15　**字数** 228 千字
版次印次　2019 年 8 月第 1 版　2019 年 8 月第 1 次印刷
定　　价　98.00 元

宋　璇　1978年9月出生，湖南益阳人，北京林业大学林业经济管理专业管理学博士，主要从事林业经济管理及林业政策等领域研究。现为中南林业科技大学商学院教师，硕士生导师，担任多门专业课程的教学工作。先后主持湖南省社科基金、湖南省教育厅青年项目、湖南省教育厅教改项目等多项省级课题，参与国家社科基金及国家林草局等委托的多项课题调查和研究，以第一作者的身份先后在CSSCI及核心期刊上发表论文十余篇。

前　言

从党的十八大“五位一体”总体布局到党的十九大报告提出“实施乡村振兴战略，健全农业社会化服务体系，实现小农户和现代农业发展有机衔接”，将治理生态环境、改善三农问题列入国家发展战略的重要组成部分。林业是农村经济的重要组成部分，林业建设，对于实施可持续发展战略具有十分重要的影响，肩负着美化环境和促进经济发展的双重使命。通过提高和探索林业社会化服务体系，旨在为林业生产经营活动提供产前、产中、产后全过程综合配套的、能够充分满足农户需求的相关服务，促进林业生产力发展，促进林业社会贡献率的大幅增加，加速农户增收致富步伐。同时，林业社会化服务多元供给机理、供需影响因素研究，有利于挖掘林业社会化服务与林业发展的内在联系，有利于丰富林业社会化服务供给理论和生产组织理论；对深化林业经济学理论具有一定价值。

本书以林业转型升级为背景，服务供给以挖掘农户需求为切入点，解决现实中存在的供需不平衡问题，提高农户满意度，使农户潜力和活力得到充分释放。

湖南作为全国国有林场改革、政策性森林保险、国家木材战略储备生产基地等试点省份，是我国主要集体林区省份之一。把湖南作为调查研究区域，能更好探讨林业社会化服务需求和供给问题。本书选择湖南省慈利、凤凰、花垣、衡阳等10个县(区) 50个村500户农户为样本进行调研。第一，运用最优先项频数法、加权均值法和系统聚类分析法，对样本实地调研数据进行深入分析，探讨农户林业社会化服务需求状况，并对农户迫切需求的社会化服务项目进行优先序排序，从而反映出农户的真实需求及不同需求的迫切程度；第二，运用 IPA 分析法直观地分析了农户对八项林业社会化服务需求迫切程度与供给满意度之间存在的差异，把供需双方的需求与供给能力进行有效匹配，可以很好地了解到供给效果较好的服务项目，以及还待改进的服务项目，增强服务供需的协调性；第三，使用 BP 神经网络模型理论分析湖南省林业社会化服务需求与供给的影响因素，从而找到供需失衡原因；第四，对于林业社会化服务可以采用三阶段博弈方法去分析其主要诉求、核心能力、关键资源，高效地满足来自供需两方的能力与需求上的协调，确定供给主体与农户间的服务方案与价格，同时采用合作博弈确定多元供给主体之间关于林业社会化服务系统的价值分配；第五，运用结构方程模型研究方法，定量分析多元供给林业社会化服务将对提高供给满意度有较好的改善作用。

本书得出的主要研究结论如下。

(1) BP 神经网络模型分析得知：资源禀赋是影响林业农户选择林业社会化服务关键因素。农户自身资源禀赋、地理条件、区域间差异、农户离县城远近等因素共同影响着农户对林业社会化服务的需求。

(2)问卷调查与 IPA 分析结果显示：供给优势区域的服务为森林病虫防治和森林保险，继续保持区域的服务为林木种苗培育与供应，继续改进区域的服务为林地流转中介、林地产权资产评估、林业融资、林产品加工，继续保持区域的服务为林业科技。

(3)各供给主体在提供林业社会化服务中的作用不一：公共服务机构是外部性较强的林业社会化服务的主要提供者，合作组织及龙头企业带动林业社会化服务的能力还有待加强，科研院所及社会组织在林业社会化服务中所起的作用微弱。多元合作供给要比单一主体供给更合理、更具效率。故构建基于农户需求的林业社会化服务多元供给机制是必然选择。

(4)供给主体和农户之间的三阶段博弈结果表明：在资源相对贫乏条件下，

三方适宜采取合作为主策略，这样有利于保障供给水平；在资源充裕的条件下，适宜采取供给双方竞争为主的策略，这样有利于保障服务质量。

同时，在构建林业社会化服务体系过程中，应规避单纯以公共服务机构投资主导的局限性，探索在多元合作供给中实现价值创造与价值分配的方法。在公共服务机构、合作组织及龙头企业、社会组织三方合作供给形态下，建立有效的农户需求信息传递机制，来平衡社会化服务供需之间的差异，缩短服务供给的相应周期，采取更多的制度创新来协调供需关系，提高信息透明度和供给实施效率。

目　录

第1章 绪 论

1.1 研究背景和问题的提出

1.1.1 研究背景

林业是建设生态文明的主阵地，林业发展肩负着美化环境和促进经济发展的双重使命，林业社会化服务的发展将极大地促进林业发展。集体林权制度改革(以下简称“林改”)后，湖南林业发展进入新的历史时期，面临着从粗放型传统林业向集约型现代林业转变，而要实现这种转变，必须要有完善健全的林业社会化服务体系做支撑。湖南作为全国国有林场改革、政策性森林保险、国家木材战略储备生产基地等试点省份，是我国主要集体林区省份之一。由于湖南省林业发展基础薄弱，虽然政府在不同方面社会化服务体系的构建做出了自身的努力，但社会化服务体系仍不尽完善，在很大程度上影响湖南省实施可持续发展战略，故而，建设具备高效便捷、综合配套、覆盖林业经济活动全程的林业社会化服务体系，是时代的召唤，也是发展湖南省现代林业的客观必然要求。

供给侧结构性改革是2017年湖南林业工作的重中之重。调结构、增资源、补短板、创效益是林业调整优化结构和产业升级的重点。湖南林业工作既切实做好调结构、增容量、提质量的生态攻坚战，又以增加经济总量、丰富优质生态产品和林产品供应作为主攻方向，走出了一条具有湖南特色的林业转型升级之路。党的十八大和中央一号文件围绕“创新农业生产经营体制、构建农业社会化服务新机制”的部署：农业社会化服务中供给服务应相互结合、相互补充为农业生产提供了经营性、公益性的农业社会化服务，共同构成新型农业社会化服务体系，以公共服务机构为依托、合作经济组织为基础、龙头企业为骨干、其他社会力量为补充，为农业生产提供产前、产中、产后全过程综合配套服务的体系。党的十九大报告提出，实施乡村振兴战略，健全农业社会化服务体系，实现小农户和现代农业发展有机衔接。林业是大农业的重要组成部分，良好的生态环境将有力促进林业生产的快速发展，林业生产的发展也将极大促进整个生态环境的良性循环。通过大力发展林业社会化服务，林业社会贡献率将大幅增加，全省农户将加速致富步伐。林业社会化服务的基本功能在于：在林业生产经营、流通、分配和消费过程中，对信息、技术、林地等生产要素的投入进行优化服务，改善林业生产经营条件，满足农户对林业服务方面的需求。

农户对林业社会化服务日益增长的需求源于林业发展和农户增收的需要。林业社会化服务能够在很大程度上降低经营成本，提高农户的收益水平（岳军，2004），这就决定了农户的生产经营对林业社会化服务有着较强的依赖性。随着林业不断地发展与改革，小农经济逐渐进入市场经济中，同时随着林业集体经济不断退化，小农户很难适应当前的经济发展要求，因为难以抵御市场风险带来的损失。首先，个体农户经营规模不大，经济水平有限，因此很难抵御市场风险。其次，目前湖南农户组织化程度不高，还是处于农户单兵作战的状态，没有拧成一股绳，导致交易成本较高，农户增收困难，湖南省部分农户的产品“卖难”现象时有发生，小生产与大市场之间的矛盾越来越突出。目前外出务工人员不断增加，大量农村强壮年劳动力向外流出。而完善林业科技推广服务，不仅可以通过林业科技手段解决劳动力不足的问题，还能通过优质服务将生产、加工、销售各个环节连接起来，为农户搭建互助合作平台，增加农户收入，按照市场需求引导农户向专业化和产业化方向迈进，进一步解决小生产和大市场的矛盾。

目前，湖南林业社会化服务还存在着供给和需求的诸多矛盾和问题。林业服务供给不足，主要是因为在林业服务供给的过程当中，由于农户诉求的多样性，同时又因为各个供给主体之间配合不默契，所以缺乏沟通，难以形成很好的合作，这样就导致林业服务供给效率低下，质量不高，不能满足农户的诉求，农户满意度较低，整体上看社会化服务体系还不健全，这将严重阻碍湖南林业现代化发展的进程。因此，加强对林业社会化服务体系建设的研究，促进湖南林业社会化服务建设不断完善，已经迫在眉睫；这对于促进湖南林业的稳定发展、农村经济繁荣、农户增产增收、早日实现林业现代化具有重大的现实意义。

1.1.2　问题的提出

完善湖南省林业社会化服务体系是推进当地林业可持续发展的必然要求。从区域范围上讲，加强湖南林业社会化服务建设的研究及相应问题的解决可以进一步引导林业社会化服务供给满足农户需求，进一步解决小生产和大市场的矛盾，促进湖南省林业的稳定发展、农户增产增收、林业协调发展，使整个湖南省林业具有可持续性。基于以上背景，本书试图针对以下问题进行研究：

(1) 当前信息非对称条件下林业社会化服务供给与需求关系如何？这是本书的研究切入点。处在不同时间或不同地区的农户对林业社会化服务的需求是不一样的，具有一定的动态性与差异性。如何识别农户对林业社会化服务的需求与需求强度及需求层次？其影响因素是什么？本书针对在各种情况下农户面临的难题进行研究，农户需求则通过逻辑推理与数据分析的方法来鉴别其存在的主要问题，即阻碍因素，并能了解其受影响的一些要素；建立健全林业社会化服务供给机制，实现供需双方在资源能力与需求上的高效协调。

(2) 农户对林业社会化服务的需求是通过何种机制影响供给并加以表达的？各供给主体在林业社会化服务体系中分别承担着什么样的功能？多元供给主体如何合作、共同提供林业社会化服务才能满足农户需求，进而达到供需均衡？这是本书研究的重点。为了回答这些问题，本书一方面了解农户的真正需求，另一方面，全面掌握林业社会化服务中各供给主体具备的能力和资源，研究讨论开拓公共服务机构、合作组织及龙头企业、社会组织三方能力，构建多边博弈模型，规避单纯以公共服务机构投资主导的局限性，探索多元合作供给中实现价值创造与价值分配的方法与路径。

(3) 林业社会化服务多元供给能否提升供给满意度？这是本书的研究难点。本书准备突破以往满意度评估指标体系的指标设置兼顾多元供给主体的利益，依据林业社会化服务多元合作供给满意度评估的价值取向和利益相关原则，在明确林业社会化服务多元合作供给满意度评估的含义、价值取向、评估主体、评估程序等基本理论基础上，初步分析了湖南省林业社会化服务多元供给满意度提升的可能性。

(4) 如何选择林业社会化服务多元合作供给实现路径？多元合作的供给机制究竟应该如何运作、具体选择何种优化路径？这是本书的研究落脚点。湖南林业社会化服务要高效实现多元合作供给的目标，就需要明确各供给主体的地位。公共服务机构是“看得见的手”，而市场是“看不见的手”，社会是处于两者之间，研究三者的作用和影响范围是很有必要的。总之，由于地区经济社会发展不平衡，并且农户对林业社会化服务有着异质性、多样化和多层性需求，而且，政府在提供林业社会化服务时一般按照既定的预算和规则提供，具有刚性和有限性。因此，为了满足农户对林业社会化服务的需求，只有改变当前林业社会化服务供给方式单一化的局面，走林业社会化服务供给主体、资金来源以及供给方式多元合作的途径。

1.2 研究的目的及意义

1.2.1 研究目的

(1) 充分了解以及掌握农户在林业社会化服务上的需求内容、需求程度。在集体林权制度改革的背景下，农户成为经营主体，在其从事林业经营活动时，农户必然会遇到凭借本身的力量和能力无法解决的难题，这不得不依靠林业社会化服务体系，为其提供完备健全的服务。本书研究以林业转型升级为背景，以挖掘农户需求服务供给为切入点，以供需平衡、多元供给与价值共创理论为指导，探讨和解决湖南林业社会化服务供需中存在的问题。

(2) 建立满足农户需求的林业社会化服务多元合作供给机制。由于存在着信息不对称等诸多问题，因此需要对湖南林业社会化服务之间供给和需求进行深入研究分析，并且对林业社会化服务而言，农户产生的需求是通过何种制度影响供给并加以表达的也需要深入探究。本书希冀能够寻找到农户与林业社会化服务之间的良性互动的内在原理，并以此为导向，构建出一种多方共赢的服务多元供给模式，以期通过强化林业社会化服务，促进湖南林业持续健康发展的关键。这将有利于解决目前存在的以公共服务机构为主导的林业服务体系中迫切的现实问题，能够在很大的程度上提升湖南林业供给质量，为湖南林业社会化服务领域改革探索出一条新路。

1.2.2　研究意义

本书旨在通过分析湖南省林业社会化服务供求现状，深入了解农户的需求偏好及对当前林业社会化服务供给的评价，揭示林业社会化服务发展过程中存在的现实问题，在总结和借鉴国外先进国家林业社会化服务体系发展经验的基础上，通过理论分析提出湖南省林业社会化服务供给体系建设的基本构想与框架，努力形成覆盖全程、综合配套、便捷高效的社会化服务体系。

1.2.2.1　理论意义

(1) 深入研究湖南省林业社会化服务供需问题可以完善林业社会化服务生产组织理论。本书从界定林业社会化服务多元供给的内涵、特征与机理出发，引入供需平衡、多元供给与价值共创三个核心理论，在厘清公共服务机构、合作组织及龙头企业、社会组织的边界前提下，构建社会组织多元供给体系，以实现多元供给的规模性和延展性。本书构建的湖南省现代林业社会化服务供给体系的整体框架与发展路径，有助于改善不同主体、组织实现角色协调与功能和谐，对供给战略、多元供给与价值共创理论的融合、扩展与完善，具有理论价值，这将有利于丰富林业社会化服务供给理论，也有利于完善林业社会化服务生产组织理论。

⑵深入研究湖南省林业社会化服务供需问题能够丰富林业经济学理论。林业社会化服务本身属于林业经济学的理论范畴。构建新型林业社会化服务供给体系是对林业经济学理论的扩展与提升。本书通过研究分析，旨在详尽准确地判断目前湖南省林业社会化服务形势，发现存在的问题，从经济学的角度分析农户对林业社会化服务的需求意愿及支付能力，林业社会化服务供给主体供给效率和供给意愿，并且提出了相关的对策和建议。这些问题的研究与探讨有助于丰富与深化林业经济学理论。

1.2.2.2 实践意义

⑴本书的研究能够很好地解决林业社会服务供给中存在的问题。面对林业发展的客观要求与公共服务供给主体单一、林业市场发育不成熟等矛盾，农民对林业社会化服务需求体现出多样化、升级化、差异化、优质化的新特征，无疑对公共服务机构、合作组织及龙头企业、社会组织等林业社会化服务治理主体提出了更高要求。本书从农户需求的角度出发，分析了农户对服务方式、效果和内容等的愿望，并建立基于农户诉求的林业社会化服务框架，有助于对农户急需的资金、技术、信息等要素的服务供给问题进行细化研究，有利于农户借助林业社会服务水平的提升，改变湖南林业的粗放式生产行为，提高科学水平和生产能力。基于农户需求导向的林业服务供求状况和特征的研究，有利于解决目前存在的以公共服务机构为主导的林业服务体系中迫切的现实问题。

⑵本书研究的结果有利于湖南林业社会化服务多元供给体制的形成，有利于促进湖南省林业发展。在市场经济不断发展的社会背景下，在乡镇机构改革以后，农户渐渐形成“原子化”形式发展，传统林业的制造产出模式已经无法满足时代的需求，农户在适应市场道路上存在诸多困难，此时农户可能会借助于

相关组织的力量解决问题，如村集体、企业、农业专业合作社、企业或是其他社会组织等，便能够使资源要素实现合理配置，提高农户的生产积极性，促进林业生产的发展。再者，发展林业社会化服务体系，让农户不断满足产前、产中、产后服务的迫切需求，让农户能够在享受林业社会化服务，如对于一些加工产业予以技术指导，或者予以资金支持，及时解决其在发展林业中存在的现实问题。

(3) 本书研究的结果可以为政府及涉林部门进行决策提供参考依据。通过针对农户的调查，农户在林业社会化服务上具有一个需求导向，这将为公共服务机构确定林业社会化服务供给工作提供参考，推动林业社会化服务供需有效对接；通过对林业社会化服务供给主体供给意愿与能力的分析，揭示出当前影响湖南省林业社会化服务供给的相关制约因素，促进建立新型林业社会化服务供给运行的良好环境与条件；通过对林业社会化服务供给侧结构性变革相关措施探讨，为政府相关部门政策的制定提供决策依据。

(4) 本书研究的结果能够对区域的统筹城乡发展，建设和谐社会有一定的积极影响。由于农村经济不断向前发展，以及城乡差距也在不断加大，使得服务供需矛盾越来越突出，并引起了党中央和政府的高度重视，并对其实施了积极的财政支持政策。但是，受多种因素的影响，如资源有限以及经济发展水平等方面的制约，单凭增加政府资金投入来解决林业社会化服务供求矛盾是不现实的，更好的解决办法包括：一是提高政府资金利用效率，使资源发挥更好的作用；二是努力构建公共服务机构、合作组织及龙头企业、社会组织三方合作机制，形成多元化林业社会化服务体系。为农户提供完善、及时的产前、产中、产后服务，并且为农户提供自主创业的平台，营造出良好的发展环境，这会在一定程度上细化湖南林业社会化服务的结构，使其更有针对性、更具灵活性，从而使湖南林业社会化服务供给更有效率，这对解决湖南省湖南林业社会化服务供给问题、消除城乡二元结构无疑有其现实意义。

1.3 研究内容

本书将围绕如何构建满足供需平衡的湖南林业社会化服务多元供给这个核心问题来展开研究。本书的研究内容如下：

第一部分：本书立足于对“林业社会化服务供给”内涵与本质的把握。这是本书研究的逻辑起点，根据农户用户特征，分析农户对于林业社会化服务的诉求，以及需求与满意度之间的关系，为研究构建理论分析框架。对林业社会化服务的基本理论、林业社会化服务发展模式进行梳理并分析，综合国内外有关林业社会化服务的定义、林业社会化服务制度配套政策，以农户行为理论、新供给理论、新公共管理理论、交易成本理论、多中心治理理论为本书的理论基础。借鉴国内外现代林业社会化服务供给体系发展经验，探索不同供给主体在体系中的地位与功能。

第二部分：对湖南林业社会化服务供需现状、供给满意度及问题进行分析。这是本书研究的切入点。首先对湖南林业社会化服务供给的现状数据来源进行描述性分析。运用 IPA 分析法解析湖南省农户对林业社会化服务供给体系的满意度、剖析湖南省林业社会化服务供给的满意度，深入分析其存在的不足之处。探讨各供给主体优势发挥情况及其合作效应，总结林业社会化服务供给机制不够健全和完善的根本原因。

第三部分：分析影响林业社会化服务供需的因素。目前的多元主体供给格局没有实现最优状态，供给并未真正满足农户需要求。如何为“小农户”提供“大服务”，湖南各地在实践中普遍存在着一些制约难题，通过因素分析，将更好地寻找解决方案。本书深入分析调研农户存在的问题，借助逻辑推理和数据分析当前林业社会化服务供给中存在的主要矛盾；充分觉察林业社会化服务中的关键资源、核心能力与主要诉求。从农户对林业社会化服务需求程度的优先序进行分析，并且运用 BP 神经网络模型对农户的社会化服务需求供给影响因素进行分析，把农户的真实需求与实际供给进行比对，发现不同特征的农户对供给主体的选择是有区别的。

第四部分：构建基于农户需要的湖南林业社会化服务多元主体合作供给模型。运用高效协同供需双方的能力和需求，构建林业社会化服务多元供给，实现多方共赢的局面。本章创新性地将博弈理论引入林业社会化服务供给方式中。采用合作博弈对公共服务机构、合作组织及龙头企业、社会组织三方进行研究分析，得出若要实现多方共赢的目标，必须做到合作供给。基于林业社会化服务系统动态演化的博弈分析，本书提出三阶段博弈模型，供给主体之间的动态博弈是合作博弈，主要用于解决服务资源配置问题；而供给主体与农户间的博弈是对抗博弈，主要解决服务资源有效供给问题。三阶段博弈可以多次应用，由于农户需求的变化，可以在每次更新时使用，建立农户与供给主体之间的联系，提高农户的满意度，更能培育林业社会化服务生态系统。

第五部分：对湖南林业社会化服务多元供给满意度进行测评，运用 SEM 方法对农户的调查数据进行分析，通过分析得出农户需求程度的加强，有效地推动了林业社会化服务多元供给体系的发展。因此，建立林业社会化服务多元供给应以满足农户需求为根本出发点，服务供给要与农户需求相吻合，使林业社会化服务能真正落实到农户的生产生活中去，确保农户能够从林业社会化服务中获益；其次，农户需求与供给满意度的对接强化了林业社会服务多元供给。供给主体的多元性和多样性得到深度发展，促使林业社会化服务实现有效合作，进一步满足农户多样化的需求。识别林业地区对林业社会化服务的差异性需求，针对农户的差异性需求，科学地确定好供给主体、服务数量、服务价格以及方式等。

第六部分：建立湖南林业社会化服务多元合作供给的运行保障体系。从供给主体创新、建立有效利益分配机制、健全约束保障机制等方面提出建议，保障其运行。从多元主体的供给合作的建立，实现了视角从宏观到微观的改变，也将概念框架落实到了具体操作层。一方面，将有效地整合服务供给中优质资源，整体满意度也将通过多元合作获得了较大程度的提高；另一方面，坚持以农户为本的宗旨，积极响应农户需求。林业社会化服务供给方式将会在这种潜在的价值与能力的影响下发生巨大的改变。

1.4 研究方法与技术路线

1.4.1 研究方法

本书是以有关理论为基础，将实证分析和规范分析结合起来，同时进行定量分析和定性分析，具体来说，主要有下列几种研究方法。

1.4.1.1 文献资料法

为了全方位地了解选题，更为深入地进行分析，本书详细收集、整理了林业社会化、农户需求行为、农户林业生产经营行为、有效供给等领域的学术论文、学位论文等科研成果。对林业社会化服务中农户需求行为有了较全面、深刻的认识。搜集二手数据，查找有关资料、文献，收集并汇总林业社会化服务的相关数据，这些数据一般可通过地方统计年鉴、中国农村统计年鉴、林业局网站和湖南林业厅网站等查询获得。

1.4.1.2 实地调查法

本书数据来源于国家林业局林业软科学课题“林改跟踪监测暨林业社会化服务体系建设专题研究(2015-R08-4)”，调查在2017年7~8月完成，获得了报告期2016年500户样本数据。采取分层抽样的方法，选取了湖南省的衡阳、花垣、沅陵、会同、茶陵、凤凰、慈利、蓝山、新邵、平江等10个县，再在每个县随机选取5个村，每村随机抽取10户，组成500户农户样本，然后对样本户进行问卷调查。了解林地基本情况、农户的相关信息以及近年来的生产经营状况、农户对林业社会化需求优先次序，支付意愿情况等。连续两年的调研共发放问卷500份，回收500份，有效率100%。

1.4.1.3 定量与定性研究相结合的方法

本书通过调查问卷的数据分析，精确地了解研究对象，更加科学地揭示规律，把握本质，理清关系，将定性分析和定量分析结合起来，深入剖析了林业社会化服务的相关问题。通过 IPA 分析法直观地了解农户对林业社会化服务需求迫切程度(即重要性)与供给满意度(即满意度)之间存在的差异，理清各维度的优缺点，为决策执行及资源配置提供参考依据。其次，运用 BP 神经网络理论对不同区域农户的社会化服务需求影响因素和供给的影响因素进行了分析；再运用博弈论构建起基于农户需求的湖南林业社会化服务多元主体合作供给模型。

1.4.2　技术路线

确定好研究目的、研究内容以及待处理的问题，以文献提供的间接数据和研究得到的直接数据为根据，以数理统计学、微观经济学、制度经济学、计量经济学等学科为工具，对林业社会化服务供需层面展开研究。研究遵循的技术路线如图 1-1 所示。

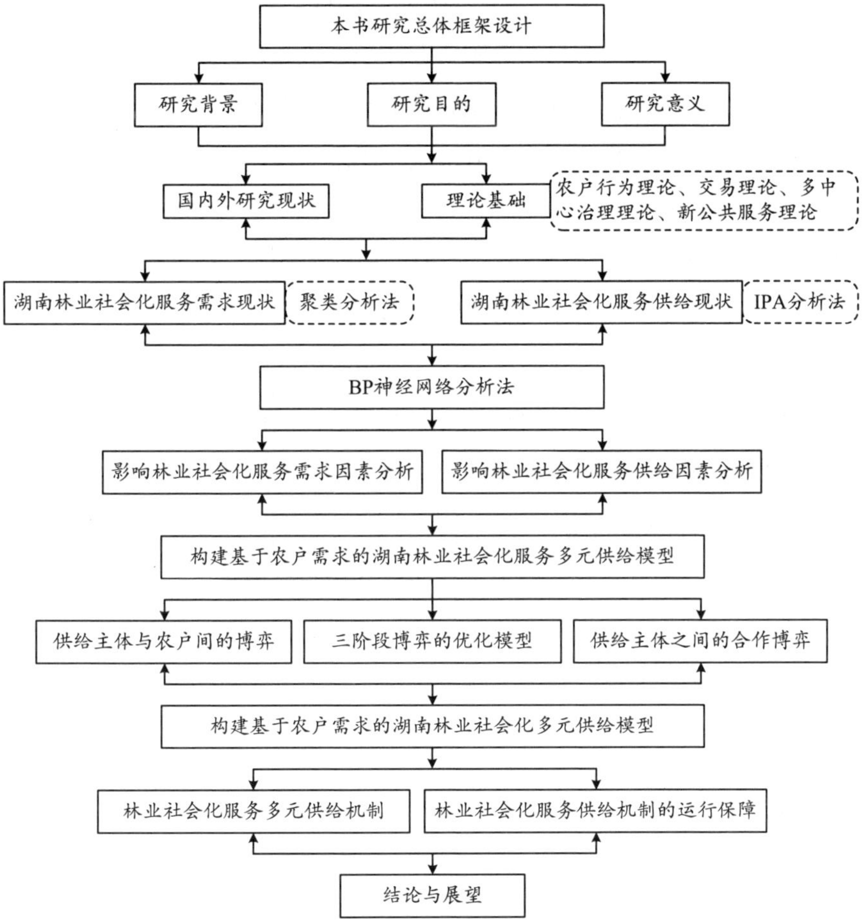

图 1–1　研究技术路线图

1.5 本书的创新之处

目前针对林业社会化服务的研究较多，但是很少有人研究林业社会化服务供给与农户需求之间的关系。不同于有些外国研究人员对林业社会化服务与农户需求在某个方面的研究，本书尝试以微观农户为研究对象，进行大量的调查、全方位的分析，研究也更为深入和详细，弥补了以往的国内研究在对服务与需求的量化分析和实证分析上的缺失。本书在各个方面都实现了很大程度的创新，具体内容如下：

首先，就研究方向而言，国内的研究人员很少关注林业社会化服务供给对农户需求的影响，更多的是研究服务的体系和模式，并且很少考虑需求的约束，林业社会化服务的供给就很难做到有的放矢。为了使林业社会化服务方和农户都能实现利益最大化，要合理分析农户需求与供给的联系，从而采取相应措施。

其次，在借鉴相关成功的研究成果以及经验之后，本书建立起以农户为需求主体的分析框架。多角度、多层面、多指标对信息非对称条件下林业社会化服务供需关系、林业社会化服务层次、需求强度及其影响因素进行分析，得出更为严谨的研究成果。在分析框架上实现了很大的创新，对之后在林业社会化服务供需上的研究和政策评估起到了借鉴作用。

最后，本书对现有的研究成果进行分析，借鉴相关经验，采取了一种新的研究方法。本书将 IPA 方法应用于林业社会化服务供给满意度与农户需求迫切度之间相关性；并应用 BP 神经网络模型分析了林业社会化服务供需的影响因素，并分区域进行比较；基于三阶段博弈的多元供给优化模型分析林业社会化服务中的供需问题，详细分析了供给方和农户两者的能力与需求，采用有效的措施对它们进行匹配，极大改进并完善了研究方法。

第 2 章　概念界定与理论基础

2.1　相关概念界定

2.1.1　农户的概念

聚焦农户概念，学术领域并没有做出相应的绝对定义。但是从职业的角度来看，普遍认为“农户是以林业生产为主的农民”。学术界认为，如果从生产劳动者从事的该劳动对象来讲将视农民为“最主动直接接触农业生产生活的基层劳动人员”。农户属于农民的范畴，同时也分狭义与广义。广义层面上的农民，包括各种砍柴打猎捕鱼行为的人。而狭义的农民更多是只单纯地从事农作物种植的人民。

《辞海》对农民的解释是，农民更多指直接参与到农业经营的人，在被侵略时期的殖民地与半殖民地社会甚至资本主义社会中，以贫困农民为主。而在社会主义阶段，农民更多指集体活动人员。蒙德拉斯基于农民所处环境，认为没有城市的存在也就不会有农民，只要没有城市化发展，也就不存在农民团体。农户是农村生产、生活的最基本单位，对微观主体行为及政策响应的研究受到国内外学者的高度关注。根据其研究视角、内容的不同形成了以恰亚诺夫(1996)为代表的组织生产理论等多种经典理论。林毅夫、孔祥智、宋洪远等国内学者进一步借鉴这些理论研究农户行为。在中国，农户作为农村经济的基本细胞存在了几千年，研究者对中国农户的研究设计生产、消费、投资和采用技术情况等诸多方面，取得了丰富的研究成果。农户常被界定为户口在农村的常住户，包含有农户家庭成员的概念，农户的状况与林业经济增长关系密切。农户是本书的一个重要基础概念。因此，本书将农户界定为：以家庭为单位、拥有森林资源的、从事林业生产经营活动、在农村常住的、家庭成员为一个整体的单位。

2.1.2 林业社会化服务体系

“林业社会化服务”概念是中国特有的提法，更多的是在强调林业服务的社会化。笔者通过查阅外文文献发现，欧美国家通常把这一概念称为“林业服务”，其含义可能与世界银行所说的“支持服务”最为接近。林业是大农业的重要组成部分，党的十六大明确提出要建立健全农业社会化服务体系，同时规定政府的职能为市场监督、经济协调、公共服务以及社会管理。党的十七届三中全会将完善农业社会化服务体系提高到了一个新的发展高度。党的十八大和中央一号文件围绕“创新农业生产经营体制、构建农业社会化服务新机制”的部署：农业社会化服务中供给服务应相互结合、相互补充，为农业生产提供了经营性、公益性服务，共同构成了推进农业社会化发展的重要力量。党的十九大报告提出，实施乡村振兴战略，健全农业社会化服务体系，实现小农户和现代农业发展有机衔接。

当前我国正在全面进行林业现代化建设，对加快林业社会化服务体系的建设的需求应运而生。一般而言，林业社会化服务体系主要表现为两个方面：一是系统性，在林业生产不同阶段，提供系统化的、有机契合的服务机制，并能够使参与的不同服务主体相互协调地发挥作用；二是社会化，就是要充分调动社会各方力量，广泛参与林业社会化服务，形成有效的服务体系，让林业生产者能够享受充分的服务，解决其林业生产经营活动中存在各种问题。随着不断进行林业改革与发展，相应地对配套的服务体系也开始产生了新的影响，形成了以下几方面的特征。

2.1.2.1 服务主体的社会性

林业的发展关乎我国经济的发展，所以发展进程不仅要依靠林业从业人员自身的力量，还要得到其他产业与机构的帮助。林业社会化服务体系不只是农民封闭性的自我服务，而是要建立在物物交换的基础之上，以盈利为目的，是市场经济不断发展的结果。具体来说：林业社会化服务体系服务主体是由公共服务机构以及各种各样的社会经济组织、服务机构组成的一个大系统。公共服务机构主要包括政府林业部门、林业站、科技推广站、农机站等，社会经济组织包括龙头企业、林业合作经济组织、林业行业协会、林业科研教育单位及其他社会团体组织等。

2.1.2.2　服务形式多样化

集体林权改革以来，党和政府明确提出要鼓励公共服务机构、合作经济组织、龙头企业以及其他社会力量共同参与，建立起覆盖全程、综合配套、便捷高效的新型林业社会化服务体系，以促进林业的公益性服务、经营性服务、专项服务、综合服务协调发展。传统的林业生产经营环节都是由单一主体完成，而在现在的林业生产经营过程中，各经济主体之间存在着广泛的分工与协作。因此，从本质上看，林业社会化服务体系将在农户不同需求与服务供给之间建立起沟通的桥梁和纽带，为小生产走向大市场提供中介服务平台。

2.1.2.3　服务内容的系统化

随着社会服务体系的不断变化，林业社会化服务体系也在不断深化，服务内容的系统化必将要求林业社会化服务涵盖产前、产中、产后各个过程：产前主要是提供相应的生产资料服务，如种苗的提供、林业机械、林业培训与林业基础设施建设等；产中主要提供生产经营服务，如种苗培育服务、种植技术指导、农药化肥等；产后更全面地覆盖了一系列的服务，如林产品的加工、销售、包装、存储、运输等。这些系统化的服务将推动林业科学技术的推广，帮助农户林业生产效率不断提高。同时，通过林业金融保险服务，有效地防范经营风险，帮助农户弥补资金的不足，通过林业信息服务平台等的搭建，帮助农户查询了解林产品售价信息，产品信息，帮助农户提升林产品的附加值。林业社会化服务内容的系统化，将增强农户林业生产积极性，提高农户解决问题能力。

2017年，本研究通过农户问卷调查对湖南省东南西北10个县50个行政村采用随机抽样的方法抽取农户样本500户，展开林业社会化服务专项问卷。在调查中，对慈利、凤凰、会同、花垣等10个县展开农户基本情况、林业社会化服务供给满意度方面的问卷调查。

本书基于农户需求视角，对林业社会化服务调查情况进行归纳整理，并根据农户对服务的需求程度进行分类，将林业社会化服务分为八大类：林业生产资料服务、林业信息服务、林业基础设施建设服务、林地流转服务、林业科技服务、林业金融服务、森林保险服务、林产品产后服务。这八类服务共同为林业产业的产前、产中、产后提供支持，降低林业生产经营风险，提高农户生产经营能力，增加农户收入，如表2-1所示。

表 2–1 林业生产社会化服务类型及具体内容

服务类型	具体内容
林权流转服务	如林地流转中介服务、林业产权评估服务、林地流转产权交易服务等
森林保险服务	如政策性保险服务、商业保险服务等
林业金融服务	如提供信用担保、介绍贷款渠道、组织农户集体贷款、提供森林保险服务等
林产品产后服务	加工、包装、储存、运输、林产品质量认证、品牌、统一销售、联系买家等
林业生产资料服务	如种苗提供、种苗培育、农药化肥、林业机械等供应
林业信息服务	如提供销售信息、技术信息、价格信息、雇工信息、政策法律信息等
林业技术服务	如提供种植技术指导、养殖技术指导等
林业基础设施建设服务	如提供交通运输服务、森林防火设施建设服务等

以上林业生产社会化服务类型基本概括了农户生产林产品的服务内容，通过对这些服务类型进行统计分析，得出每个林业生产社会化服务类型的供给、需求及现状，对于进一步促进林业生产发展提供可能，是提高林业现代化

水平的迫切需求，是巩固和完善农村经营模式发展的内在需求，对于探索由土地规模化向服务规模化的新型林业经营道路转变有重要意义。

2.1.3　林业社会化服务供给内涵

目前，学术界对于林业社会化服务供给的概念没有提出明确的解释，但是在林业社会化服务经济中，林业社会化服务供给这一概念经常被人们所提及，近年来大部分学者认同林业社会化供给服务涉及林业生产经营的产前、产中、产后三大领域：一是产前服务，包括林业技术教育和培训服务、科技推广和咨询服务、林业政策法律咨询服务，提供优质种苗等服务；二是产中服务，包括育种育苗、林地更新的技术指导、森林病虫害防治、林地林木资产评估、林木采伐等服务；三是产后服务，包括林产品收购、加工、销售、储运等。一些学者提出：林业社会化服务供给是林业社会化服务供给主体在了解建立在消费者消费林业社会化服务的水平上，提供相应的人力、物力与财力甚至科技，对林业社会化服务实施有效的维护与管理的进程。微观层面上讲，林业社会化服务如何供给细分三大模块：第一，切实了解消费群体的喜好；第二，根据一定的理论还有消费者偏好，提供财力支持，分摊一定的开支；第三，派遣一定的人员进行监督，提供相应的人、财、物的制度性保障。林业社会化服务供给，作为一个促进林业生产发展的社会系统，为了保证系统的维持和存在，就必须满足其四个方面的功能需求。一是必须确保系统能从林业社会化服务的内外环境中获得所需的各种资源——包括资金、技术、信息、物质和利益；二是必须有助于确立林业社会化服务体系给林业生产者提供覆盖全程、综合配套、便捷高效的社会化服务的总体目标；三是必须确保林业社会化服务系统中各服务主体能够成为协调一致、作用高效的整体；四是必须确保各林业社会化服务供给主体能够树立服务林业、服务农户的共同价值观，并使各服务主体在对林业的社会化服务过程中各尽其职，各尽所能，达成制度严谨、规范有序的统一体。

因此，根据国内外学者对于林业社会化服务供给概念的研究，本书认为林业社会化服务供给是指为满足农户生产经营与发展的需要，公共服务机构、合作经济组织、龙头企业以及其他社会力量共同参与，建立起覆盖全程、综合配套、便捷高效的林业社会化服务供给，以促进林业的公益性服务、经营性服务、专项服务、综合服务协调发展，为农户提供资金、信息、技术，安排林业生产、维护、监督和管理等的服务过程，使得农户需求得到满足，实现农户需求与服务供给之间对接与匹配，为小生产走向大市场提供中介服务平台。

2.1.4 林业社会化服务供给机制的内涵

在古希腊文中，“机制”所表达的意思是机器的内部构造和操作方法，也就是机器的构成，各部分之间的联系及各部分的工作原理等。在物理领域，机制这个概念主要表达在系统下，通过一定的条件和手段，能够产生在物理意义上有影响的现象。紧接着，“机制”开始走向更多学科领域，比如医学和生物学，其主要表示在事物原有的工作模式下，各组成部分相互连接。综上所述，“机制”一般指的是产品的有机构造，并相互作用，同时也不断运用于各学科领域之中。在社会有机科学领域里，“机制”强调组织的性能，包括各级组织与其性能的相互转化关系。

关于林业社会化服务供给机制，目前学术领域没有对其进行明确的界定，本书认为，林业社会化服务供给机制是从林业社会化服务对各种服务机构和不断发展角度总结出抽象的有关社会化服务供给体系。林业社会化服务供给机制就是社会化服务供给机制在林业生产等相关方面的具体运作。其中，社会化服务供给机制主要包括供给主体、供给方式以及供给运行三方面，如表2-2所示。

表 2-2　林业社会化服务供给机制构成

构成	解决问题	具体内容
供给主体	由谁提供	公共服务机构、企业、社会组织等
供给方式	如何供给	以公共服务机构为主导；以龙头企业为主导或合作经济组织为基础
供给运行	如何运行	决策机制；公平机制；效率机制；协同机制

2.2 研究的理论基础

2.2.1 林业社会化服务的成因阐释：农户行为理论

农户行为研究。国内外学者对农户行为的研究主要有三个理论学派。第一个是组织生产流派，产生于20世纪20年代末，以恰亚诺夫(1996)为代表。该学派认为，农户的决策行为主要有以下几个方面不同于资本主义企业家的行为，见表2-3。

表2-3 农户决策行为与资本主义企业家行为的区别

区别	农户的决策行为	资本主义企业家的行为
1	农户经济发展依靠的是自身的劳动力	经济发展依靠的是雇佣劳动力
2	农户生产的产品主要是为满足自身消费需求	生产的产品主要是为了追求市场利润最大化

所以，农户决策行为是依照自己的原则与逻辑存在着的。根据组织生产流派的相关研究调查得知：在一个家庭中，由于消费者与劳动者人数周期性的变化，当农户认为某一活动的边际效用与所得到的商品边际效用相等时，才会停止对该活动的劳动投入，这才是导致农户分化的主要原因(胡豹，2004)。第二个是理性小农学派，以西奥金•舒尔茨(1999)为代表。该学派主要通过分析传统农业的特征，从而实现对农户行为的研究，并指出：在市场经济的利益分配体制中，小农和资本家在决策行为方面，没有较大差别，都是“唯利人”，小农对于生产要素的配置行为一样遵循帕累托最优，而且，明显的低效率配置极少出现在生产分配上。波普金提出了与舒尔茨观点基本接近的看法，他认为农户是“理性人”，他们会根据自己的需求及偏好对自己的选择进行评价，最终做出能为自己取得最大效用的选择。理性小农学派理论也更好地说明了在中国农村改革的过程中，农业与农村经济发展变化的原因(史清华，1999)。第三个是以黄宗智(1986)为代表学者的历史学派。在对组织生产流派以及理性小农学派的研究成果进行综合分析，并提出，农户由于受到缺乏边际报酬理念、较

少的就业机会、家庭耕地面积限制或是劳动力剩余的影响，即使劳动的边际报酬较低，农户仍然会选择投入劳动。

三大理论学派反映了不同时代背景下的农户行为特征，也为本书研究农户行为提供了较为丰富的理论基础与实践指导意义。首先，对农户经济行为进行分析时，应将经济与非经济因素纳入考虑范围之内，农户行为会不断变化，片面地将农户行为看成是理性的，这种说法是不客观的，农户行为应该是集理性与非理性于一身的，农户对于家庭资源的配置遵循效率优先原则，但本书认为农户在生产经营的过程中，并不只是为了追求利润的最大化，而是多元性的。追求利益最大化仅仅是多种因素中的一种。其次，本书认为农户行为决策是在多种因素综合影响下做出的，提出农户行为是在林产品市场结构、林产品商品率、农户行为角色、土地利用方式、兼业程度以及资产专用性程度等因素的共同作用下产生的。农户行为的产生受直接因素和间接因素的影响，其中，直接因素包括资金、利益、技术等；间接因素包括政策、环境、信息以及利益分配等。

综上所述，大多数行为理论的研究主要针对农户这一对象展开，包括：农户行为研究、农户经营目标研究或农户行为决策的影响因素研究等，专门针对农户这一特定群体的相关文献比较少，但是农户作为从事农业人员的一部分，本书认为前人对于农户行为研究得出的相关结论同样为研究农户行为提供了依据与理论基础。

2.2.2 社会化服务的依据阐释：新公共服务理论

新公共管理理论在盛行于西方国家的同时，也遭受了不少批评。在这些批评中，新理论就这样应运而生，21世纪初，罗伯特和珍妮特提出一个全新的管理模式和理念，即新公共服务理论。以公民为核心，公共行政所发挥作用是该理论的治理体系中的主要内容。同时，新公共服务理论强调的是服务的本质，提出帮助公民实现公共利益是政府工作人员的首要任务，而在传统公共行政理论中，是以政府为中心，可以看出传统理论与新公共服务理论相差甚多。

更为看重的是公共服务在思想上的引导作用，目的是更加关注公民的社会价值，政府部门与基础性社区公民直接的有效合作沟通，提升公民参与感与满意度。与罗伯特和珍妮特的观点相比较，我国的公共行政理论人员和具备人本主义思想的理论学家，以及各类专家，虽然也存在着共鸣，共同服务于新公民服务理论，但对公民权理解有所不同。这些学者认定公共服务主要在于服务而并没一味掌控；维护公共的利益是集体的目标；责任属于集体的，在人本主义基础上开展生产；通过理论与实践相结合，开始忽视自身资本家身份，着重关注民生、民情与服务。

新公共管理理论为湖南林业社会化服务供给机制的创新提供了新的思路和启示。新公共服务理论中的“公共服务旨在服务而非掌舵；公共利益是目标而非副产品”是决策机制的依据。政府、市场或是其他供给主体提供林业社会化服务的目的是要实现公共利益，这一目标的实现必须考虑农户的需求，给予农户参与决策的机会，在保证农户需求充分表达的基础上再制定相关的林业社会化服务决策。

新公共服务理论中的“责任并不是单一的；重视人而不只是生产率”是责任供给的依据。政府或市场作为社会化服务供给主体并不是根据既定的制度及要求来执行农户的现实需求，而是有着自己所预定的目标。与所有“经济人”一样，政府、市场或是企业在社会生产活动过程中均追求自身效用最大化，因此，根据新公共服务理论，政府等其他供给主体在提供林业社会化服务时应重视人而非效用。

新公共服务理论认为，公平公正的看待公民权利与义务是实现公平公正供给的前提条件。为了实现集体的远景目标，就要拟订具体的行动方案，明确职责。其实践方案不应该单纯地由政府内部人员去贯彻落实，而是要融合各种社会力量为其效力。政府机构人员应该权利下放甚至共享，公正公平地开展有效工作，不过多直接参与问题，同时定位自身的角色也要更多考虑到自己应该是非营利性组织而且担负重要责任的参与人员。因此，林业社会化服务供给主体要确保自身的运作旨在服务于公民、促进公民权的实现。

2.2.3 林业社会化服务的逻辑阐释：交易成本理论

交易成本经济学的发展经历了一个漫长的过程。交易成本又称交易费用，指达成一笔交易所要花费的成本，也指买卖过程中所花费的全部时间和货币成本。它包括传播信息、广告、与市场有关的运输以及谈判、协商、签约、合约执行的监督等活动所花费的成本。这个概念最先由新制度经济学在传统生产成本之外引入经济分析中。后来，经济学家 Arrow 继续对该理论进行研究，并分析了该如何选择市场与非市场配置的问题。同时，威廉森对交易成本经济学的形成做出了巨大的贡献，他通过对前人相关研究进行系统论述，第一个将新制度经济学命名为交易成本经济学，并以交易为基本分析对象，研究了不同治理结构下所产生的交易费用以及企业和市场之间相互取代的制度问题。同时，他对交易成本经济学在公共领域的适用性给出了肯定的回答。

1990 年以后，Lawrence 等人提出契约的不完全性是产生交易成本的主要原因，使交易成本理论上升到一个新的高度。汪丁丁（1995）在《从“交易费用”到博弈均衡》里面再次定义交易成本概念，同时指出，交易成本在既定的不够完善的知识体系中进行合理的改革，做出有效的机会成本。他还在相关研究中说明了以下几个问题：第一，交易费用的产生以及技术知识的分布不均是由于分工的存在，因此，要降低交易费用，则需要“制度知识”的获取与积累；第二，交易费用是无法仅从局部均衡中产生的；第三，交易费用作为成本的概念存在的条件必须是人们有权利从许多均衡状态中做出选择。韦森对认为交易费用只具有消极影响的观点进行了批判，提出了交易费用存在的作用，交易费用的存在是具有促进作用的，它能促使人们进行交易和交换，不能简单地认为它是一种规制和约束。若将社会化服务供给体系看成是一个机器，那么在运转的过程中，每个机器在运转过程中会产生摩擦力，无论如何去进行机器转动也会导致其摩擦力的变化。同理，在社会化服务的过程中，不同主体之间通过不同的分工合作方式，所产生的治理结构也会不同，因此，也会带来交易成本的差异。

交易理论对湖南的林业社会化服务供给机制创新起到了很大的参考作用。将企业和市场两者的可取之处结合起来，不断改善，不断发展，建立起林业社会化服务多元供给合作的组织形式。对于参与者来说，这是最好的选择，资源配置能得到有效利用，市场和企业之间实现资源共享，参与者能够获得更高的收益，这是综合了市场和企业两种组织形式的优势得到的结果。在生产中，龙头企业占主导地位，掌握着林业生产的经营决策权，及时接收市场需求的反馈，判断生产类别和数量，随后家庭林场、专业大户这些签订合同的农户通过专业合作社获得生产任务和相关的技术支持，科学地进行生产。此外，为了节省林业生产的交易费用，多元合作制定了相关规定，以此对自身的行为进行规范。

为了采购符合要求的原料、及时了解生产状况以做出相应调整，做好后续工作，生产前后和生产过程中都需要与相关部门产生交易，这种单个农户小规模家庭经营模式使得林产品的交易往来太过于频繁。但在新型组织形式中，龙头企业在生产前后的各个环节中满足农户的资料需求，提供技术服务，及时反馈市场需求，提供销售渠道，真正实现了服务一体化，从而在很大程度上使交易次数得到了降低。因为不能准确分析市场行情，无法制定符合要求的生产计划，农户的个人能力就变得很有限，出现供大于求或供不应求的情况，最后不得不降低价格或减少预期收益。这些问题通过新型组织形式得到了解决，龙头企业在对市场需求进行详细了解后制作出相应的生产计划，随后将生产计划传达给签订合同的农户，他们再对生产进行合理安排。在生产过程中，龙头企业会提供一体化服务，降低其交易的开支，同时避免经济利益因中间环节而耗损，达到盈利可持续发展。

综上所述，林业社会化服务多元供给合作通过不断完善组织构成，使得龙头企业、专业合作社、专业大户等多元供给主体之间息息相关，产业链、产品链和价值链逐步完善，为了实现交易费用的最低化、资源配置的最优化、农户和供给主体的利益最大化，为了提升生产速率和交易效率，大部分市场交易并入多元合作中。

2.2.4 林业社会化服务的工具阐释：多中心治理理论

20世纪70年代，奥氏夫妇对城市的交通、教育、警察等公共服务运作进行实证分析，提出了著名的多中心治理理论，并初步提出了多中心制度安排。他们指出，每一种制度都存在一定的缺陷，比如：集权与分权制度，集权制度容易造成腐败，且会增加管理过程中的成本，例如：信息成本等。分权制度则容易出现责任不明确，制度缺失等现象。在公共事务治理过程中，无论是何种制度，都陷入一种单一思维模式陷阱。奥氏夫妇的观点——多中心治理理论制度源于其自发性。个人的有效创造因素或者合理有序的模式也会随着自发性而主动产生：如果自发的发生多中心理论制度的有序排列，那势必会使主动的自我营造性组织开始倾斜其行为。

对多中心概念的理解是了解多中心治理理论的关键。多中心的范围十分广泛，主要包括司法决策、政治联盟、市场体制、公益性服务、上层建筑选择等多方面会涉及的领域。在全方位的公共事业管理中，多中心意味着公共服务由多个权利中心或组织来提供和治理。在迈克尔·波兰尼的文献中经常出现"多中心"一词，他将组织中的社会任务进行划分。使其分为两种秩序(两种方法)。一是"多中心"或者"自发的"秩序：强调该秩序中各个因素相互协调但又有其独立性，在整个自然体系中诠释自然关系。二是设计或指挥的秩序：主要表示为单方面的秩序，最终考虑的是终极权威，然后对实施方案进行研究控制。在这样的秩序之下，个体可随心所欲地考虑自身利益最大化，但其利益受实施这些决策的规则固有的约束。

奥氏夫妇的观点在于，在一直沿用的传统公共行政理论中，需要通过阶层的权责明确来提高生产积极性，每个部门做好自己的工作，不要多个部门共同完成一个工作。也就是在上述提到的单中心治理中，上级给下级发号施令，下级必须服从，这种模式在现实生活中存在着严重的局限性，因为权力的全局控制者无法全面了解所有事物。在信息传递的过程中，下级就有可能对上级所传递的指令理解出现偏差，造成信息的失真与管理的失控，进而使真实的满意度与预估结果相差较大。因此，指挥秩序的淘汰促进了多中心治理模式的出现。强调因地制宜是多中心治理理论的关键所在，主要表现在和市场、社区和政府的有机协调配合，进行多重性质的制度性安排。多中心治理理论认为，那些属于各级组织自发性质而形成的秩序结构、多阶层、多中心的宏观调控，会产生权利不够集中而且管理冗杂，因此，进行多中心的论坛和各类政策，可以最大限度地防止集体活动中的侥幸心理行为，推动集体共同的利益发展。由此可见，除了国家宏观调控，还存在看不见的手加以调节，也就是所谓的多中心秩序。这些都是社会化服务体系多元化的奠基。

多中心治理理论为湖南林业社会化服务供给机制的创新提供了新思路。

首先，多中心模式主张的是多个主体共同完成林业服务的工作，这极大地支持了湖南林业化服务制度的发展。多中心模式的基础理论主张：不仅要发挥政府在林业服务中的影响，还要让市场和公民以及第三部门也走进林业服务，共同参与到林业服务体系中。随着我国农业经济的逐渐发展，农村生活质量大幅度上升，农户对林业社会化服务的需求日益增长且不断多样化。为了实现逐渐增加的林业社会化区别性、多样性要求，单单依靠政府提供的支持远远不够。在湖南林业社会化服务体系的创新发展过程中，政府应该充分利用自身优势，借助强大的影响力，鼓励带动社会群众、市场以及第三方部门共同参与林业社会化服务，形成完整的全套林业社会服务系统，进而使公司、政府以及第三方部门能最大效率地发挥自身功效。

第二，多中心治理倡导转变政府职能，加快了实现林业社会化服务供给机制在湖南的创新发展。在灵活性与多元化合作中，多中心理论的作用在政府上非常明显，当然也只是拘泥于政府。诚然，在创新发展湖南的林业社会化服务供给机制改革中，应该树立正确的观念，政府不仅要总揽全局，还要赋予市场和公民以及第三部门活力，并加大与其合作力度，从而营造良好的环境，制定相应的对策引入其进入。再者，政府这双看得见的手也要改变原有的垄断局面，适当地将某些权力下放给第三部门。最后，政府可以通过多中心管理架构，构建一个能够使各级主体相互协调与交流的平台，为其维护自身利益做出有效保障。同时也要搭建网络平台，利用网络手段统筹规划公共利益，参与合作，最终实现对林业社会化服务体系的有效管控。

第三，多中心模式主张将所有成员集合在一起，这有利于湖南林业服务的更加科学的更新发展。不仅要发挥政府在林业服务中的影响力，还要让市场和公民以及第三部门也走进林业服务，共同参与到林业服务体系中，这是多中心治理的理念。在这一理念中，明确提出理论制度，还要调动各级主体的积极配合。只有充分利用各级主体的优势，搭建相应的合作平台，各供给主体相互协作，来保证多中心治理体系的运行发展。基于理论知识的构建还有合作平台的搭建，可以有效地防止权力叠加，从而实现优点高于缺点，而且整个体制的建立也会在自身原有的调节和外部的管控下运作得更加持久、长远与稳定。

2.3 国内外研究综述

林业社会化服务是新型农业社会化服务体系建设的重要构成部分，它不仅在解决农户家庭小规模生产与大规模市场经济的矛盾以及农民担负越来越高的林业生产成本中发挥重要作用，同时又要面对竞争力极大的市场经济和没有足够能力抵御自然风险等一系列问题产生重要作用。林业社会化服务体制的建立，在一定程度上有利于我国现代林业的发展以及我国的集体主义制度的巩固(乔永平，聂影，2010)。在集体林权制度开始实行后，给农户对于林地的经营使用权以及树木的所有权吃了一粒定心丸，也提高了农户林业生产的积极性，同时，使得农户对林业社会化服务的需求逐渐增加，从而导致我国林业社会化服务单一供给问题日益凸显(王鼎，等，2017；贾若，2017)。因此，为了能够对林业社会化服务的多元供给进行深入研究，本章对国内外社会化服务、林业社会化服务的相关研究和相关理论进行了较为系统的梳理。通过对以往国内外的有关研究理论学以致用，后者不断借鉴前者的研究理论，从而对林业社会化服务研究更深入。

2.3.1　林业社会化服务内涵研究

学者们对社会化服务供给的研究也随着经济的发展与社会认知的加深而不断发展(杨永奎，2017；才琪，等，2017)。关于社会化服务的一个分支——林业社会化服务的研究，国内外学者均有涉及，但由于国外“二元结构”特征模糊，并不像我国具有明显的城乡二元结构，所以，其他国家的一些研究人员也对林业社会化服务鲜有关注，且对林业社会化服务内涵的界定较模糊。1973 年，第一家为私有林主提供林业服务的公司在瑞典成立，其中，主要包括林业技术承包与技术咨询服务。林业服务开始以赢利组织形式出现，同时，也吸引了越来越多的学者对其进行研究。

Brown (1992) 和 Douglas (2002) 认为只有当有效的林业服务组织存在时，才更有可能为私人组织提供充分的利益，林业服务必须以林业组织机构为基础。Michael (2006) 认为，林业社会化服务体系的作用主要在于：第一，通过协调并组织各方力量，为使小型林业经营者迅速地适应市场经济的竞争提供帮助；第二，通过帮助生产者优化其内部结构等方式，减少生产管理成本的支出；第三，为林业经营者提供全方位的林业生产经营信息和指导。随着研究的不断发展，瑞典开始着手建立早期林业社会化服务体系，参与者主要有各级委员会和协会等以及个别林业技术有限公司，此体系的建立在林业发展中产生重大影响。紧接着，其他国家纷纷效仿，尤其是日本，通过利用林业社会化服务体系用以对抗林业危机。该体系主要采用森林组合，从个体经营转变为承包经营，该林业社会化服务体系中的森林组合由企业法人代表组建的组织机构，各阶层设有相应的理事机构，服从自下而上、层层建立的原则，这样组织结构更严谨，体系更完善(杜豹，2012)。

诚然，我国的林业社会化服务划分在第三产业中，其本质上是由农业上的社会化服务体制转变形成的，因此，一般界定其为农业综合服务体系。当然，其中涉及很多部门，包括各种社会团体、乡村合作机构和有关技术管理部门，这些组织都是为林业的进步而提供有效支持。至于林业社会化服务具体是指什么，研究者从不同的视角对其进行界定：邓建钦(1998) 从林业社会化服务的参与者角度，认为林业社会化服务应包括各级部门，包括各种社会团体、乡村合作机构和有关技术管理部门开展有效的服务应对林业生产发展。钟艳(2005)从林业产业化角度出发，提出林业社会化服务是由全部的林业化体系组织、工作、活动构成的观点。冷清波(2007)在服务供求关系方面认为由相关的第三方部门组成，如：乡村合作组织、专业经济技术部门或是其他社会组织等，为促进林业的发展而提供的各种服务。孔凡斌(2008)从林业社会化服务角度出发，根据其发展原因以及具体作用，提出：完善林业社会化的服务制度首先要确保产权的明确，同时经营过程中要确保规模较大、坚持集体合约制度，把高超的技术作为第一前提，并且，林业社会化的服务体系大致包含工作向导、科技服务、提供信息咨询商议等专业化服务体系。宋璇(2017)根据服务的具体表现来看，林业社会化服务体系可以促进小型农产业主由林业化生产转变为商品型、产业型的社会集体化生产，更改生产的组织模式，完善劳动力资源、成本、技能资源等生产时所需要的各项因素。从整体角度来说，林业社会化服务体制是一种林业化生产过程中所有需求、因素的在结合体。总而言之，林业化社会服务体系包括了林业生产的前期、产中及产后的整个生产过程(冷清波，2007；孔凡斌，等，2017)。生产前期的服务，主要是指在林业化生产时尽可能多地投入资产、信息资源以及生产过程中的所需原料；生产过程的中期服务，通常是指确保土地最高效率利用，保障林业健康发育所需的基础建设；产后服务，主要指为做好商品流通提供的服务。具体服务详见表2-4。

表 2–4　林业社会化服务体系所包含的内容

服务环节	服务类型
产前	林业政策法律咨询服务、林业科技教育和培训服务、林地林木流转服务、林产品市场信息服务、提供优质种苗、融资服务等
产中	包括林地规划设计、采伐更新作业设计、造林抚育设计、整地造林、木竹检量、育种育苗、森林火灾预防、抚育间伐、森林有害生物预防、林地更新的技术指导、林地林木资产评估、林木采伐等
产后	包括林产品收购、储运、加工、销售提供的服务等

并且，另一些研究人员也会借助国外已有的理论实践指导，把林业社会化服务制度与其服务体系进行相互整合。例如邓建钦（1998）将林业服务模式分为以下四个部分，如表2-5所示。

表 2–5　林业社会化服务体系划分类型

类型	内　　容
一	政府各级林业技术推广站、森林病虫害防治检疫站、林木种苗站、乡镇林业工作站
二	林业教学和科研单位
三	金融、外贸、工商、保险、税务等部门、乡村供销合作社等
四	专业合作服务组织、农民自办的专业协会、专业户以及个体林业大户

综上所述，在社会学术领域里，专家们对社会化林业服务体系的内在含义和功能特点达成有效共识。普遍意义上，林业社会化服务是由专业技术部门、公共部门、中介组织、合作组织等为林业产前、产中和产后过程的生产提供全面的售后服务，就功能来说，当代的木林产业的建设过程中，林业化社会服务体系必不可少，并且，在林业改造之后，林业社会化服务体系已成为农产户主接受服务工作最主要的渠道。

2.3.2　林业社会化服务供给研究

关于林业社会化服务的供给研究方面，西方学者于20世纪90年代开始倡导在林业社会化服务领域建立“多中心”的协调机制，即由政府、企业、第三部门共同主导林业社会化服务的供给，从而形成林业社会化服务供给的多中心及互补。在具体运作中，主要是建设一些不以获利作为目的的林业化组织来支持小型林企工作者，为一些从事林业相关的工作人员提供技术上的帮助与支持（Stock，2017）。在美国，政府与中介部门构成该机制，政府的工作大多是从林业的宣传、教育、科技研究三个角度出发，全面地推动林业社会化服务模式的更新与发展（Mattila，2013），政府只提供技术和教育援助而不是财政援助（O'Herrin et al.，2017），市场上的中介公司需要协调市场与政府，维护私有林业从业者的经济利益（Glicksman，2014），有偿地提供有效服务给林业主（Kenefic et al.，2017）；瑞典逐步开展对于前期林业社会化服务模式建设，参与此次行动的成员共有三方，分别为各级协会、各级委员会、少数林业化技术型企业，他们给农户开展相关的服务措施（李近如，王福田，2003；Mattila et al.，2014），其服务的供给主要通过市场来运作（Mendes，2006）；日本大多把重点放在森林的组织整合上，主要利用委托经营的方法；德国则把服务对象放在林业联合协会以及农村合作协会上（胡家浩，2008；Pinho，2014）；芬兰利用林业主联合会，发布一些对林业有利的商业信息、技术资源，为其规划拟定合适的经营方针和采伐计划（Palo，2012）；丹麦与荷兰把林业社会化重点放在林业合作协会上，此协会最初由处于劣势的农民共同建设，以达到相互帮助，共同发展的目的（孔祥智，2012）。总体来说，许多发达的国家服务模式的顺利实施都依靠于自身市场机制的保障，政府通常会对一些公益性组织做出支持帮助以达到完善林业社会化服务的目的，比如推行林业相关技术、大力发展林业教育活动等等。对于其服务体系本质的分析，世界范围内大多把重点放在林业资源的管理控制以及森林资源的保护上。世界上许多国家的社会服务组织都有森林防火防灾的服务内容（Petty，2016）。因为森林火灾防治组织花费了绝大部分的森林管理总费用，所以学者们大多把研究重点放在怎样减少森林火灾防治服务成本上，并且核心研究点都在于怎样减少可变化的以及不可变化的成本（Stocks，2017）。至于防治害虫的林业服务，有学者发现这已经变成当下林业经营最需要克服的难关，因此，许多林场场主都会专门留出一部分资金来聘请专业人士来解决森林的害虫防治问题（Bereczki，2016）。不仅如此，许多国家主要的林业经营模式也已转变为林业的管理服务（Szulecka，2017）。

从国内关于林业社会化服务研究来看，主要经历以下两个阶段：第一，认为林业社会化服务应该由市场或是政府单独提供；第二，随着市场或政府单独提供林业社会化服务的弊端不断出现，认为市场或政府在单独提供林业社会化服务时会产生市场失灵或政府失灵，因此，提出林业社会服务除了能由政府和市场单独提供外，也可以通过双方的共同合作或者和其他相关部门一起供应。若想要更深层次地对市场企业等主体部分进行分析认知，可以借助以下整合的主流化分析结果。

国内相关学者认为提供充足的林业社会化服务是政府必须承担的责任，提出林业社会化服务供给应以政府为主导，应当明确政府职责，加强和优化农村林业社会化服务的公共服务机构供给(乔鑫，2011；董明涛，2014)，因此政府应是林业社会化服务的主要供给主体，政府作为中坚力量不仅要改善供给结构，还要提供持续有效的林业社会化可持续发展服务。然而，政府单一供给的出现依然存在弊端，政府干预太多，导致整个林业社会化服务供给市场缺乏活力，从而引起林业社会化服务供给效率不高。有研究者认为企业应该是林业社会化服务的重要参与者(张永翊，王倞，等，2011)，但是按照林业社会化服务中的供求体系发展规定农林企业更多体现公益性，奉献社会，而不是追求企业利益最大化，而纯公益性组织机构开展林业社会化服务可以扩充政府的税收，弥补政府宏观调控不足的地方，提升政府办事效率，改进城市与农村林业社会化服务架构，防止其供求架构失衡，从而推动林业社会化服务的常态化发展，提升农民素质和经济水平。张怡和李瑞缘(2013)还提出，地方高等院校作为我国高等教育重要组成部分，由于承担着发展科学技术、培养高级专门人才、服务社会的伟大使命，因此，应该在构建和谐社会，促进林业社会化服务体系建设和发展中担当重任(张绍波，等，2013)。在赵曼丽(2013)看来，林业社会化服务的合作供给是满足林业社会化服务需求的理性选择和必然趋势。汪杰贵(2012)认为，在社会主义下的林业社会化服务供求模式搭建下，应最大限度考虑农民的生产生活，提升农民幸福指数。林业社会化服务多元化合作供给模式。吴业苗(2013)指出将作为主体乡村基层政府机构，开始在农村各地区推行林业社会化服务体系，并将其不断推广为社区化发展。当然，也需要政府营造相应的社会环境，加大林业社会化服务体系的改进力度，使农民更快转变思想，开始主动致力于林业社会化服务社区化的推进。

总而言之，针对我国林业社会化服务体系现有缺陷，多数研究人员表示：

其主要问题在于职权责任分配不清、没有正确的角色定位、注重形式而忽视本质(乔永平，2010)；所提供的服务类型较少、没有足够的实力提供配给、工作效率过低等、缺少实施完善化经营模式的基础能力(孔凡斌，2008)；并且其经营模式也有所缺陷，整体的管控能力过低，缺少专业化的保险体制(才琪，等，2017；徐春永，等，2016)；金融支持力度不够、经费投入不足(胡兴华，李达德，2013)；以及人力缺乏，科技推广体系不健全等问题(祁效杰，等，2013；朱海强，刘晓华，2013)。

2.3.3 林业社会化服务需求研究

虽然林业社会化服务的需求主体有农户、林业企业、林业合作社等，然而已有的研究主要集中在农户主体上(孔凡斌，2017)。诸多研究者从农户的服务需求意愿及农户服务采纳行为的影响机制两方面展开农户对林业社会化服务的需求研究。

新时期的集体林权制度改革后，农场户主通常比较愿意接受资本、政策法规、技术支持等方面的林业社会化服务(张广胜，等，2010)，但是对于林业资产的价值评定、产权交易等服务却关注度不高(宋璇，2017)。在现实生产活动中，其实金融服务才是农户特别迫切的需要，但因为各种条件和因素的限制，一般在获得正规金融服务时农户的信心都不高，这样非正规渠道就成为大多数农户获取资金的方式(蔡志坚，等，2007)。

一些研究者(蔡志坚，等，2009)按需求强度由小到大将农户的服务依次排序为：其他服务、法律服务、保险服务和金融、信息服务。一些学者针对以上服务项目认为：金融服务应是在以上服务项目中需求强度最强的(冷清波，2007)。森林保险、政策法律、合作组织、资金、技术这是一些学者按需求强度由小到大将林业社会化服务项目按序排列的(张广胜，李宏印，2010)。可能由于林业合作组织所提供的服务正好迎合了农户需求的迫切性，同时林业合作组织起到了良好的示范作用，为了能用较低的成本获得高质的、更多的各项服务，农户都想成为合作组织的一员。因此合作组织服务被增加到了农户具有需求意愿的服务项目中，农户对合作组织服务的需求意愿还是比较高的。资产评估服务、资金融通服务、政策咨询服务、市场营销信息、良种及栽培技术及预防病虫害等这个排序是按林业社会化服务项目中的需求迫切的程度进行的，林业社会化服务中销售和生产两个过程是农户的主要需要(廖文梅，等，2017)。作为林业经营主体的农户，在林改后真切感受到火灾、病虫害等的超强破坏能力，林业的产后和产中也迫切需要保护好林产品、林木，在预防病虫害等服务中农户展现出很强烈的意愿，所以在需求意愿的服务项目中农户就增加了预防病虫害等服务。

随着研究的不断深入，学者对林业社会化服务采纳行为的影响机制给予了充分的关注。影响农户林业社会化服务需求的因素有：当地农户是否加入林业合作组织、是否提供相应服务、是否经历相应的困境及是否接受付费服务等(廖文梅，等，2017)。农户的个人收入比重，林业收成和整体素质不高对农户林业技术服务需求的各项指标有影响，城镇到农户居住场所的距离和是否参加合作组织及个人教育程度等对农户差异水平服务的需求有影响，这是研究者以种苗服务和林业社会化服务中的林业技术服务两者为研究对象所得到的结论(程云行，等，2012)。研究结果显示农户的个人背景以及个人素质对是否积极配合农业服务有影响(龚继红，等，2011)，对农户用合作社的农业社会化服务有明显的影响是合作社提供的服务是否参加农业技术培训、是否参加农业合作社、农户家庭经营特征以及合作社服务的供给水平等(李荣耀，2016)。农户采用农机社会化服务时耕地细碎化对其有明显的负面影响，然而农户性别和年龄对其有明显的正面影响，处于收割和耕地的环节时，一般有较高的农机社会化服务采纳率(纪月清，等，2016)。并且研究显示个人收入在林业的依附程度、所种植的林地面积，林业服务站以前的服务水平和农户个人经济水平直接导致农村采纳林业技术服务对林业技术服务支付意愿(蔡志坚，等，2008)。有学者通过对特定区域的林业生产行为研究，表明从事农业人数、文化水平和农户户主年龄都能对农户看待科技的态度做出改变，除此之外，家庭成员的资金收入是否完全依靠林业，工作是否跟林业相关，是否主动响应林业组织，林业种植面积和林业逐渐细化都与农户是否采纳科技行为有关(廖文梅，等，2016)。

2.3.4 林业社会化服务供需关系研究

在经过了新时期的集体林权制度改革之后，农户需要的社会化服务显著增长，一方面，在林业社会化服务得不到全面的有效供给(廖文梅，等，2016，2017；蔡志坚，等，2007)的情况下，政策不稳定、林产品滞销、缺技术、缺资金(孔凡斌，等，2012)这些状况层出不穷，造成农户经营困难，农户对林业社会化服务需求增加；而另一方面，制度改革激发了林业的生机，林业相关从事者和农户对经营林业相关工作的主动性得到提高。

李宏印和张广胜(2010)研究了林业改革后的辽宁省，通过对6个县338户农户的调查数据，从资金服务、技术服务、政策与法律服务、林业合作组织服务和森林保险服务等不同的安排结合农户现代化社会服务的现状，得出辽宁省当下林业社会化服务程度相对较低，而且在林业社会化服务供求结构上具有明显差异。秦邦凯(2012)特别提出林业收入和个人收入比重，影响农户差异水平服务的需求对实现农户在林业社会化服务需求上的影响重，但却无法完全满足。除此之外，农户很少会去寻求通过保险、法律、团体的援助。吕杰(2008)基于对辽宁省8个县市340户农户的调查数据，对林木生产和林木经济两个方面中关于辽宁省林业集权体制改革创新后的林业社会化服务供需情况加以分析。调查报告显示：辽宁省在社会化服务新体系中存在很多的问题，在林业改革后，对于林业现有服务机构的管理不完善、林业社会化服务缺乏资本投入、相关的林业合作团体不多等。蔡志坚(2008)对福建省在参与林业改革后的信息加以分析，了解了农户对林业社会化服务的需求，以及他们对林业服务主要供给主体的认知，主要关注了林业社会化服务体系的建设。冷清波(2007)在整理完江西省20个县和409份调研之后，由此展开对森林抵押贷款是否有需求的定性分析。结果显示：林业权利制度使我国林业收入化服务需求变得更大，但难以实现其与供给的有效对接以及现有农户需求。王瑜等(2007)从农户自己最需要的林业技术服务和最需要政府提供的林业技术服务两个视角，指出农户对林业技术服务需求与供给存在失衡现象。黄季焜等(2000)在林业技术供求过程中，不可避免地存在供给与需求失衡，其主要表现在林业的科技水平在产业链过程中出现目标分歧，对农户在农业技术的认识不足，从而影响了研究人员与政府还有宣传人员的体制创新与农户对技术的要求。

2.3.5　林业社会化服务有效供给途径研究

通过对国外林业社会化服务供给途径及其实施效果的比较，发现私人或半公共部门相比政府可以更好地帮助农户(Freitas，Tunzelmann，2008)；政府主导的服务还不能满足农户的实际需要，必须以市场为导向，以需求为驱动，提供能解决实际难题的有效服务(Balbir，2010；Helen et al.，2012；Jolanda，2013)；国内林业社会化服务模式以政府主导为主、市场主导与混合主导为辅，有学者认为应增加专业机构在服务提供商的比重，政府逐步淡出服务提供商角色(纪良纲，2001；朱永华，2009)，并从林业技术创新服务提出了四主体协同创新、科技中介服务体系等(陈晓红，2006；李文元，梅强，2009；Francesco，2013)。也有学者认为林业社会化服务扶持政策提出要立足于改善市场环境，依托社会资本、构建创新网络，减免税等(林汉川，欧阳峣，2009；Maya，2012)，并指出应在政府、社会组织、市场各方面相互合作，动态平衡其工作内容，推动多元化、多领域的组织架构(韩国明，吕世高，2009；肖建忠，付宏，2010；姜长云，2010)。

许多专家从满足服务需求、提升服务能力、健全服务体系等层面出发，为了解决林业社会化服务供给体系建设在改革了新时期集体林权制度之后凸显的难题，提出林业社会化服务有效供给途径(林琴琴，2011；才琪，2017；廖文梅，2017)。欧世平(2013)基于善治视角提出了树立善治理念、建设服务型政府，调整发展战略、建立城乡一体的林业社会化服务供给制度，加强政府间合作，实现农村林业社会化服务地区均等化，鼓励私人投资、实现林业社会化服务供给主体多样化，分类建立利益表达机制、满足农民的价值偏好等实现我国林业社会化服务有效供给的路径。郑卫荣、柯建云(2010)通过对浙江 W 市农村不同经济发展水平地区的林业社会化服务的供给现状的考察后认为，区域间经济发展的不同，影响其对林业社会化服务的需求力度，而且农民的幸福指数也与其呈正态分布，要实现全面、有作用的林业社会化服务供求平衡，应该着重考虑各地的差异量化需求，推进不同地区供求战略。张杰(2010)考虑到私营企业的发展，通过特许经营、私营化、用者付费等一系列的量化指标措施寻求攻克有效推进林业社会化服务的瓶颈。创新林业社会化服务供给体系。范选华(2014)基于对江苏扬中市“八位一体”的农村林业社会化服务运行维护机制的调查，总结了在县域范围内统筹配备人员、保障资金、开展工作、实施考核的实践经验，为提升林业社会化服务效益提供了有益探索。陈建平(2010)以福建省南平市实施的村级“八大员”制度为研究对象，阐明了该项制度的内在运作机理及其服务功能网络状况，从林业社会化服务功能、互助服务功能以及市场化服务功能三个维度剖析了村级“八大员”制度的服务效能，成功论证了新型林业社会化服务体系。

2.3.6 文献研究评述

总而言之，国内外在研究林业社会化服务上已然获得了不小的成就，但目前的研究方法和研究内容依旧存在很多不足之处，可以对其进行完善。

从研究的内容角度分析，现有成果在多维度层面探索了林业社会化服务理论，并获得了一些成就。但是，相对于林业社会化服务供给研究而言，在广度和深度上，林业社会化服务理论研究都存在较大的区别。在林业社会化服务现状分析和理论视角两者中选择研究方法的话，现有的研究大都会选择前者，在前者的分析基础上提出解决的办法。对林业社会化服务供给的研究还有待深化，目前服务供给主体的研究大多将林业社会化服务供给主体细化为社会、市场和政府3个层面，可是这3类划分并不明确，供给主体的角色定位不明确，而且对其交叉关联研究很少。农户需求与服务供给之间存在不匹配的问题，现有研究未能从供需匹配的角度深入探讨。

从研究区域和方法角度分析，现存的研究不能对相关林业政策实施中存在的满意度问题和根源从理论高度上科学地解释，不能对新型林业社会化服务供给研究有一个明确而精确的定位，不能找到导致产生和发展矛盾、问题的核心要素及发展机制，这些都源自缺少架起宏观分析与微观实证的桥梁，缺少对新型林业经营主体和农户的实证研究以及调研数据，特别是没有大样本的调研数据支持，并较少运用研究先进计量和实证分析的方法。

从理论成果应用上看，如果研究者不同，那么他们对林业社会化服务需求与服务供给研究时，对政策需求和供需匹配条件也存在较大的差异，在不同的时空维度上总结出的结论也有差别。

鉴于已有研究的局限性，本书基于农户需求视角深入研究林业社会化服务供给体系。一是从服务需求端出发，了解农民的各种需求以及其改变原因。二是研究服务供给问题。自从林业改革政策实施起，其性质从社会化转变为市场化，其主体也从政府部门扩大至社会组织和中介机构，改变以往的单一模式提高供给效率。三是紧密联系需求与供给之间的关系，针对不同地域条件、生产条件来选择和优化供给模式，满足农户日益多样化的需求，真正实现林业社会化服务供需双方的共赢局面。

第3章　湖南林业社会化服务供需现状分析

湖南是南方重点集体林区省份之一，是全国国有林场改革、政策性森林保险、造林补贴、森林抚育、湿地保护、种苗补贴、国家木材战略储备生产基地等试点省份。从全省范围来看，湖南省的林业社会化服务已基本覆盖林业生产的全过程。林业基础设施服务、林业产后服务、林业信息服务、林业金融服务、林业科技服务、林业生产资料供应等服务是本书重点介绍的对象。本章根据农户生产经营情况，以及农户林业社会化服务需求情况等层面对林业社会化服务供给现状进行深入的研究分析。

3.1　农户林业社会化服务需求现状分析

3.1.1　农户林业社会化服务需求意愿分析

随着林改的深入，农户拥有了市场主体地位，其自主经营的积极性极大程度地被调动起来，但这也加剧了小农户与大市场之间的矛盾，林地怎样合法流转起来，林地种什么、怎么种、林产品怎么销售，怎么提高经济效益等问题凸显。所有这些问题都事关对当前三农问题的正确认识和把握，事关林业发展和农户生活的改善和提高，事关发展林业政策目标的实现。因此，清楚了解、准确把握农户的真实需求，坚持以农户对林业社会化服务的需求为重点，才能真正实现林业社会化服务的有效供给。因此，有必要对农户需求情况加以分析，突破湖南林业社会化服务供给建设中的瓶颈，本节将主要采用均值法对农户需求意愿逐项进行分析。

3.1.1.1　农户对国家林业发展扶持政策的需求意愿

样本调查数据显示，农户对国家林业发展扶持政策需求程度很高，需求度综合排名第一。有64.8% 的农户对国家林业扶持政策表示“很需要”，有23.6% 的农户表示“一般需要”，有11.6% 的农户表示“不太需要”。从农户对国家扶持的具体项目需求情况来看，按由强到弱的顺序依次为生态效益补偿、造林补贴、抚育补贴、林下经济补贴、林木良种补贴和林机具补贴(参见表3-1)。

表 3–1　农户对各类林业扶持政策的需求情况

政策项目	很需要	一般需要	不太需要	需求度排序
生态效益补偿	69.2%	18.6%	12.2%	1
造林补贴	55.8%	23.6%	20.6%	2
抚育补贴	33.2%	19.8%	47.0%	3
林下经济补贴	31.6%	15.6%	52.8%	4
林木良种补贴	25.8%	29.6%	44.6%	5
林机具补贴	19.6%	16.8%	63.6%	6

对于生态效益补偿，农户不仅要求进一步提高补偿标准，而且要求扩大补偿范围——对林相较好、林木蓄积量较高的用材林也要进行适当的补偿。这一点说明了农户的生态保护意识有了进一步增强，如果实行这一政策，必将有利于湖南森林资源状况的改善。对于林机具补贴政策，不少农户反映这一项补贴政策可以取消，可以改为“扶持林业站购买，农户租赁”，这样既可以减少农户重复购买的负担，又可以集中利用资金改善林业站的标准化建设，提高基层林业站的服务能力，同时也有利于提高国家财政资金的使用效率。

3.1.1.2　农户对林业科技服务的需求意愿

样本调查数据显示，农户对林业科技服务有48.2% 的农户表示“很需要”，有22.6% 的农户表示“一般需要”，有29.2% 的农户表示“不太需要”。

从林业科技服务的具体项目来看(见表3-2)，按需求由强到弱排序依次是适地适树造林技术、林下种植技术、森林病虫害防治技术、林产品储运技术、低产低效林改造技术、林下养殖技术、林产品加工技术。可以看出，农户对适地适树改造技术、林下种植与森林病虫害防治技术的关注程度较高。同时，农户对林产品储运技术(主要是水果)、低产低效林改造技术、林下养殖技术和林产品加工技术也有相当程度的关注，已经将其作为增加林业经营收入的一条重要途径。

表 3–2　农户对新技术的需求情况

技术项目	很需要	一般需要	不太需要	需求度排序
适地适树造林技术	34.6%	32.8%	32.6%	1
林下种植技术	32.8%	28.6%	38.6%	2
森林病虫害防治技术	23.6%	21.4%	65.0%	3
林产品储运技术	19.2%	22.6%	58.2%	4
低产低效林改造技术	18.6%	21.2%	60.2%	5
林下养殖技术	13.6%	18.6%	67.8%	6
林产品加工技术	13.6%	14.8%	71.6%	7

3.1.1.3　农户对林业生产经营信息的需求意愿

根据抽样调查的研究结果表明，农户对林业生产经营信息服务的需求度综合排名第三。有42.4% 的农户对林业信息服务表示“很需要”，23.8% 的农户表示“一般需要”，有33.8% 的农户表示“不太需要”。

从农户对各类具体信息项目的需求程度来看(见表3-3)，按由强到弱顺序排列依次为：农民工用工信息、市场供求信息、技术信息、价格信息、决策信息和气象信息。由此发现，农民工作收入的多少与供求关系和用工数据密切相关，因此也引起农民对它们的高度重视。由于时代在发展，科技在进步，所以农民的知识程度以及个人学习技能也在持续提升，科技对农民的吸引力也逐渐增加，而且农户对于国家政策的关心程度也在不断提升。

表 3-3 农户对各类信息的需求情况

信息项目	很需要	一般需要	不太需要	需求度排序
农户用工信息	42.8%	28.2%	29.0%	1
市场供求信息	38.8%	32.6%	28.6%	2
技术信息	35.6%	36.8%	27.6%	3
价格信息	35.4%	33.8%	30.8%	4
决策信息	27.8%	29.6%	42.6%	5
气象信息	14.8%	19.2%	66.0%	6

注："很需要"记 2 分，"一般需要"记 1 分，"不太需要"记 0 分，按得分由高到低进行排序。

3.1.1.4 农户对林业基础设施建设服务的需求意愿

样本调查数据显示，农户对林业基础设施建设服务的需求综合排名第五。有28.6% 的农户对基础设施建设服务表示"很需要"，有19.8% 的农户表示"一般需要"，49.8% 的农户表示"不太需要"。从需求的具体项目来看，林区道路以及防火设施是目前最应该紧急修建的基本部分，其次是林区自来水网和信息网络建设等。具体数据详见表3-4。

表 3-4 农户对林业基础设施建设服务的需求情况

基础设施建设项目	很需要	一般需要	不太需要	需求度排序
林区道路建设	58.8%	19.6%	21.6%	1
林区水网建设	25.6%	38.6%	35.8%	3
林区电网建设	18.6%	16.8%	64.6%	5
林区信息网络建设	23.6%	12.4%	64.0%	4
林区防火设施建设	28.4%	42.8%	28.8%	2

注："很需要"记 2 分，"一般需要"记 1 分，"不太需要"记 0 分，按得分由高到低进行排序。

通过表3-4的数据分析可以了解到广大农户对林区基础设施建设服务的需求有不断上升的趋势。这一情况，一方面反映出当前林区的基础设施建设条件确实很差，在很大程度上已经不能适应当前广大集体林区林业生产经营的现实需要；另一方面也反映出在政府积极推动新农村建设旗帜的鼓舞下，农户对林区的基础设施建设服务也有了更高的期盼与要求。

3.1.1.5 农户对林业金融服务有较强需求但对获取金融服务的信心不足

从农户综合需求的样本调查数据(见表3-5)看，农户对金融服务的需求强度远远低于对信息和技术服务的需求，仅有19.8%的受访者表示“很需要”，21.4%的农户表示“一般需要”。综合以上数据表明，农户对金融服务的实际需求很强烈，但对通过金融机构渠道获取此项服务的信心却很低。

表3–5 农户对各项林业金融服务的需求分析

金融服务项目	很需要	一般需要	不太需要	需求度排序
林权抵押贷款	29.6%	44.4%	26.0%	1
林业小额贷款	35.6%	27.6%	36.8%	2
林业贴息贷款	21.8%	38.6%	39.6%	3

林权制度改革以后，当前农户对林业金融服务普遍持一种矛盾的心理，林改在很大程度上激励了农民从事该事业，然而以下三个问题却严重限制了它的发展，这些问题分别为基金匮乏，资金长期沉淀，生产经营周期较长。一方面农户经济能力普遍有限，渴望获得林业金融服务的资金支持。从农户对金融服务分项需求的样本调查数据来看，分别有35.6%、29.6%和21.8%的农户对林业小额贷款、林权抵押贷款和林业贴息贷款表示出了强烈的需求。通过对农户的深入访谈发现，在林业生产过程中有40%以上的农户家庭从亲戚朋友处获得过资金帮助。但另一方面，由于向金融机构申请贷款受到诸多条件限制，一些曾经申请过贷款的农户甚至感觉受到了打击，因此，对林业金融服务普遍持矛盾和怀疑的心理。

3.1.1.6　农户对森林保险服务的有效需求有限

本次针对农户的森林保险意愿调查，如表3-6所示，在当前有国家政策性森林保险补贴政策的条件下，样本户对森林保险的需求意愿很高，有67.6% 的农户表示“很需要”，15.8% 的农户表示“一般需要”，16.6% 的农户表示“不需要”。深度访谈得知，表示“很需要”的农户家庭都有公益林，他们都能获得国家高额的森林保险政策性补贴；表示“不太需要”的农户，其家庭都是商品林，享受不了国家森林保险的补助政策。而在没有国家政策性森林保险补贴下，针对农户“如果自主参与森林保险，你认为你家林地参加森林保险没有必要”的问卷调查中，则只有8.8% 的农户表示“很需要”、15.6% 的农户表示“一般需要”，而高达75.6% 的农户表示“不太需要”。进一步的深度访谈得知，仍然表示“很需要”的农户主要是为了满足获取林权抵押贷款或其他林业融资方面的条件要求。

表 3–6　农户对森林保险服务需求的条件选择

条件	很需要	一般需要	不太需要
有国家政策性森林保险补贴政策	67.6%	15.8%	16.6%
由农户自主投保森林保险	8.8%	15.6%	75.6%

由此可见，如果失去国家政策性森林保险政策的支持，农户自主参加森林保险的参保意愿会严重不足。当前，农户自主参加森林保险意愿不足的原因主要来自三个方面：一是因为农户家庭的收入有限，制约了保险需求。如果由农户家庭自主参与森林商业保险，其保险费率较高不利于农户家庭对保险的欲求，所以国家支持和补贴应该适当减少。二是限制农民对保险需求的另一原因是他们并不重视保险。而且农民但对市场的认知不高，不能体会到它的重要性，因此由传统向市场化过渡时，无法对未来做出正确预测。三是现实中保险公司对农户的林木受灾赔偿存在问题，与农户的索赔要求存在差异，这也在一定程度上影响了农户自主参保的积极性。所以，要想增强农户的保险需求，国家就必须制定相关政策给予农民一些实质性的财政补贴。

3.1.1.7　农户对林权流转中介服务的需求意愿

样本调查数据显示，农户林权流转中介服务总的需求情况是，有11.6%的农户表示“很需要”，有20.6%的农户表示“一般需要”，有67.8%的农户表示“不太需要”（见表3-7）。从调查的具体项目来看，农户最需要的林权交易中介服务项目是森林资产评估，其次是林权交易服务，再次是木竹检量服务，最后是林权收储服务。农户说：“与其将山林低价转让给林权收储中心，还不如将山林放在那里任其自然生长增值更好。”

表3-7　农户对林权流转中介服务的需求意愿分析

项目	很需要	一般需要	不太需要	需求度排序
森林资产评估服务	13.6%	21.6%	64.8%	1
林权交易服务	11.8%	21.4%	66.8%	2
木竹检量服务	7.8%	15.4%	76.8%	3
林权收储服务	5.6%	9.8%	84.6%	4

调查发现，广大农户对于林权交易中介服务有越来越强烈的需求，只是，因为森林资源的多寡及林业经营对农民重要性不同，农户对森林资源评估、林权交易服务和木竹检量服务的需求在森林资源丰富的县域相对较高，而在森林资源相对贫乏的县域则相对较低；此外，对于林权收储服务，农户普遍反映需求不高。

3.1.1.8　农户对林业产后服务的需求意愿

样本调查数据显示，农户对林业产后服务总的需求情况是，有13.8%的农户表示“很需要”，有19.8%的农户表示“一般需要”，有66.4%的农户表示“不太需要”（见表3-8）。

从调查的具体项目来看，农户最需要的林业产后服务主要是木材采运（机具）和迹地更新（机具）服务，其次是木材和其他林产品的销售，再次是林产品（水果）的储运和加工。从表中可以发现数据最小的是林产品质量检测，这说明农民没有进行长远的考虑，对品牌和质量也没有深刻的认识。

表 3–8　农户对林业产后服务的需求程度

服务项目	很需要	一般需要	不太需要	需求度排序
木材采运	42.2%	22.6%	35.2%	1
迹地更新	40.8%	21.6%	37.6%	2
林产品销售	33.6%	24.8%	41.6%	3
林产品储运	22.8%	25.4%	51.8%	4
林产品加工	12.6%	25.4%	62.0%	5
林产品分级	8.8%	21.8%	69.4%	6
林产品包装	6.2%	24.6%	69.2%	7
林产品采摘	5.8%	18.8%	75.4%	8
林产品质量检测	5.4%	16.8%	77.8%	9

注：“很需要”记 2 分，“一般需要”记 1 分，“不太需要”记 0 分，按得分高低排序。

3.1.2　不同地区农户林业生产社会化服务的需求情况

调查所涉及的林业生产社会化服务包括八项内容，即生产资料供应服务(产前、产中、产后服务)、林业科技服务、林业金融服务、森林保险服务、林业信息服务、林权流转服务、林业产后服务、林业基础设施服务。通过对农户所需的林业生产社会化服务的需求进行调查，为进一步投入林业生产社会化服务提供依据和支撑。东北部、中部、西南部地区对林业生产社会化服务的需求强度(见表3-9)。

通过分析表3-9，得出：湖南省东北部、中部、西南部地区对林业生产社会化服务的需求强度各有不同。

(1) 对于东北部地区来讲，经济条件发达，所处地域优越，故农户不用担心关于产后，如保险、加工、包装、运输等服务，和林业基础设施、林业销售

表 3-9　农户对林业生产社会化服务的需求强度

服务类型	东北部	中部	西南部
林业科技服务	84.7%	80.0%	85.0%
森林保险服务	46.7%	48.7%	28.0%
林业产后服务	51.3%	48.7%	31.5%
林权流转服务	54.0%	47.3%	29.5%
林业生产经营信息服务	88.0%	86.0%	90.0%
森林金融服务	88.7%	88.7%	84.5%
林业生产资料供应服务	88.7%	81.3%	81.0%
林业基础设施建设服务	65.3%	59.3%	46.0%

服务、林业智能机械化生产等工作，其中需要重点处理的是林业金融服务问题和林业科技服务指导，例如，为森林保险服务或贷款的途径等效劳。

(2) 中部地区与西南部地区相比经济发展较快，对于基础设施建设服务需求最高，如提供交通运输服务、通信服务、农田水利设施服务等方面，紧接着对销售服务需求较高，中部地区供给需求不平衡，如何拓宽销售渠道、增加消费力度都需要信息服务的提高，及时掌握市场需求和变动，采取相应销售措施，提供技术支持也是需要解决的方面。

(3) 由于地域分布，西南部地区经济发展水平较低，所以对林业生产社会化服务的各项需求百分比都比较高。就自身而言，其最需要解决的是林业生产产中服务，涉及播种、施肥、机耕、收获等服务，其次是对科技技术、各种信息的需求，对经济较落后的西南部地区如何及时提供销售信息、技术信息、价格信息、政策法律实施方面信息等仍存在挑战。

本次调查所涉及的林业生产社会化服务包括林业产后服务、生产资料供给服务、科技服务等八项服务。根据农户的需求情况统计得出，服务的需求优先顺序依次为林业科技服务＞林业生产经营信息服务＞林业生产资料供应服务＞林业基础设施建设服务，而从不同地区来看，这四种服务的需求优先序又存在差异，具体情况见表3-10。

表 3–10　不同地区农户迫切需要的林业生产社会化服务比较

服务项目	西南部地区	中部地区	东北部地区
林业科技服务	50.41%	47.97%	30.23%
林业生产经营信息服务	42.28%	45.95%	32.56%
林业生产资料供应服务	42.28%	39.86%	41.86%
林业金融服务	43.90%	37.16%	39.53%

注：由于是多项选择题，各项服务占比大于 100%。

3.1.2.1　生产经营信息服务

本书所讨论的信息服务是指农户生产经营信息，包括雇工、技术、价格、销售及政策法律等方面。样本调查数据显示，中部、西南部欠发达地区对信息服务的需求都高居首位，与东北部地区存在明显差距。这也表明，中部、西南部地区的农户获取信息的能力十分有限，因而需要相应的社会化服务。而农户需求也反映出在市场经济作用下，信息对林业生产经营活动的影响越发重要。

3.1.2.2　林业金融服务

对金融服务的需求，中部地区表现最强烈，高达45.95%；东北部地区最弱，仅占32.56%。调查显示，80.87%家庭的林业收入只有总收入的40%及以下，充分表明了农民有其他收益由来，农民自有资金是足够的。而金融组织数目多、规模大和发展早主要是位于东北部地域的农村，能解决林业活动的资金短缺问题，因而需求意愿小。而在中部、西南部地区，第二、第三产业发展缓慢，林业仍是大多数农村家庭从事的主要行业，农户的资金来源单一。同时，这两个地区的农村金融行业还未形成规模，截至2012年年末，湖南省仍有1 696个乡镇没有银行业金融机构网点，其中绝大多数位于西南部地区。这些都导致中部、西南部地区农户的资金问题长期得不到解决，因而对金融服务的需求较强烈。

3.1.2.3 林业科技服务

三个地区对科技服务的需求情况相差不大，东北部、西南部较强，中部次之。西南部地区人均耕地占有量少，林业生产方式落后，林业产出不稳定，因而农户需要技术支撑来有效提高生产率。东北部地区近几年来开展了一系列建设特色林业的工作，如循环林业、观光林业等，这些新型林业要以科技作为基础，因此农户需要相应的科技服务。而位于中部地域的农民只有13.14%参与过林业生产经营类的能力培养，因而也需要科技服务。

3.1.2.4 生产资料供给服务

林业生产资料供给服务包括农药、化肥、林业机械及地膜等生产工具供给，在本次调查中，西南部地区对该服务的需求最为强烈，中部地区最弱。由于市场经济的冲击，林业商品的收入也受到了影响，因为西南部区域主要是传统林业生产，所有影响程度尤甚。生产材料供应效率高，成效快，能够帮助农户达到控制成本的目的，因而西南部地区的农户对该服务有大量需求。

3.2 基于农户需求的湖南林业社会化服务供给现状分析

到目前为止，关于林业社会化服务供给现状及供给满意度研究相对较少，这些为数不多的研究主要的研究角度是定性分析。本书从定量角度，通过500农户的调查数据分析湖南林业社会化服务供给现状：一是通过农户的直接感受进行供给满意度评价，从生产资料供应服务、森林保险服务、林业基本设备设立服务、林地流转中介服务、林业科技服务以及林业金融贷款服务、林业产后服务等方面分析农户对林业社会化服务供给满意度情况；二是通过服务满意度的与需求程度是否协调，来揭示湖南省现有林业社会化服务供给的有效性；并通过二者的结合总体分析湖南省林业社会化服务供给现状，为下一步完善湖南林业社会化服务供给体系提供了政策建议。

3.2.1　林业社会化服务供给的总体现状

通过调查了解到湖南提供林业生产社会化服务的供给主体主要有林业公共服务机构(林业局、林业技术推广站等部门)，林业学院和科研院校，村集体(林业技能培训所与畜牧兽医疗站等有关公共服务机构)，林业合作经济组织(协会或合作社)，企业等供给主体。通过比较各个供给主体在林业生产社会化各阶段的服务中提供的服务比重进行分析，从而了解各个服务主体的主要功能，为进一步完善主体功能提供基础。林业生产社会化服务主体供给情况如表3-11所示。

从表3-11中，可以看出：

(1) 对于产前、产中、产后或技术、信息、销售，公共服务机构和村集体提供的服务比重都较大；

(2) 公共服务机构包括各级林业局、林业技术推广站等部门，负责范围广，尤其在林业基本设备服务、林业信息服务、林业生产产前服务等方面占有较高比率；

(3)提供生产社会化服务的这几个主体，林业院校及科研院所提供比例最小；

表3–11　林业生产社会化服务主体供给情况

服务类型	公共服务机构	村集体	林业院校及科研院所	林业合作经济组织	企业
林业科技服务	81.0%	9.8%	1.3%	3.4%	4.5%
森林保险服务	52.6%	14.4%	0	29.8%	3.2%
林业产后服务	43.0%	17.0%	0	29.0%	11.0%
林地流转中介服务	42.8%	17.0%	0	33.2%	7.0%
林业生产经营信息服务	87.2%	11.0%	1.2%	0.6%	0
林业金融服务	86.0%	11.8%	0	2.2%	0
林业生产资料供应服务	81.8%	9.8%	0.8%	1.2%	6.4%
林业基础设施建设服务	43.2%	28.8%	2.1%	16.7%	9.2%

(4) 在企业提供各种社会化服务中，林业生产产后服务和林业生产销售服务比重较大；

(5) 林业合作经济组织（协会或合作社）对于自身而言在林业技术服务、林业机械服务方面提供比重较大；

(6) 林业院校及科研院所较自身而言对林业技术服务、林业基础设施建设服务比重较大。

综合来看，在各项生产经营活动中农户占有较大比率的均是“村集体”。首先是村集体组织，作为党和国家在农村的最基层组织和农户利益的代言人，在生产生活的诸多方面为农户提供了重要帮助。除此之外主要是指基层林业站在对农户的林业服务中所占份额较大，说明公共服务机构及涉林单位在林业社会化服务中起到了极其重要的作用，得到了广大农户的充分肯定。其次是农村个体供销商，他们在生产资料供应、产品销售和储运、生产信息提供方面发挥了重要的服务作用。再次是林业合作经济组织，他们在帮助农户进行林业生产经营，特别是林下经济项目和林地流转方面发挥出了越来越重要的作用；相比之下，农林院校和科研院所给农户提供的帮助相当有限，调查中农户反映对他们提供的服务几乎感觉不到。

3.2.2 不同地区林业生产社会化服务主体供给情况

本节主要以湖南省10个县的微观样本调查数据为基础，依据所处区域不同，将样本调查数据分为东北部（慈利、茶陵、平江）、中部（衡阳、新邵、会同）、西南部（花垣、沅陵、凤凰、蓝山）三个地区，分析不同地区林业生产服务的区域差异化。

3.2.2.1 东北部地区林业生产社会化服务供给

东北部地区林业生产社会化服务供给情况见表3-12。

从整体看，东北部地区林业生产社会化服务供给，大部分的生产服务是由公共服务机构（包括各级林业局、林业推广站等部门）和村集体两个主体供

表 3-12　东北部地区林业生产社会化服务主体供给情况

服务类型	公共服务机构	村集体	林业院校及科研院所	林业合作经济组织	企业
林业科技服务	80.0%	7.3%	0.5%	2.2%	10.0%
林地流转中介服务	50.0%	5.3%	0.5%	24.2%	10.0%
林业产权资产评估服务	44.7%	16.0%	0	24.6%	14.7%
林业融资服务	46.7%	44.7%	3.5%	3.5%	1.6%
森林病虫防治服务	70.3%	9.3%	4.1%	7.0%	9.3%
森林保险服务	82.7%	9.3%	1.0%	0.5%	6.5%
林木种苗培育与供应服务	57.3%	19.7%	0.5%	12.7%	10.0%
林产品加工服务	44.5%	38.7%	0.5%	13.1%	3.2%

给，这两个主体作为湖南省政府机构和基层组织，是各种林业政策方针的具体贯彻执行者，同时也直接面对着广大农村、农户，在提高林业生产社会化服务水平方面有着不可替代的作用。

政府部门在林业基础设施建设服务方面供给最多，包括提供交通运输服务、通信服务、农田水利设备服务等，其次是金融服务和信息服务，帮助农户提供信息担保、介绍贷款渠道、组织农户集体贷款、提供森林保险服务，并进一步提供林业销售信息、技术信息、价格信息、政策法律信息等。

村集体提供服务最多的是生产资料服务，如农药、化肥、林业机械的供给，其次是产中、产前、基础设施服务，包括种子和种苗供应、播种、施肥、打药、灌溉、机耕、收获及基础设施建设服务，可以看出，村集体提供的基本都是林业生产基础性服务，通过村集体优势，使农户利益最大化。

林业院校及科研院所整体来说是提供服务最少的供给主体，就其自身而言，提供较多的服务是技术支持、种植技术指导和技术服务、信息服务。

林业合作经济组织相比公共服务机构和村集体来说提供服务较少，相比林业院校及科研院所和企业来说提供服务较多，且在销售、机械、技术等方面提供较多。通过发展林业合作经济组织，全面推进林业生产销售渠道、促进生产机械化、促进技术现代化。

3.2.2.2 中部地区林业生产社会化服务供给情况

中部地区林业生产社会化服务供给情况见表3-13。

表 3–13 中部地区林业生产社会化服务供给情况

服务类型	公共服务机构	村集体	林业院校及科研院所	林业合作经济组织	企业
林业科技服务	83.1%	14.7%	0	0	2.2%
林地流转中介服务	62.1%	34.7%	0	0	3.2%
林业产权资产评估服务	64.3%	32.0%	0	1.0%	2.7%
林业融资服务	48.0%	32.0%	0	1.0%	19.0%
森林病虫防治服务	89.1%	9.3%	1.1%	0	0.5%
森林保险服务	90.4%	7.3%	0	2.3%	0
林木种苗培育与供应服务	87.6%	7.3%	1.2%	1.6%	2.3%
林产品加工服务	57.4%	37.3%	0	0	5.3%

中部地区林业生产社会化服务供给，大部分的生产服务是由公共服务机构(包括各林业局、林业推广站等部门)和企业两个主体供给，公共服务机构和企业能不能提高林业生产社会化服务水平直接关系到湖南省林业生产能力能否得到增强和农户生活能否得到改善，进而影响湖南省经济的发展。

公共服务机构提供最多的是林业生产基础设施服务、林业信息服务和林业产前服务，现阶段在新农村建设和公共服务型政府的双重理念影响下，公共服务机构在林业生产社会化服务中扮演重要角色，起着统筹规划、引导鼓励、服务提供、监督协调等作用。

令人关注的是，企业在林业生产社会化服务供给中，其他服务供给比例都较高，但在林业信息服务供给非常少，主要原因是农村消息闭塞不能及时了解全面的、有效的科技信息，同时农民科技文化程度不高。就算及时了解了科技信息，农民经济也无力承担科技风险，这就发生了农户与科技没有真正“接轨”的状况。农户的分散销售，增加了推广成本。同时，导致了林业服务在推行过程中执行力低，不能满足农户需求。

林业合作经济组织在林业信息服务和林业技术服务方面提供较多支持，为了扩大科技的影响力，使劳动者生产的专业技能得到改善，使新技术、新品种得到推广，将林业可能的损失和风险降到最低。林业合作经济组织围绕信息服务和技术的培训，对农业劳动者进行专业知识及技术指导，为其解决问题。

3.2.2.3　西南部地区林业生产社会化服务供给情况

西南部地区林业生产社会化服务供给情况见表3-14。

表 3–14　西南部地区林业生产社会化服务供给情况

服务类型	公共服务机构	村集体	林业院校及科研院所	林业合作经济组织	企业
林业科技服务	85.0%	8.0%	0.5%	1.3%	5.2%
林地流转中介服务	84.2%	6.0%	1.0%	2.2%	6.6%
林业产权资产评估服务	79.7%	6.5%	0.8%	3.2%	9.8%
林业融资服务	80.3%	7.5%	1.4%	3.2%	7.6%
森林病虫防治服务	75.9%	13.5%	3.3%	2	5.3%
森林保险服务	76.2%	17.0%	0	0.6%	6.2%
种苗培育与供应服务	73.5%	11.0%	0.5%	6.5%	8.5%
林地流转中介服务	60.2%	22.5%	0.3%	12.4%	4.6%

西南部地区由于地区限制和经济发展水平滞后，林业生产社会化发展受到一定的阻碍，但就自身而言，其生产类型主要由政府部门和村集体供给，部分由林业合作经济组织和企业供给。

公共服务机构很大程度上满足了林业在金融服务、信息服务、产前服务和基础设施建设方面的需求。由于公共服务机构对西南部开发投入大量资金，西南部林业基础设施供给较充裕。

林业合作经济组织在林业生产资料服务、林业技术服务、林业销售服务、林业机械服务等方面供给比重较大，林业合作经济组织运用现代科学技术，摒弃了原有以人和动物为生产力的生产形式，利用机器进行生产。林业机械配套齐全，向高效自动化方向发展。

企业尤为突出的是在林业销售服务和林业产后服务方面供给比重较大，随着现代体制机制改革，企业在林业产后服务，即保鲜、加工、包装、储蓄、运输等方面提供便利，进一步拓宽销售市场，增加销售渠道。

3.2.3 农户林业生产社会化服务获得便利性情况

对于林业生产社会化服务获得的便利性，调查结果（见表3-15）显示：

表 3-15 林业生产社会化服务获得便利情况

服务类型	方便	较方便	一般	较不方便	不方便	其他
生产资料	20.5%	32.2%	27.7%	8.4%	10.9%	0.3%
保险	15.3%	26.2%	29.0%	12.9%	16.3%	0.3%
信息	5.9%	13.9%	32.9%	22.3%	24.8%	0.2%
金融	7.3%	16.5%	31.8%	25.3%	18.8%	0.3%
林地流转	6.0%	10.8%	28.5%	29.0%	25.4%	0.3%
加工销售	10.9%	21.1%	32.3%	16.7%	18.7%	0.3%
技术	17.6%	24.4%	25.4%	16.6%	15.8%	0.2%
基础设施	10.4%	18.5%	35.3%	16.5%	19.0%	0.3%

(1) 取种苗培育与供应的较方便或方便的比例在所有社会化服务项目中最大，52.7% 的农户认为种苗培育及供应的获得较方便或方便，主要因为政府相关部门，如林业站等，会对农户进行种苗供应，但仍有19.3% 的农户因受多方面因素的影响，如：政府的不作为等，认为获得种苗培育与供应服务较不便或不便。

(2) 林地流转较方便或方便的比例在所有社会化服务项目中最小，仅16.8%的农户认为土地流转较方便或方便，超过50% 的农户认为当前林地流转较不方便或不方便，主要是因为在流转过程中，涉及手续较多，成本较高，无法保证收益。

(3) 19.8% 的农户认为当前在林业生产过程中信息获得是较方便或方便的，样本农户中将近一半认为信息获得较不方便或不方便，因为林业社会化服务的信息主要由政府提供，从而导致信息传递的不及时与信息的不对称。

(4) 在金融服务获得方面，23.8% 的农户认为是较方便或方便的，但有44.1% 的农户认为金融服务获得，如金融贷款等，是较不方便或是不方便的。因为林业生产贷款条件较高，贷款需办理的手续太复杂等。

(5) 在保险、技术等服务获得方面，均有超过40% 的样本农户认为较方便或方便，但分别有29.2%、32.4% 的被调查者认为此类社会化服务获得较不方便或不方便，主要因为大多数此类服务单独由政府提供，供给主体较单一等，如：保险大多数由林业部门直接提供，人们缺少自行购买林地商业保险途径。

3.3　本章小结

首先，通过农民对各种林业社会化服务的总需求意愿，湖南省提高了在林业社会化服务方面的投资，但仍然存在林业社会化服务供给总量不足，不能满足广大农户需求，服务不能达到“全要素”覆盖。根据第三章林业调查的具体各项服务中可知，各地林业社会化服务普遍存在着“轻金融保险服务、以生产技术服务为重、轻产后服务、以产前和产中服务为重”的情况。林业商品在储存、保鲜、保险、销售、信息与林业金融方面的能力有待提高。

其次，从林业社会化服务供给主体来看，在各项生产经营活动中农户的“村集体”比重均较高，村集体组织，作为党和国家在农村的最基层组织和农户利益的代言人，在生产生活的诸多方面为农户提供了重要帮助；公共服务机构(主要是指基层林业站)在对农户的林业服务中所占份额较大；农村个体供销商在生产资料供应、产品销售和储运、生产信息提供方面发挥了重要的服务作用；林业合作经济组织在帮助农户进行林业生产经营，特别是林下经济项目和林地流转方面发挥出了越来越重要的作用，而相比之下，农林院校和科研院所给农户提供的帮助相当有限，调查中农户反映对其提供的服务几乎感觉不到；其次，从在社会化服务获取便利性来看，便利性从高到低依次为：生产资料服务、技术服务、保险服务、加工销售服务、基础设施服务、金融服务、信息服务、林地流转服务，且除生产资料服务外，认为其他所有社会化服务项目获得较方便或方便的农户均没有超过50%，最低的只有16.8%，主要是因为供给主体单一，不能满足农户的需求等。

第 4 章　湖南林业社会化服务供需的 IPA 评价分析

农户需求是影响林业社会化服务供给的重要因素之一，湖南林业社会化服务发展应该根据农户需求优先序和需求特征作为导向调整供给的重点和方向，以更好地适应农户需求，实现农户增收和湖南林业的良性发展。因此，本章利用农户对林业社会化服务需求程度与供给满意度的调查数据，通过建立 IPA 模型研究农户对林业社会化服务的需求程度与供给满意度的协调性，明晰林业社会化服务供给与需求间的匹配与适应性。主要内容结构安排如下：首先，比较和确定农户林业社会化服务需求程度的优先序；然后针对农户对林业社会化服务供给满意度进行分析；其次，通过 IPA 分析法，通过农户对林业社会化服务项目及内容的重要性排序和农户满意程度分析，考察服务供给与需求是否协调匹配；最后，根据农户对林业社会化服务需求程度与供给满意度相关性分析，发现和总结目前湖南林业社会化服务中存在的不足，考察湖南林业社会化服务供给与需求是否匹配，探讨供给与需求是否存在错位。

4.1　IPA 模型的理论基础

IPA（Importance-Performance Analysis）分析法最初由 Martilla (1997) 提出，其主要思想是选定产品或产业的若干属性，通过调查消费者对这些属性的重要性排序和消费者满意程度测序，然后将重要性列为横轴，满意度列为纵轴，分别以调查对象对服务重要性与满意度的平均值作为 X 轴和 Y 轴的分割点，将空间分为4个象限，从而考察其供给与需求协调性。Hammasietal (1994) 和 Sethna (1982) 基于此方法对餐饮业、旅游业等进行了分析。目前，该方法被广泛用于不同企业或区域的产品、产业的测度，如教育业、餐饮业、旅游业、物流业等。

目前，为了能够更好地设立服务型政府，并且不断推进湖南林业社会化服务的发展进程，推动林业社会化服务发展是为了满足农户日益增长的需求。想要真正地了解林业社会化服务的需求和供给之间的距离，需要农户们真实地给出对目前林业社会化服务水平的评价才行。虽然湖南省一些区域出现了一批新型服务主体，可依然存在以下问题：发展级别不够高、速度较低，服务主体人数少、水平低，管理制度不完善。

对林业社会化服务满意度与需求程度相关性分析，可以进一步找出湖南省现有林业社会化服务的需求与供给的差距，根据该评价不仅可以为以后林业社会化服务供给体系发展奠定一个良好的基础，同时还可以对湖南省的林业社会化服务提供效果。而 IPA 分析法清晰直观、简单易懂，成为广泛应用于服务领域的绩效评价工具。通过 IPA 分析，可以直观地了解农户对八项林业社会化服务需求迫切程度（即重要性）与供给满意度（即满意度）两者的不同，理清它们的优缺点，并为资源配置和决策执行提供依据。该研究采用绩效性分析法评价现阶段湖南省林业社会化服务供给满意度与需求程度相关性。

4.2 IPA 模型的建立

在本节建立的 IPA 模型中，农户对社会化服务的需求重要性作为模型的 Y 轴，农户对社会化服务供给的满意度作为模型的 X 轴。因此在建立模型之前分别对模型的 X 轴和 Y 轴的变量进行分析。本节数据均来自国家林业局林业软科学课题“集体林权制度改革跟踪监测暨林业社会化服务体系建设专题研究

(2015-R08-4)”，调查在2017年7~8月完成，获得了报告期2016年500户样本数据。

4.2.1 IPA 模型的林业社会化服务需求重要性分析

对于优先序的方法，国内学者以农户需求角度出发主要分为三种：频数法、均值法和系统聚类法。孔祥智等(2006)指出对最优先选项中的无权重转移方法，对频数进行改进，能够提高各个选项的有效排序。崔登峰等(2016)指出，依次对选项进行排序比频数法效果更好，因为频数法忽略了农户的真实评价。在本书的研究当中，运用了 SPSS 22.0 软件，运用系统聚类分析法、最优先项频数法和加权频数法，得出的结论，能够很真实地反映农户的需求。全省受访农户按照本人的要求急切程度针对以下11项服务类型进行先后次序的排序，如表4-1所示。

表 4–1　全部受访农户的林业社会化服务项目需求的序次及加权均值

项目	第一	第二	第三	第四	第五	第六	第七	第八	第九	第十	均值
1. 林业科技服务	41	37	45	44	43	45	43	38	43	38	41.7
2. 森林保险服务	40	31	30	22	16	10	14	12	11	13	19.9
3. 林业金融服务	39	37	26	19	20	19	18	10	12	13	21.3
4. 林业法律服务	40	37	23	16	17	12	9	16	6	9	18.5
5. 林业产后服务	41	25	25	24	24	17	16	21	9	9	21.1
6. 林业发展扶持政策	49	44	43	45	37	46	46	42	46	43	44.1
7. 林业生产经营信息服务	49	44	46	45	42	47	42	43	44	33	43.5
8. 林业生产资料供应服务	47	37	43	42	40	42	46	42	41	37	41.7
9. 森林病虫害防治服务	46	44	24	35	33	21	19	21	21	15	27.9
10. 林业基础设施建设服务	46	32	32	41	36	20	20	24	22	14	28.7
11. 林权流转中介服务	36	38	16	18	11	23	25	4	15	18	20.4

把相关的数据导入 SPSS 22.0，当选择系统聚类时，会发现农户最需要的服务有五大类。结合前文的研究，可以将农户的林业社会化服务需求迫切程度分为五层(如表4-2所示)。

表 4–2　农户对林业社会化服务需求的迫切程度

需求迫切度	林业社会化服务内容
第一层	林业科技服务、林业生产经营信息服务、林业生产资料供应服务、林业基础设施建设服务
第二层	森林病虫害防治服务、林业金融服务、林业产后服务
第三层	林权流转中介服务
第四层	森林保险服务
第五层	林业法律服务

由表4-2可知，排在第一层的是：林业生产经营信息服务、林业基础设施建设服务、林业生产资料供应服务以及林业科技服务，这几项的频数和加权均值要远优于后面的其他林业社会化服务需求，因此是农户最为迫切的需求。林业改造以后，农民取得林地使用经营权限，而其方法也从最初的粗放型经营变成集约型经营，且林业生产经营的相关信息服务要求提升，同一时间，现代林业方法的推行体制以林业示范户、林业大户以及林业企业为主，个别散户的个性化需求并没有重点关注；即便有给散户供给个性化需求的想法，林业改造后分散经营形式明显增加了服务的成本，而散户无法负担，所以对林业生产经营信息等服务的需求迫切。

森林病虫害防治服务、林业金融服务、林业产后服务排在第二层。这三项服务是农户产中产后的重要服务内容，这对降低农户生产经营成本、提高生产经营效率发挥着很重要的作用。农户由于信息的不畅通，以及自身的局限性导致很难对市场前景做出预测，很难应对市场的风云变化。因此，这三项服务能及时有效地为农户提供专业的有针对性的服务，帮助农户了解市场，提高生产经营效率，从而将促进农户收入的增加。

第三层为林权流转中介服务，第四层是森林保险服务；第五层是林业法律服务。从优先序的排序来看，受访农户在林业生产经营过程中基本处于松散的、家庭式经营的状态，他们在林业产业规模化经营和发展方面的了解有限，所以，林地流转中介服务、林业法律服务、林业产权资产评估服务、森林保险服务等需求不迫切。

4.2.2 IPA 模型的林业社会化服务满意度分析

多年来为促进林业发展，党和政府推行了一系列林业发展扶持政策，但是由于投放的财政资金不足、林区面大和农户面广，导致政策的作用效果并不明显。样本调查数据显示，2016 年拿到各种林业补贴的样本农户数共计有 334 户（占样本户总数的 66.80%），补贴金额总计为 596 937 元，平均每户获政策补贴 1 787.23 元；其中，生态效益补偿金额 178 068 元，造林补贴 207 927 元，更新造林补贴 11 760 元，抚育补贴 85 744 元，其他补贴 113 438 元。对于生态效益补偿，64.80% 的农户反映补偿标准太低；对于造林补贴、更新造林补贴和抚育补贴，70.60% 的农户反映不仅补贴面积太少而且补贴标准太低；对于林机具补贴、低产低效林补贴和林下经济补贴，截至 2016 年底样本户无一户获得。因此，有少数农户用"只听雷声，不见下雨"形容国家林业政策。结合农户对我国林业扶贫政策的评价（见表 4-3），满意的农户占到了 25.31%，一般满意的农户占到了 6.09%，不满意的占到了 1.37%，不好说的占到 67.23%。不好说的原因，农户普遍解释为"政策虽好，但落实到基层普通农户家庭有相当困难"。

由表 4-3 的数据说明，当前农户在生产时存在生产条件简陋，生产规模小，对现有林业社会化服务普遍满意度不高；尽管湖南省加大了对林业社会化服务的投入，但仍然存在林业社会化服务供给总量不足，不能满足广大农户需求，提供服务没有做到"全要素"覆盖。上一章对林业的各项服务进行了细致的调查，调查发现，林业社会化服务存在着诸多问题。比如没有注重生产后的服务，而是注重生产前和生产中的服务；没有注重金融保险类的服务而是注重了生产技

表 4–3　样本户对国家各项林业扶持政策的满意度评价

政策项目	满意	一般满意	不满意	不好说	满意度排序
生态效益补偿	54.40%	6.20%	2.40%	37.00%	1
造林补贴	29.00%	7.20%	1.40%	62.40%	2
林木良种补贴	28.40%	4.80%	0.40%	66.40%	3
抚育补贴	22.40%	6.20%	1.80%	69.60%	4
低产林改造补贴	21.00%	5.40%	1.40%	72.20%	5
林机具补贴	19.00%	3.40%	0.60%	77.00%	6
林下经济补贴	3.00%	9.40%	1.60%	86.00%	7
平均	25.31%	6.09%	1.37%	67.23%	—

术方面的服务。林产品保鲜、贮运、加工、销售，以及林业金融、保险、信息等服务仍然比较缺乏。林业社会化服务供给不足是相对于需求而言的。林业社会化服务需求的快速增长给林业社会化服务供给带来了巨大的压力。在湖南由初步小康向全面小康过渡阶段，农户对林业社会化服务的需求水平越来越高，林业需求增长的速度也很快。农户在林业科技服务、林地流转、林业金融保险等方面潜在的林业需求开始转化为现实需求，需要采取措施妥善解决。有限的林业资源分配不均衡，许多现代社会所需要的林业社会化服务未能得到有效供给。由于地方财税体制的不完备和农户参与的缺失，一些地方政府不了解农户实际需求，对于农户急需的林业信息、林业安全、科技培训等，对特定人群的服务等供给严重不足，影响了农户对林业社会化服务总体满意情况。

从农户对当前林业社会化服务项目的满意度综合评价数据来看(参见表 4-4)，农户满意度最高的是生产资料供应服务，其后依次是森林保险服务、林业信息服务、林权流转中介服务、林业产后服务、林业科技服务、林业基础设施建设服务，最后是林业金融信贷服务。

农户对各类林业社会化服务项目供给满意度评价情况如下。

表 4–4　农户对各项林业社会化服务的综合满意度排名

服务项目	满意	一般满意	不满意	不好说	排名
生产资料供应服务	40.60%	43.80%	6.80%	8.80%	1
森林保险服务	32.80%	34.80%	22.80%	9.60%	2
林业信息服务	24.80%	48.20%	13.40%	13.60%	3
林权流转中介服务	22.70%	51.15%	1.90%	24.25%	4
林业产后服务	24.60%	46.80%	24.40%	4.20%	5
林业科技服务	20.60%	34.20%	39.40%	5.80%	6
林业基础设施建设服务	18.60%	27.20%	32.60%	21.60%	7
林业金融信贷服务	14.80%	15.60%	12.60%	57.00%	8

注："满意"记 2 分，"一般满意"记 1 分，"不满意"和"不好说"记 0 分，按得分由高到低进行排序。

4.2.2.1　农户对林业生产资料供应服务项目的评价

县乡林业部门和个体经销公司帮助大多数乡民提供农作物种苗、饲料、化肥、农药和林机具等。根据样本调查显示，在受访农户中，认为所购买的生产资料质量很好的有25.40%，认为生产资料质量一般的农户有69.80%，认为生产资料质量极差的有4.80%；有部分受访农户反映，在过去个体经营的公司采办过假的化肥、种子或农药的有54.80%。由探访结果可知，个体维修主要是大多数农户用来修缮林机具，对于租借大型林机具，大都为一亩地90元左右，农户对这个价格还是比较认可的。由以上调查可知，对林业生产资料供应服务满意度比例中对其认为满意的农户有40.60%，认为一般满意的有43.80%，认为不满意的有6.80%，认为不好说的还有8.80%。

4.2.2.2　农户对林业科技、信息服务项目的评价

样本调查数据反映，只有40.60% 的农户表示获得过林业技术培训；有40.40% 的农户表示获得过林业科技服务，对于没有接受过科技服务或者是不

知道林业科技服务的农户有9.60%。有8.60%的农户接受过良种选育服务，接受过森林抚育服务的农户有16.40%，接受过种植服务的农户有12.40%，有2.60%的农户接受过森林经营方案设计服务，有10.40%的农户表示接受过其他服务。对林业科技服务取得的方法，农户大多通过书报刊学习、电视广播和村集体散发材料与个体工商户的方式得到，很少有机会可以参加集体培训，进行上门指导技术的相关部门更少（表示接受过上门技术指导的农户仅占11.40%）。由此可见，对林业科技服务的满意度，有占39.40%的农户表示不满意，34.20%的农户表示一般满意，20.60%的农户表示满意，5.80%的农户表示不好说。

4.2.2.3 农户对林业信息服务项目的评价

农户目前主要是通过广播和电视，接下来是村里散发的相关资料与个体经销商、亲戚朋友和书报刊获取信息服务。帮助农户提供的信息服务较少的是农林院校、合作经济组织和科研院所。农户目前收到的有超过90%的信息都是免费的。结合现状，根据调研结果可以明显看出农户对信息服务的满意程度，其中表示满意的农户占24.80%，表示一般满意的农户占48.20%，表示不满意的农户占13.40%，13.60%的农户表示不好说。

4.2.2.4 农户对林业金融服务项目的评价

由调研结果可知，自2011—2016年的五年中，累计有148户（占样本户的29.60%）有林权抵押贷款需求，而实际申请过林权抵押贷款的样本户数为86户（占17.20%），而实际获得了林权抵押贷款的农户数只有6户（占1.20%），其余80户有申请但最终没有获得；在获得林权抵押贷款的6家农户中有1家（占0.20%）还获得了林业贴息贷款。农户有申请但没有获得林业抵押贷款的原因主要有以下几个方面：一是达不到抵押贷款的要求（24户，占申请户的30%）；二是缺少担保人（17户，占21.25%）；三是因办理贷款的程序复杂、手续麻烦、利率太高、贷款金额太少等原因迫使农户自动放弃（39户，占48.75%）。2011—2016年的五年中有6家（占1.20%）农户各自申请并获得了共计19万元的小额信用贷款。

自2011—2016年的五年间，申请并获得林业抵押贷款和小额信用贷款的农户数共计有12家，占样本农户数的2.60%；未获得林业信用贷款的农户488户，占样本户总数的97.40%；进一步的深度访谈得知，农户未获得林业信用贷款的原因依次为不需要、条件苛刻、无担保(人或抵押物)、手续麻烦、利率太高以及金额太少等(见表4-5)。

表 4-5　2011—2016 年农户累计获得林业信用贷款

获得情况	未获得林业信用贷款农户						获得
	97.4%						2.6%
原因	不需要	条件苛刻	手续麻烦	金额太少	利率太高	无担保	—
比例	52.8%	15.6%	9.8%	3.6%	7.4%	10.8%	—

4.2.2.5　农户对森林保险服务项目的评价

2011年以来，在林业部门的积极推动下，农户参与森林保险的覆盖面持续提高。截至2016年底，样本户有352户(占70.40%)参与了森林保险，投保林地面积共17 698.90亩，占农户家庭林地总面积的63.16%；其中政策性森林保险17 668.28亩，占投保林地面积的99.83%，商业保险30.62亩，占投保林地面积的0.17%。从投保险种来看，主要是森林综合险，投保面积达17 643.70亩，占99.69%，此外，火灾险投保55.20亩，占0.31%。对于投保森林保险的原因，2016年参与投保的352家样本户中，回答为减少损失的有224户占63.64%，其余的128户(占36.36%)回答的都是因为有政府统保。

事实上，2016年参加森林保险的352家样本户中参保途径中有349户(占99.15%)明确为政府统保，3户(占0.85%)为家庭自主投保。2016年未投保的148家农户，家中林地全为商品林，如果参加森林保险的话绝大部分保费要农户自己掏。当问及这些农户未参与森林保险的原因时，答案呈现多元化，47.97%的农户表示当前还没有这方面的需求，8.21%的农户表示想投但没渠道，16.22%的农户表示为理赔麻烦，5.41%的农户认为保额过低，14.19%的农户认为保费过高，6.08%的农户表示没听说过，还有2.02%的农户表示是其他一些原因，譬如“林地少，受灾损失不易确定”“自己能看护好，不会发生灾害”等。当前，从样本户对森林保险服务的总体评价来看，对森林保险服务满意的农户占比是32.80%，对其表示不满意的农户占比为22.80%，对其表示态度不确定的农户占9.60%，对其表示一般满意的农户占比为34.80%，其中农户表示不满意的主要原因是“灾害索赔过程太过烦琐”，还有极少数农户表示灾后“无法获得正常理赔”。

4.2.2.6　农户对林权流转中介服务项目的评价

由调研结果可知(参见表4-6)，截至2016年底，累计有69家样本户(占13.80%)参与了林地流转，累计流转林地面积6 230亩，流转面积占农户确权到户林地面积的22.23%。

表 4–6　2016 年底样本农户林地流转

流转途径	农户参与		流转林地	
	户数	占比（%）	面积（亩）	占比（%）
村集体、村小组统一流转	22	4.40	1 452	5.18
委托合作组织流转	35	7.00	4 257	15.19
通过林权交易服务中心流转	2	0.40	116	0.41
老板上门，直接卖出	3	0.60	187	0.67
其他私下流转	7	1.40	218	0.78
合计	69	13.80	6 230	22.23

从林地流转的途径看，委托给合作组织的流转占流转林地面积的一半以上(达68.33%)；其次是村集体、村小组组织的统一流转，占流转林地总面积的23.31%；再次是农户的私下流转，占流转林地总面积的6.50%；通过林权交易服务中心流转的占比很少(仅占1.86%)。从交易的手续来看，除村集体、村小组统一流转签订、统一流转合同外，其他各种流转方式农户都签订了有自己签名的流转合同，在林权交易服务中心流转的还办理了交易过户手续。当有林地

流转的农户被问及为什么不通过林权流转交易中心流转时，农户普遍反映林权流转交易中心收取的费用有点高，而且手续麻烦。对于林地流转价格的确定，请评估机构评估过的约占10%，请林业部门人员评估过的约占15%，其余占75% 的都是流转双方公平协商。目前，流转价款已全部付清的占32.43%，分次付、目前能及时兑付的占64.86%，有拖欠、目前不能及时兑付的占2.71%。

从流转的效果看，参与林地流转的69家农户家庭目前挺满意的占85.51%，有些后悔的占10.14%，不好说的占4.35%。从农户对流转服务的综合评价来看(见表4-7)，对于流转后资源保护存在很大的差异，对于其他几项评价都比较肯定。

表 4-7 样本户对林地流转服务效果的综合评价

项目	满意	一般满意	不满意	不好说
对流转价格	25.60%	62.00%	4.00%	8.40%
对流转费用	24.80%	68.80%	1.40%	5.00%
对流转程序	22.00%	70.00%	1.80%	6.20%
流转后对资源保护	18.40%	3.80%	0.40%	77.40%
平均	22.70%	51.15%	1.90%	24.25%

4.2.2.7 农户对林业产后服务的评价

林木以及林下经济产品的摘采、制作、包装、贮存运输及出售等是林业生产经营的主要产后服务。在这些产后服务中，通过村集体及合作经济组织帮助完成服务的农户只占4.80%，需要其他人帮助完成此项工作的农户占比为95%。在处理林下经济产品及得到的木材时，先对林下经济产品做一定的处理后再进行销售、把木材加工成木制品的农户的占比小于2%，其余农户一般做法为自己留下一些，剩下的经由个体收购商售出。觉得卖出林产品(特别是果品)面临很多难题的农户占比为54.60%，其中最主要原因就是林产品的销路很难打开，而且售价比较低，即使是丰收年，也多是入不敷出。有9户农户(在样本户中的占比为1.80%）有自家企业或者林产品加工工艺，他们普遍认为经营效益还可以，在剩下的491户样本户中，觉得经营效益特别差的农户占50%以上。结合现状，对产后服务不满意的农户占比为24.40%，对其态度表示不确定的农户占比为4.20%，对其表示一般满意的农户占比为46.80%，对其表示满意的农户占比为24.60%。

4.2.2.8 农户对林业基础设施建设服务的评价

目前，林区基础设施建设服务评价普遍较差。表4-8数据显示，对于林区道路建设、通电、通水（自来水）和通网（互联网），分别有39.20%、22.60%、27.00%和44.00%的农户认为不能满足当前林业生产经营的需要；对于林区通网，目前由于绝大多数农户家庭没有上网能力，所以有22.40%的农户表示不好评价。

表4-8 农户对林区基础设施建设的评价占比

项目	能满足需要	部分能满足需要	不能满足需要	不好说
林区道路	32.2%	27.2%	39.2%	1.4%
林区通电	55.2%	19.2%	22.6%	3.0%
林区通水	52.4%	18.4%	27.0%	2.2%
林区通网	18.2%	15.4%	44.0%	22.4%

从上面这些服务供给情况发现，对林业林区道路服务表示满意的农户占比是32.2%，对其表示一般林区通电满意的农户占比是55.2%，对林区通水满意的农户占比是52.4%，对林区通网满意的农户占比是18.2%。农户对林区基础设施建设的整体满意度不高，林业基础设施建设还亟待改善。

4.3 IPA 模型结论分析

4.3.1 林业社会化服务供需 IPA 评价分析

林业社会化服务的 IPA 分析如表4-9所示。

表 4-9　林业社会化服务的重要性与满意度及 IPA 分析

要素层	重要性		满意度		I − P	IPA 指数
	均值	标准差	均值	标准差		
1. 林业科技服务	7.71	1.46	6.01	2.59	1.70	22.05
2. 林地流转中介服务	6.15	1.82	6.20	2.70	−0.05	−0.81
3. 林地产权资产评估服务	6.68	2.01	5.58	2.63	1.10	16.47
4. 林业融资服务	6.31	1.95	5.21	2.59	1.10	17.43
5. 森林病虫防治服务	8.02	1.40	6.88	2.69	1.14	14.21
6. 森林保险服务	8.21	1.57	7.18	2.67	0.93	11.47
7. 林木种苗培育与供应服务	7.11	1.92	7.69	2.21	−0.58	−8.26
8. 林产品加工服务	7.00	2.06	6.16	2.53	0.84	12.00

由此画出 IPA 图，如图4-1所示。在 IPA 图中，纵向是重要性，横向是满意度：第一象限迫切度大，满意度大，是最好的范围；第二象限重要性小，满意度却大，是“过度供给”范围；第三象限重要性小，满意度小，是“需要改进”范围；第四象限重要性大，满意度却小，是“急需进步改进”范围，这是几个象限的意义（见图4-1）。

水平向是“满意度”，竖向是“重要性”，依此做成 IPA 坐标系。“需要迫切”的均值7.136和“供给满意”的均值6.364都是从走访调查的总数据中知道的，从而得出重合点，构建象限的界限十字线。之后，由重要性与满意度，对八项林业社会化服务进行定位，绘制出评价因素的 IPA 方格定位图（见图4-2）。

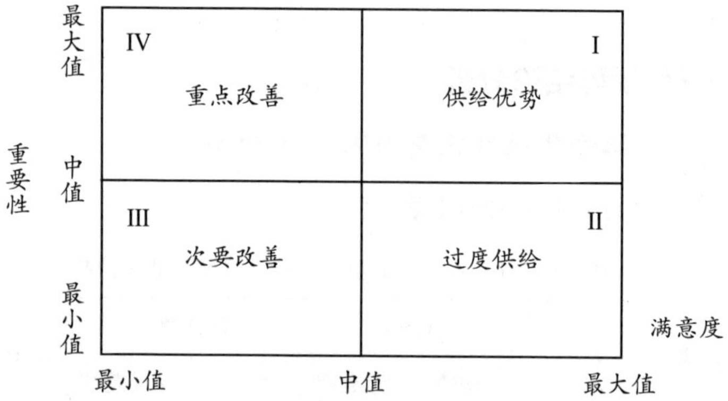

图 4–1　IPA 方格图

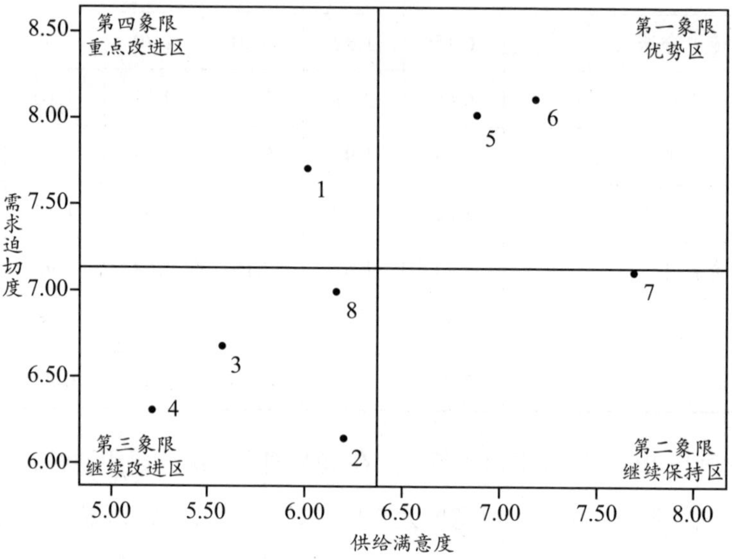

图 4–2　农户对林业社会化服务供给评价的 IPA 定位图

IPA 分析直观地显示了农户对八项林业社会化服务需求迫切程度与供给满意度之间存在的差异。通过具体四个象限的定位，可以很好地了解到供给效果较好的项目，以及有待改进的项目：第一象限是湖南林业社会化服务供给非常好的区域。农户对这个区域内的服务需求很迫切，同时，农户对该区域的林业社会化服务供给很满意。作为优势区域，今后应该继续保持。对这八项林业社会化服务中，有两项被定位于此区域，它们分别是“5. 森林病虫防治服务”；“6. 森林保险服务”。

第二象限为林业社会化服务的继续保持区域。在此区域中，林业社会化服务的供给较为充足，且农户对其的态度较为满意，于是此区域的服务量大概供过于求，需求并不迫切。对这八项林业社会化服务中，有一项被定位于此区域，它是“7. 林木种苗培育与供应服务”。

第三象限为林业社会化服务的继续改进区域。这个范围内农户不仅不满于林业社会化服务，在林业方面，对他们来说也没有迫切的需要，该区域中的林业社会化服务应该在重点改善区域之后进行改善。对这八项林业社会化服务中，有四项被定位于此区域，它们分别是“2. 林地流转中介服务”；“3. 林地产权资产评估服务”；“4. 林业融资服务”；“8. 林产品加工服务”。

第四象限为林业社会化服务的继续保持区域。该地域中农户对林业社会化服务需求非常迫切，但是林业社会化服务供给却不尽如人意，该区域中的林业社会化服务应及时进行改进。对这八项林业社会化服务中，有一项被定位于此区域，它是“1. 林业科技服务”。

IPA 分析法通过从农户需求端入手，一边分析农户需求与迫切度、一边了解林业服务供给方的资源与能力，把供需双方的需求与供给能力进行有效匹配，避免供给不足，跟不上需求，从而建立供需协调体系，增强服务供需的动态性，客观地分析了林业社会化服务供给的有效性。

4.3.2　林业社会化服务中供需中存在的主要问题

通过上述对湖南省林业社会化服务体系建设情况的现实调查与实证分析，结合上一章对湖南林业社会服务情况的分析与了解，对当前湖南省林业社会化服务体系建设中存在的突出问题归纳如下。

4.3.2.1　林业社会化服务供需不平衡

IPA 分析直观地显示了农户对林业社会化服务需求迫切程度与供给满意度之间存在的差异，从农户需求端入手，一边分析林农需求与迫切度、一边了解林业服务供给方的资源与能力。通过上述分析发现，湖南林业社会化服务供需不平衡主要表现在以下几个方面：第一，农户不容易获得的技术服务、技术项目的供给频率都小于其需求频率；第二，农户在资金方面可供求助的渠道有限，仍然存在资金较难获得问题；林权抵押贷款，林业贴息贷款和林业小额贷款额度小，覆盖范围窄，且获取要求高，手续复杂；第三，合作组织所涉及农户数量较少，且覆盖面不够充分，使得大部分农户不能得到满足，尤其是在信息技术、资金服务、管理等领域的服务内容十分少，基层林业部门和林业服务机构专业技术人员严重不足，且越来越难以胜任林业综合服务，特别是林业科技服务工作；第四，基层林业干部和相关服务机构人员法律知识欠缺，无法提供让农户满意的服务。

林业社会化服务供需不平衡主要源于服务的供求结构差异太大。第一，由于服务系统由上至下执行，致使上层提供信息与技术支持的科研组织单位未能向农户充分普及林业有关知识，提供帮助；第二，村级集体组织由于缺乏经济实力和现实中存在的干部素质问题，使村级组织也未能有效地发挥基层社区层面上应有的林业社会化服务功能；第三，合作经济组织发展规模还相当有限，无论是其数量、农户参与规模还是其发展成熟度，都比较单薄；第四，龙头企业的示范带动作用没有充分发挥，涉林企业数量太少(湖南省样本调查数据显示平均每5个村才拥有一家林业企业)且规模不大，林业社会化服务的能力与意愿严重不足。自林权制度改革以来，林业要素市场发育缓慢，森林资产评估、木竹检量、林权流转中介服务等与市场相关的业务未能完全展开；在相关市场化业务中，公共服务机构的作用依然十分明显。

4.3.2.2 农户需求表达渠道狭窄

林业社会化服务的对象是农户，因此所有服务本身都应该基于农户实际需要出发。在实际中，农户需求和被提供服务之间存在断层现象，未能达到无缝结合的效果。很多情况下，所提供的服务项目和服务内容并不是农户所完全需要的，如此会导致相关服务资源的浪费和服务资源的错配问题，严重时可能会延误为服务农户的时机。所以在实际情况中，应该扩宽服务供给渠道，使之分配更加细化，结合地方农户需求，因地制宜，最大化提高服务质量。

4.3.2.3 林业社会化服务供给主体单一

样本调查数据显示，在林业社会化服务过程中，农户的自我服务平均占54.27%，公共服务机构及涉林单位、村集体对农户的林业公益性服务平均占23.74%，农林科研教育单位和合作经济组织的半公益性服务平均占6.73%，个体经销商等其他供给主体的市场化有偿服务平均只占15.26%。自林改以来，林业要素市场发育缓慢，森林资产评估、木竹检量、林权流转中介服务等与市场相关的业务都未能很好地开展起来；在相关市场化经营业务中，公共服务机构及涉林机构的影响依然较大、在个别地区表现还比较突出。

当前林业社会化服务的市场化程度低的根源主要有两个方面。一方面基层林业管理机构的职能界定不清和功能错位，导致林业公益性服务泛滥。长期以来，基层林业部门及涉林单位普遍对林业生产经营进行全方位的“管理服务”，这种“管理服务”表现为林业部门的行政机制“越位”在一定程度上对服务的市场化发展造成消极影响的同时，又增加了政府负担，进而导致政府在林业宏观经济管理工作方面的某种缺位。当前农户对林业社会化服务项目市场化供给的支付意愿总体偏低的根本原因在于农户家庭的林业收入普遍偏低，农户普遍担心市场化的供给会使林业生经营成本进一步增加，导致家庭林业纯收入的下降。此外，长期以来公共服务机构对林业的全方位公益性服务使农户对政府形成了依赖，这也是导致农户对林业社会化的服务市场化供给缺乏支付意愿的重要原因。

4.3.2.4 相关管理法规不健全

不成规矩，难成方圆。任何一个组织部门，大到国家小到机构都应该因地制宜，制备一套全面具体的管理系统。其管理的好坏将决定建设最终的发展。湖南省林业社会化服务管理方面还存在很多不足之处，最为突出的问题表现在林业社会化服务的法律制度体系建设不完善。现实中表现为各方权利、责任、义务很不明确，致使在服务管理分配方面存在交叉和漏洞，一旦中途出现纰漏便会出现弊端，各种利益纠纷等矛盾问题暴露，进而导致各主体之间相互配合程度不够，整体功能难以完全和充分发挥，一旦发生纠纷，很难获得相应的法律保护。

利益保障是林业社会化服务体系有效运行的根本动力，是农户参与林业建设的根本经济来源，其对于林业建设的发展具有重大的意义。对于农户而言，收益保障有利于其进行资金周转，扩展林业经营范围，改善其生活条件，提高对于农业建设投入的积极性；对于政府管理者来说，保障收益可以增加团体的劳动性和团结性，有利于维护生产的持续稳定性，营造一个和谐流通的资金链与市场环境。但在实际情况中，由于相关的制度体系不够完善，利益分配不合理化，甚至存在利益分配无合约情况，以至于部分农民的利益得不到保障，且相关服务需求也得不到解决。

4.4 农户对林业社会化服务优化供给的需求意愿分析

通过实地考察农户经营基本信息，统计农户服务的现状，获得林业生产社会化服务体系存在的不足及改进的建议，真实地反映农户的现实需求。通过统计农户对当前林业生产社会化服务的建议，为进一步提高林业生产服务质量提供基础。

对于林业生产社会化服务是否需要改进(见表4-10)，81.6% 的农户认为林业生产社会化服务需要改进，18.4% 的农户认为不需要改进或对改进与否持无所谓态度。

表 4–10　林业生产社会化服务是否需要改进

是否改进情况		概率	百分比	有效百分比	累积百分比
有效	0	92	18.4%	18.4%	18.4%
	1	408	81.6%	81.6%	100.0%
	合计	500	100.0%	100.0%	
合计		500	100.0%		

4.4.1 政府部门

政府部门应该在如下方面加强林业生产社会化服务，见表4-11。

表 4-11　政府加强林业生产社会化服务的方面

政府需加强方面	频数	总计	有效百分比
技术支持	295	500	61.8%
金融支持	230	500	48.2%
政策支持	282	500	59.1%
信息支持	258	500	54.1%
其他	40	500	8.4%

(1) 61.8% 的农户认为急需解决提供技术支持问题，如优质品种的供应、技术的推广方面。

(2) 提供政策支持，如出台相关法律法规保障农户利益、对农机购置进行补贴。

(3) 提供信息支持，如市场需求信息、价格信息、投资信息、销售信息等。

(4) 加强金融支持，如提供信用担保、介绍贷款渠道、组织农户集体贷款、拓宽森林保险服务、提供低息和免息贷款。

4.4.2 村集体

村集体应该在如下几方面加强林业生产社会化服务，见表4-12。

表 4-12　村集体加强林业生产社会化服务的方面

村集团改进	频率	总计	有效百分比
效益性	284	500	59.5%
效率性	225	500	47.2%
公平性	224	500	47.0%
透明性	211	500	44.2%
民主性和透明性	211	500	44.2%

(1) 提高效益性。追求利益最大化才是最高目标，只有为村民争取最大化利益，才能为进一步扩大规模、提高产量、增强农户自信心奠定基础。

(2) 提高效率性。当今社会经济发展速度惊人，如何在不断变化的经济、政治、社会环境下高效地处理疑难问题是减小风险的重要一步。

(3) 注重公平性。为农户提供的服务，有些服务类似于公共服务，对于集体共同收益，收益分配应合理、公平或根据农户权重不同进行分配，所使用培养费用应公平平摊。

(4) 民主性和透明化。涉及村民集体或个人利益时，应由村民集体投票表决。

对于财务收入支出，应透明化，对人事调动，需张贴公告，村民对其张贴结果有任何异议都可以向相关部门反映。

4.4.3 林业院校及科研院所

在调查林业院校及科研院所在提供林业社会化服务应注意哪些方面时，60.2% 的人认为研发的技术、良种等应针对当地的气候和土地等特点；53.0% 的人认为应易操作；42.3% 的人认为应该有一定创新性；41.7% 的人认为要有后续支持；46.1% 的人认为价格应该合理，在农户的可承受范围内，见表4-13。

表 4-13 林业院校及科研院所加强林业生产社会化服务方面

林业院校及科研院所改进	频数	总计	有效百分比
有针对性	287	500	60.2%
易操作性	253	500	53.0%
有创新性	202	500	42.3%
后续支持	199	500	41.7%
价格合理	220	500	46.1%

林业院校及科研院所提供林业社会化服务时应注意以下几个方面。

(1) 提供林业生产社会化服务应有针对性，研发的技术、优质品种等应针对当地的气候和土地等特点。

(2) 注重其操作性。研发的机械、技术设备等设施应易操作，不需要太烦琐的程序或执行顺序，使农户方便易学。

(3) 价格要合理。农户的主要收入在于种植，收入受自然环境、市场环境需求的影响波动较大且不稳定，所以设定的价格应在农户可支配范围内，这样才能激励农户采用新技术提高产量、增大规模。

(4) 提高创新性。研发的品种和农药要有一定的创新性，在保证产量的同时，减少农药使用，提高林产品质量。

(5) 后续支持。对农户进行一系列的技术支持、设备改进后，对于后续出现的机械化问题应继续保持技术或资金上的支持，针对产品的缺陷进行进一步改良。

4.4.4　林业合作经济组织

林业合作经济组织应该在如下几方面加强林业社会化服务，见表4-14。

表 4-14　林业合作经济组织加强林业生产社会化服务方面

林业合作经济组织改进	有效百分比
效益性	56.0%
效率性	44.4%
公平性	44.7%
透明性	45.7%
民主性	45.3%

林业合作经济组织在提供林业社会化服务时需改进如下几方面：

(1) 提高效益性。与村集体需改进方面相类似，只有为社员争取最大化利益，才能为进一步扩大规模、提高产量、增强农户自信心、扩展社员规模、奠定基础。

(2) 提高透明性和民主性服务。涉及社员利益时，应由社员集体表决。对于共同财务收入支出应透明化，对人事处理需透明化。

⑶注重公平性。对于集体共同收益，收益分配应合理，平分或根据农户权重不同进行分配，所使用培养费用平摊应公平。

⑷提高效率性。提高处理事情的效率。

4.4.5 涉农企业

涉农企业应该在如下几方面加强林业社会化服务，见表4-15。

表 4-15 涉农企业加强林业生产社会化服务的方面

选项	有效百分比	涉林企业可采取模式
1	26.4%	公司 + 农户
2	35.0%	公司 + 合作社（协会）+ 农户
3	31.9%	公司 + 政府机构 + 农户
4	32.5%	公司 + 村委会 + 农户
5	31.9%	公司 + 基础 + 农户

涉农企业具备为林业发展提供服务支持的能力和动机：第一，掌握丰富的专业技术知识，并具备一定的实际经验；第二，了解国内外先进的林业技术和经营管理方法；第三，拥有高端研发平台、培训设施和优质的农资产品，可以将服务进一步落实；第四，通过提供服务，可以为其所在的企业带来更好的品牌效应，增加客户黏度，实现多赢。

根据以上分析，可得如下结论。

⑴采取公司 + 合作社（协会）+ 农户模式。通过农户调查，35.0% 的农户支持采取这种模式。公司、合作社和农户三者结合起来，调整内部结构，转变经营方式，林业生产将向林业产业两端延伸。该模式涉及林业产前、产中、产后的各项内容，包括农资、施肥、机耕、机收、加工运输、林产品销售等专项服务，还有信息、技术、保险、金融、经济等综合性服务。

⑵采取公司 + 村委会 + 农户模式。由于村委会是农户自己选举出来的自

治性组织，而且村委会对农户的生产和生活情况最为了解，以村委会为中心为林业生产提供社会化服务不仅节约企业交易费用，有利于新技术的推广和信息的沟通，对农户生产过程也可以起到很好的监督作用。

(3) 采取公司 + 基地 + 农户模式。此模式是出现最早的林业产业化模式之一。在此模式下，企业和农户之间订有收购或销售协议，二者之间是互惠互利的供销关系。具体做法是以实体公司为龙头，公司为基地的农户提供生产资料、资金、技术。公司通过此种方式为农户提供种植或养殖的社会化服务，但是由于合同法律效力较低，公司和广大农户打交道成本较大。

(4) 采取公司 + 政府机构 + 农户模式。越来越多的简单专项服务转向内容全面、形式多样的综合服务。同时，可通过政府购买服务或补贴资金引导等方式，支持具有资质的涉农企业从事林业服务。

(5) 采取公司 + 农户模式。仅仅由企业和农户组成生产服务供给模式：一方面，该模式较单一，对于企业和农户沟通的中间环节较缺乏，效率低；另一方面，一些农户若不信任企业，工作比较难做，企业向农户提供的林业生产社会化水平往往不高，不利于农户产品品牌的创造和企业市场利益分配力的提高。

4.5　本章小结

本章通过分析得到以下研究结论：

(1) 从农户需求角度研究优先序，对调查数据进行聚类分析，需求层次共分为五层：其中林业发展扶持政策、林业科技服务、林业生产经营信息服务、林业生产资料供应服务、林业基础设施建设服务，这五项的频数和加权均值要远优于后面的其他林业社会化服务需求，因此是农户最为迫切的需求。从不同地区来看，这五种服务的需求优先顺序存在差异：中部、西南部欠发达地区对信息服务的需求都高居首位；中部、西南部地区农户对金融服务的需求较强烈；对科技服务的需求情况三个地区相差不大，东北部、西南部较强，中部次之；对肥料、农药和林业机械设备等林业生产必需品的需求量在西南部区域尤其显著。在对区域进行划分的基础上，对农户需求进行分析对比，发现湖南省各地区绝大多数农户都需要林业社会化服务，中部、西南部地区尤为突出。

(2) 从农户对林业社会化服务的满意度评价来看：据调查显示，大多数农户反映因其经营生产条件水平过低导致其规模无法扩大，对现有林业社会化服务普遍满意度不高。从林农对当前林业社会化服务项目的满意度综合评价数据来看：林农满意度最高的是生产资料供应服务，其后依次是森林保险服务、林业信息服务、林权流转中介服务，林业产后服务、林业科技服务、林业基础设施建设服务，最后是林业金融信贷服务。再从林业调查的具体各项服务中可知，各地林业社会化服务普遍存在着各阶段服务质量与内容不均一的局面，多数人员注重对于产前的服务而忽略产后服务；内容上服务人员往往注重解决技术方面问题，而忽略后期信息教育、物料存储运输方面急需的服务。

(3) 通过 IPA 方法下林业社会化服务供给满意度与农户需求程度是否协调的对比分析来看：在湖南由初步小康向全面小康过渡阶段，农户对林业社会化服务的需求越来越高，农户由潜在的林业需求开始转化为现实需求。农户对林业社会化服务需求迫切程度与供给满意度之间存在的差异，具体通过四个象限的定位，可以很好地了解到林业社会化服务供给待改进的服务主要是：林业科技服务、林地流转中介服务、林地产权资产评估服务、林业融资服务、林产品加工服务。

综上所述，农户与供给主体之间的供需不平衡、农户需求表达渠道狭窄、供给主体单一、利益保障相关法规不健全等基础问题需要继续加大解决力度，改善解决方法。基于农户需求的林业社会化服务供给有效性研究将有助于对农户急需的“资金”“技术”“信息”等要素的服务供给问题进行细化研究。从需求端入手，基于微观农户思维视角，一边分析农户需求与瓶颈，一边了解林业服务供给方的资源与能力，把供需双方的需求与供给能力进行有效匹配，建立供需协调体系，增强服务供需的动态性；同时找到导致出现供需问题的主要影响因素，使林农对林业服务的需求影响供给问题得到解决。

第5章　湖南林业社会化服务供需的影响因素分析

通过对湖南省林业社会化服务供需现状的分析发现，湖南省林业社会化服务供需存在失衡问题，只有当林业社会化服务有效供给与有效需求匹配时，林业社会化服务才可以充分发挥作用，所以需要掌握湖南省林业社会化服务需求与供给的影响因素，再结合湖南林业社会化服务现状，找到导致出现供需问题的主要影响因素。

5.1　基于BP神经网络的农户需求影响因素模型构建

5.1.1　数据描述

本书数据均来自国家林业局林业软科学课题“集体林权制度改革跟踪监测暨林业社会化服务体系建设专题研究”(2015-R08-4)，调查在2017年7~8月完成，获得了报告期2016年500户样本数据。

5.1.2　影响农户需求因素的理论假设

要想监测不同特征农户对社会化服务的需求，需要建立一套科学且合理的社会化服务需求计量指标体系。余莉(2008)的计划行为理论表明，人的行为选择的主要受三种因素影响：个人自身因素、自然环境因素、社会环境因素。

本书在前人的研究理论基础上，对相关的社会化服务需求指标进行频度分析，首先选择一些在文献中出现频率较高的指标，并结合研究地区的具体情况，比较分析各指标的可监测性、可定量化和内容简单性特点，从而对所选择的指标进行剔除和调整，最终获得农户对社会化服务需求的计量指标体系。

5.1.2.1 农户个人与家庭特征

Davis (1989) 的研究表明，个人禀赋因素对技术接受者是否接受某种服务有非常重要的影响。因此在农户的个人特征上，本书主要考虑性别、年龄和受教育程度这三个变量。Deborah Tennen (2001) 的研究表明，性别不同，思维方式会有显著差异。所以认为性别是影响是否需要林业社会化服务的其中一个因素。一般说来，年龄较大的受访者对新鲜事物的接受过程较慢，且观念较为传统，对新技术的选择缺乏主动性，因此假设年龄和林业社会化服务需求之间存在着负相关的关系。认为受访者的受教育程度越高，越有可能接受新技术，对林业社会化服务的需求就越强烈。在农户的家庭特征方面，主要考虑人均林地面积。一般认为，人均林地面积越大，越需要新技术和服务来支撑，对林业社会化服务的需求越强烈，尤其是林木种苗培育与供应服务方面。

5.1.2.2 农户的林业生产经历

林业生产的经历主要包括是否从事林业经营活动、是否为干部、是否接受过林业培训、是否接受过林业科技服务、发生林地流转的林地面积、遭受灾害的林地面积、有病虫鼠害的林地面积、是否需要林权抵押贷款、是否有林权纠纷。由于本章所调查的农户都从事林业生产活动，因此没有将是否从事林业生产放到模型中。一般认为从事林业经营活动的农户会更需要林产品加工服务，认为干部会更倾向于引进新技术和新服务，带动村民共同发展，所以假设是否为干部与服务需求存在正相关关系。参加过林业培训以及参加过合作组织的农户对本章所提出的八种服务有更深入的了解，思想观念更加先进，更容易对林业社会化服务产生需求。以前接受过林业科技服务的农户会在实践中感受到该种服务的便利与好处，会更愿意继续接受林业科技服务。发生林地流转的林地面积越大，对林地流转中介服务的需求就越大。遭受过灾害的林地面积越大，农户为了以防万一就更需要森林保险服务对农户提供保障。有病虫鼠害的林地面积越大，农户就越需要森林病虫防治服务。需要林权抵押贷款的农户由于自身这方面专业知识不足，会产生林权纠纷之类的问题，而这些农户会更需要林业融资服务和林业产权资产评估服务进行帮助。因为本章所提出的八种服务都是环环相扣，联系紧密的，所以把上述所有提出的林业生产经历都作为影响农户对八种服务需求的因素。

5.1.2.3　农户所处的地域环境

农户对林业社会化服务的接受程度与农户所生活的地理位置有密切关系，认为农户家庭距乡镇所在地的距离越近，其获取林业社会化服务的成本就越低，对林业社会化服务的需求就越弱，它们之间存在着负相关关系。

5.1.2.4　农户态度

农户对林业社会化服务的需求除了上述的因素影响之外，还要受到一系列心理因素的直接或间接影响，正面的、积极的态度可以诱增农户对林业社会化服务的需求，反之，消极的态度则会产生相反的效应。例如当农户认为病虫鼠害问题会危及收入提高时，会对森林病虫防治有积极的态度，从而提升对服务的需求。而态度是一种心理因素，无法直接表现出来，而衡量态度最合适的标准是对社会服务的支付愿意。如果愿意支付服务所产生的费用，说明农户对该服务是认可的，态度也是正面的，反之亦然。支付意愿和对林业社会化服务的需求呈正比关系。

5.1.3　模型自变量与因变量的确定

模型的因变量（Y1 ~ Y8）分别表示农户对八种林业社会化服务的需求，自变量（X1 ~ X16）主要包括农户个人与家庭特征、农户的林业生产经历、农户所处的地域环境、政策制度和农户态度。具体因变量说明如表 5-1 所示，自变量说明如表 5-2 所示。

表 5–1　因变量描述统计

变量名称	代码	变量定义	均值	标准差
林业科技服务	Y1	0 = 不需要，1 = 需要	0.83	0.37
林地流转中介服务	Y2	0 = 不需要，1 = 需要	0.40	0.49
林业产权资产评估服务	Y3	0 = 不需要，1 = 需要	0.43	0.49
林业融资服务	Y4	0 = 不需要，1 = 需要	0.42	0.49
森林病虫防治服务	Y5	0 = 不需要，1 = 需要	0.88	0.32
森林保险服务	Y6	0 = 不需要，1 = 需要	0.87	0.34
林木种苗培育与供应服务	Y7	0 = 不需要，1 = 需要	0.83	0.37
林产品加工服务	Y8	0 = 不需要，1 = 需要	0.56	0.50

表 5–2　自变量描述统计

变量名称	代码	变量定义	均值	标准差
（1）农户个人特征与家庭特征				
性别	X1	1 = 男，0 = 女	0.94	0.25
年龄	X2	按实际填写	56.8	10.7
受教育程度	X3	1 = 小学及以下，2 = 初中，3 = 高中，4 = 大专及以上	1.69	0.73
人均林地面积	X4	按实际填写（hm^2）	3.33	1.66
（2）农户的林业生产经历				
是否从事经营活动	X5	1 = 是，0 = 否	0.72	0.45
是否为干部	X6	1 = 是，0 = 否	0.22	0.41
是否接受过林业培训	X7	1 = 是，0 = 否	0.41	0.49
是否接受过林业科技服务	X8	1 = 是，0 = 否	1.58	0.49
林地流转面积	X9	按实际填写（hm^2）	12.35	180.17
遭受灾害面积	X10	按实际填写（hm^2）	6.8	29.43

续表 5–2

变量名称	代码	变量定义	均值	标准差
遭受病虫鼠害面积	X11	按实际填写（hm^2）	2.95	20.57
是否需要林权抵押贷款	X12	1 ＝需要，2 ＝不好说，3 ＝不需要	2.5	0.85
是否有林权纠纷	X13	1 ＝是，0 ＝否	0.04	0.19
是否参加合作组织	X14	1 ＝是，0 ＝否	0.31	0.46
（3）农户所处的地域环境				
到城镇距离	X15	1 ＝近，2 ＝较近，3 ＝较远，4 ＝远	2.3	1.11
（4）农户态度				
是否愿意支付	X16	1 ＝是，0 ＝否	0.23	0.42

5.1.4　BP 神经网络模型建立

5.1.4.1　BP 神经网络的理论基础

BP（Back Propagation）神经网络模型是一种根据误差逆向传播算法训练的多层前馈神经网络，在误差不断传播的过程中调整网络的权值和阈值，最终使得 BP 神经网络预测输出的结果能达到最小误差从而逼近真实值。

BP 神经网络模型建立结构图如图 5-1。

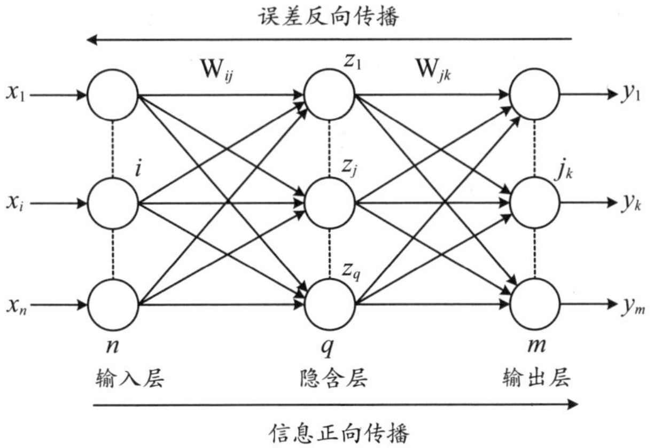

图 5–1　BP 网络结构图

BP 神经网络模型在应用中自变量可以是连续的，也可以是离散的，不需要考虑自变量是否满足正态性及变量间独立等条件，可以识别变量间复杂的非线性关系，尤其是用现有统计方法无法达到目的或效果不好时，采用 BP 神经网络模型往往收到很好的效果。因此本节建立 BP 神经网络模型对农户需求影响因素进行分析。

其计算逻辑如下：

步骤1：初始化网络。初始化网络中的输入节点数 n、输出节点数 m、隐含层个数 q、输入层和隐含层之间的权值 W_{ij}、隐含层和输出层之间的权值 W_{jk}、激活函数 f、隐含层阈值 b_1 和输出层阈值 b_2 等。

步骤2：隐含层计算。计算“神经”经过隐含层的输出值 U：

$$U = f\left(\sum_{i=1}^{n} W_{ij} X_i - b_{1j}\right), j = 1,2,\cdots,p$$

式中，f 为激活函数，常用的激活函数是 S 型激活函数。

$$f(x) = \frac{1}{1+e^{-x}}$$

b_{1j} 为隐含层阈值。

步骤3：输出层的计算。

$$O = \sum_{j=1}^{n} U_j W_{jk} - b_{2k}, k = 1,2,\cdots,m$$

式中，b_{2k} 为输出层阈值。

步骤4：误差计算及权值调整。计算误差 $E = Y-O$（Y 为实际值)，根据误差调整权值如下：

$$W_{ij} = W_{ij} + \gamma U_j (1-U_j) x(i) \sum_{k=1}^{\gamma} W_{jk} E_k, i = 1,2,\cdots,n; j = 1,2,\cdots p$$
$$W_{jk} = W_{jk} + \gamma U_j E_k, j = 1,2,\cdots,p; k = 1,2,\cdots m$$

式中，γ 为学习速率。

步骤5：更新阈值。根据网络预测误差 E，调整 b_1 和 b_2：

$$b_{1j} = b_{1j} + \gamma U_j (1-U_j) \sum_{k=1}^{p} W_{jk} E_k, j = 1,2,\cdots p$$

$$b_{2k} = b_{2k} + E_k, k = 1,2,\cdots m$$

步骤6：迭代。重复步骤2~步骤5，直到满足精度要求，停止训练。

在 BP 神经网络中，输入层与输出层的节点个数在模型建立前就已经确定了，而隐含层节点的个数不确定，且隐含层节点个数的大小对神经网络的性能是有影响的，因此本书根据以下经验公式来确定隐含层节点数目。

$$q=\sqrt{m+n}+a$$

其中，q 为隐含层节点的数目，m 为输入层节点的数目，n 为输出层节点的数目，a 为1~10之间的调节常数。本书分别针对不同隐含层数目均建立模型，选取预测正确率最高的模型作为预测模型。

为了消除指标之间的量纲影响，在建立 BP 神经网络模型之前对模型数据进行归一化处理，使得各指标处于同一数量级，适合进行综合对比评价。在本节中对模型数据进行归一化使得都处于区间 [−1, 1] 内。

5.1.4.2　数据的信度与效度检验

在对调查问卷数据进行统计分析前，首先需要对问卷总体进行信度与效度检验。信度检验是对量表工具所测量结果的稳定性以及一致性的检验，一个好的测量工具，对同一事物进行反复多次的测量，其结果应该保持不变才可信，因此量表必须通过信度检验，其所测数据才具有可靠性与有效性。一般来说，信度系数是不能够直接计算的，只能以一种间接的方法对其进行估计。比较常用的评价指标就是用来评价一致性的 Cron-bach α 系数。Cron-bach α 系数值可以比较准确地反映出测量数据的一致性，同时也能反映内部结构性。Cron-bach α 系数值越大，则证明测量指标间的相关性越高，信度就越大。一般来讲，在探索性研究中，Cron-bach α 系数在0.6以上，被认为可信度较高。本章利用 SPSS 23.0分别对问卷中所提出的24个观察变量及其总体进行信度分析。主要采用 Cron-bach α 系数和 CITC 指数来衡量各观测变量的信度。

量表总体的 Cron-bach α 系数为0.873，因此该量表具有较高的信度。变量删除项后的标度方差非常大，而且删除项后的 Cron-bach α 系数明显小于总体的 Cron-bach α 系数，说明如果剔除变量会使得该量表的总体信度降低。在本节模型中，24个变量都是不可或缺的。CITC 指数大部分大于0.35，说明该量表具有较高的一致性和可靠性。

本节利用CFA（Confirmatory Factor Analysis）方法来检验量表的效度。此问卷数据的KMO值为0.889，并且通过了显著性水平0.05的巴特利球型检验。因此，本次调查所获得的数据是适合做因子分析的，并且该量表是具有效度的。

5.1.5 BP神经网络模型结论分析

为了保证结果的准确性，随机抽取15%的样本数据作为测试集，15%的样本数据作为验证集，剩余的70%的样本数据作为训练集。本节的神经网络模型是MATLAB 2017建立的。为了保证结果的准确性，随机抽取15%的数据作为测试集，15%的数据作为验证集，剩余的70%的数据作为训练集，这时就没有必要再次训练了，从而停止训练，得到的8个BP神经网络模型参数如表5-3所示。

BP神经网络1的目标变量是林业科技服务。输入层有16个结点，隐含层有6个结点，输出层有1个结点。在16个自变量中，年龄的系数绝对值是最大的，说明年龄对是否需要林业科技服务影响是最大的。年龄越大的农户可能因为对新事物的接受能力较弱，思想较为传统，对林业科技服务需求越小，对新技术的选择缺乏主动性，因此对林业科技服务的需求较小。这一点是与本书的假设相一致的。农户到城镇距离的系数是负值，说明离城镇距离越远，获取林业科技服务的渠道越少，成本越大，供不应求，因此需要更多有针对性的林业科技服务。除了上述两种自变量的系数是负值外，其他十四种自变量的系数都是正值。比如受教育程度与对林业科技服务的需求成正比，在对农户进行访谈调查的过程中，发现受教育程度高的农户思想观念转变得快，头脑灵活，希望获得更多的林业科技服务来争取利益最大化，而不是像一些文化水平低的农户思想观念陈旧，完全凭借自己的主观意识植树造林，眼界不够开阔。在神经网络1中，性别、人均林地面积、是否从事经营活动、是否接受过林业培训、是否参加过合作组织、是否接受过林业科技服务、遭受灾害面积、遭受病虫鼠害面积、是否有政策保障和是否愿意支付这些变量的系数较大，说明这些因素对林业科技服务的需求影响较大。

表 5-3　农户需求神经网络分析结果

模型	网络 1	网络 2	网络 3	网络 4	网络 5	网络 6	网络 7	网络 8
变量	Y1	Y2	Y3	Y4	Y5	Y6	Y7	Y8
神经元数	6	6	7	6	6	7	7	7
均方误差	0.394	0.343	0.306	0.364	0.321	0.399	0.385	0.347
准确度（%）	94	95	95	93	93	92	94	92
变量系数								
X1	0.33	−0.006	0.059	0.143	0.117	−0.262	0.009	0.189
X2	−1.075	−0.826	−1.063	−1.007	−0.354	−0.293	−0.236	−0.505
X3	0.394	0.179	−0.901	0.504	0.165	0.232	0.151	0.215
X4	0.235	0.128	0.151	0.163	0.222	0.246	0.334	0.25
X5	0.254	0.142	0.212	0.224	0.409	0.276	0.226	0.321
X6	0.034	0.03	0.087	0.044	0.039	0.039	0.017	0.065
X7	0.297	0.069	0.061	0.121	0.104	0.054	0.076	0.087
X8	0.243	0.091	0.062	0.021	0.058	0.012	0.012	0.015
X9	0.073	−0.545	0.235	0.155	0.079	0.057	0.089	0.002
X10	0.273	0.113	0.36	0.246	0.006	0.315	0.314	−0.38
X11	0.218	0.174	0.214	0.22	0.274	0.338	0.246	−0.324
X12	0.055	0.202	0.136	0.292	0.06	0.015	−0.007	0.068
X13	0.027	0.032	0.22	−0.279	0.037	0.055	−0.063	0.003
X14	0.178	−0.001	0.007	0.293	0.182	0.101	0.112	0.24
X15	−0.394	−0.393	−0.321	−0.312	−0.353	−0.32	−0.305	−0.396
X16	0.326	0.306	0.338	0.357	0.226	0.317	0.307	0.353

BP 神经网络2的目标变量是林地流转中介服务。在16个自变量中，年龄的系数绝对值是最大的，说明年龄对是否需要林地流转中介服务的影响是最大的。年龄越大，可能越不需要对林地进行流转。性别与是否有政策保障的系数非常低，说明这两个因素对林地流转中介服务的影响不大，可能因为政府在林地流转方面没有实施一些有影响的政策。林地流转面积和对林地流转中介服务的需求成反比关系，可能因为有较高林地流转面积需求的农户自己知道该如何去办理，会更放心，产生的费用也会更少，因此不会愿意去求助中介服务。到城镇的距离对该服务的需求也影响较大，距离越大，需求也越大。上述五种自变量的系数是负值，其他十一种自变量的系数都是正值。其中，是否需要林权抵押贷款和是否愿意支付这两个因素对林地流转中介服务需求的影响较大。

神经网络3的目标变量是林业产权资产评估服务。在16个自变量中，年龄的系数绝对值是最大的，说明年龄对是否需要林业产权资产评估服务的影响最大。年龄较大的农户可能对林业产权资产评估这个概念比较模糊，思想较为传统，觉得不需要专门的机构对其进行林业产权资产评估服务。受教育程度因素的系数为负值，说明教育程度越低的农户在有产权资产评估需要的时候不能自己解决需求，因此需要对应的服务机构提供专业服务。农户到城镇距离对该服务的需求是负相关关系，这一点是符合本书的假设的。上述三种自变量的系数是负值，其他十三种自变量的系数都是正值。遭受灾害面积和遭受病虫鼠害面积越大，为了对损失进行及时估计，可能会更需要林业产权资产评估服务。

神经网络4的目标变量是林业融资服务。在16个自变量中，年龄的系数绝对值是最大的，说明年龄对是否需要林业融资服务需求的影响最大。湖南林业融资的模式现有六种，分别是：政府信用贷款；“林权证”抵押贷款；林业产业化龙头企业承贷；森林资产担保公司；农户小额贷款；“公司＋基地＋农户”模式。年老的农户不像年轻的农户有精力，可能不太愿意花力气在林业融资上，思想较为传统，因此对林业融资服务的需求较小。林业产权不明晰、无足值担保一直是制约“融资难”的瓶颈。所以有林权纠纷的人无法进行融资，因而对该服务需求较小。农户到城镇距离越大，获取融资就越难，就越需要该种服务。上述三种自变量的系数是负值，其他十三种自变量的系数都是正值。受教育程度、是否参加过合作组织、是否从事经营活动、遭受灾害面积、遭受病虫鼠害面积、是否需要林权抵押贷款、是否愿意支付这些因素都对林业融资服务的需求有较大的影响。

神经网络5的目标变量是森林病虫防治服务。在16个自变量中，从事经营活动的系数是最大的，说明是否从事经营活动对森林病虫防治服务需求的影响最大。从事经营活动的农户一般来说林木交易量会比普通农户更多。而森林病虫害作为不冒烟的森林火灾，对从事经营活动的农户来说影响更大，造成的损失更大，因此更需要该服务。年龄越大的农户相对年轻农户来说更有抗虫害的经验，因此年轻农户对森林病虫防治服务的需求更大。同时，农户距离城镇越远，更需要该种林业社会化服务。人均林地面积越大，遭受森林病虫害的损失也会越大，而且之前遭受病虫鼠害面积越大的农户也会将其作为前车之鉴，对森林病虫服务也会有更大的需求。

神经网络6的目标变量是森林保险服务。在16个自变量中，遭受病虫鼠害面积因素的系数是最大的，说明该因素对于森林保险服务是最重要的，之前遭受过损失的农户会更倾向于购买保险。因为女性和男性在思维方式上是有差别的，女性更愿意选择购买保险这一种更稳妥的方式。年轻的农户由于在种植林木上缺乏经验，而且思想较为先进，相对年老的农户来说更需要森林保险服务。人均林地面积、从事经营活动和是否愿意支付这些因素也对森林保险服务的需求有较大的影响。

神经网络7的目标变量是林木种苗培育与供应服务。在16个自变量中，人均林地面积因素的系数是最大的，说明人均林地面积对于林木种苗培育与供应服务是最重要的。人均林地面积越大的农户，需要的林木种苗也是越多的，因此对于该需求也越大。性别与是否需要林权抵押贷款的系数特别小，这两个因素对服务需求影响也较小。遭受灾害面积和遭受病虫鼠害面积越大的农户，因为短时间内林木数量与质量有较大损失，所以更需要有专业机构提供林木种苗培育与供应服务。同时，到城镇距离与是否愿意支付也是影响该种服务需求的重要因素。

神经网络8的目标变量是林产品加工服务。在16个自变量中，是否从事经营活动因素的系数是最大的，对于从事经营活动的农户来说，把林木加工成获益更高的产品是更明智的做法。如果有更专业的机构可以对加工进行帮助会进一步提高效率，增加收益。因此对该服务的需求更高。年轻人会有更先进的思想，所以相对年老的传统农户来说会更想要对林产品进行加工。而遭受了灾害和病虫鼠害面积越大的农户，因为损失过多，林木产出会少于其他没有受损的农户，相对来说需求会较小，所以和林产品加工服务的需求成反比关系。和其他七种服务一样，农户离城镇距离越远，对服务的需求就更大。同时，受教育程度、人均林地面积、是否参加合作组织和是否愿意支付这些因素都对该服务的需求有重要影响。

5.2 基于BP神经网络的供给主体影响因素模型构建

5.2.1 湖南林业社会化服务供给主体比较分析

当前，湖南省林业社会化服务存在小规模生产与大市场的矛盾。解决这一问题的根本出路在于建立林业社会化服务体系，为农户提供全方位的生产经营服务。但林业既要承担生态公益功能，又要进行物质生产，林业所涉及的地域面积广阔，情况复杂，投资巨大，周期长、风险高，这些特点决定了要搞好湖南林业，必须要弄清湖南林业社会化服务供给的现状和问题，并根据湖南省情和林业发展规律，确定湖南林业社会化服务供给的主体。其次要多层次多方面扩展服务内容，从技术推广拓展到决策咨询、信息、管理技能等，逐渐形成政府扶持和多元化供给主体全方位合作的林业社会化服务模式。运行效率重在改善构成要素及其运行模式，关键是把合作主体的“互联、互通”、合作资源的“互补、互动”和合作环境的“互利、互信”融合在一起，强化利益上的互补，实现形态、结构和性质各异的多元供给主体和谐共生。加快构建林业社会化多元供给主体合作，抓住影响林业社会化服务发展的薄弱环节和关键问题，有力地促进湖南省林业持续稳定发展。

林业服务的供给方式需要改变，进行供给主体服务方式的划分，公共服务机构在其中起到保障作用，不断地通过资金购买社会林业服务的方式，将林业服务的范围和比重不断扩大，从而全面促进多样化和个性化的服务的孕育和产生。政府职能的转变让政府不仅节省了工作流程，减少了工作内容，也让社会中的一些组织充分发挥自己的能效，借助这一良好的历史契机进行发展。而公共服务机构也需要逐步从宏观调控中解脱出来，让市场成为调控与调节的主体，如此一来，不仅能让林业服务水平和质量得到质的提升也能让政府可以更好地理顺和处理自己与市场和社会组织之间的内在联系与矛盾，本节把供给主体分为公共服务机构(各级林业局、林业站)供给和非公共服务机构(合作经济组织、龙头企业、其他社会组织)供给，其在不同服务供给上所占比例如表5-4所示。

表 5–4　林业社会化服务公共服务机构供给与非公共服务机构供给所占比例

服务项目	公共服务机构	非公共服务机构
林业科技服务	81.0%	9.8%
林地流转中介服务	52.6%	14.4%
林业产权资产评估服务	43.0%	17.0%
林业融资服务	42.8%	17.0%
森林病虫防治服务	87.2%	11.0%
森林保险服务	86.0%	11.8%
林木种苗培育与供应服务	81.8%	9.8%
林产品加工服务	43.2%	28.8%

通过表5-4可以看出，林业社会化服务体系的发展离不开公共服务机构(各级林业局、林业站)的参与和支持，林业科技服务、森林病虫害防治服务、森林保险服务、林木种苗培育与供应服务等主要由公共服务机构供给。但随着改革进程的不断深化，非公共服务机构等其他供给主体也加入到林业社会化供给

主体行列，对公共服务机构供给起着很好的补充，初步形成了供给主体多样化的格局。供给主体的多元化有利于丰富林业社会化服务的种类和数量，缓解公共服务机构单一供给导致的不足问题。但是，不可否认的是目前的多元主体供给格局并没有实现最优状态。如何为“小农户”提供“大服务”，是多元供给主体合作中普遍存在的难题。

5.2.2 影响主体供给因素的理论假设

为了清楚供给主体提供林业社会化服务的影响因素，假设服务满意度、农户特征、政府竞争、监督机制、非公共服务机构供给、农户对公共服务机构供给信息认知和服务保障这些因素对政府的供给有影响，作出如下建模分析：

(1) 服务满意度。因为农户有需求，所以公共服务机构供给林业社会化服务。如果需求大于供给，会造成资源短缺问题，农户的问题得不到很好的解决。如果需求小于供给，会造成资源浪费问题。因此要清楚了解农户的需求，才能对症提供精准服务。本节根据农户对服务的满意度来代替公共服务机构对农户的了解度。满意度越高，说明公共服务机构越清楚农户需要什么。本节把服务满意度主要分为了三个方面：服务种类满意度、服务价格满意度和服务质量满意度。本节假设满意度越高，供给效率越大，即供给能力越强。

(2) 农户特征。农户作为服务的提供对象，自身的特征也是影响服务的供给的一个重要因素。本书把基本特征主要分为是否为经营小户、劳动力是否匮乏和流动资金是否匮乏。

(3) 供给能力。鉴于我国的经济分权背景，湖南省以 GDP 作为满意度考核的政治集权模式为地方政府之间的竞争提供了动力。地方政府之间的竞争有两种表现：第一是税收竞争，通过税收减免政策来吸引外资的引进，使得本地区招商引资的水平提高，带动经济发展；第二是财政竞争，对农户进行不同种类的资金补贴、拨款和贷款贴息作为专项经费，以此来提高本地区的 GDP 增长速度。因此，在其他地区政府大力供给林业社会化服务，追求 GDP 满意度时，本地政府也不得不效仿，做出相应举措，从而避免自己在竞争中处于劣势地位。本节假设地方政府竞争越强，公共服务机构对农户的供给能力越强。

⑷管理者素质。地方政府的林业社会化服务供给管理者的能力与素质对地方政府服务的供给有直接影响。马克思•韦伯提出，最具有效率的组织就是最合法的组织。因此就地方政府而言，如果其管理者的服务意识强、执行能力强、通晓政策和服务能力高，那地方政府在林业社会化服务管理与供给过程中就会赢得农户的信任与合作，从而加深农户对政府所供给的林业社会化服务的合法性认同，进而增强政府的林业社会化服务供给效率和供给能力。本节用来衡量政府管理者素质的变量为：公共服务机构供给是否公平公正、林业部门人员是否服务态度好和林业部门人员是否专业性强。本节假设这些变量和公共服务机构的林业社会化服务供给能力呈正相关关系。

⑸非公共服务机构供给能力。目前，由于种种原因，很多地区的林业社会化服务供给主体较为单一，机制呆板不灵活，从而影响地方政府的林业社会化服务供给能力。由现代治理理论可知，由于区域的差异性与偏好的多样性存在，由政府单一主体来提供林业社会化服务是远远不够的，因此，该理论主张"政府善治"，形成主体多元、方式多样的公共服务林业社会化服务供给均衡状态。

⑹农户对供给信息认知。首先，林业社会化服务供给过程中农户参与度不高，服务供给者和农户之间的信息不对称。其次，农户之间的传统沟通模式使得交易成本较高，因为"逆向选择"，削弱了供给主体对农户提供林业社会化服务的能力。再次，农户偏好与利益表达的机制与渠道的缺乏使得供给主体不能真正了解农户对林业社会化服务的需求，因而导致政策滞后、供非所需和结构失衡。此时，建设信息服务平台就尤为重要了。信息服务平台可以有效降低政府和农户之间的"交易成本"，对林业社会化服务进行技术推广，农户对服务内容更清楚，可以使农户对林业社会化服务的诉求与表达更充分，提高公共服务机构供给效率。本节假设是否建设信息服务平台和是否有技术推广这两个变量和政府的林业社会化服务供给能力呈正比关系。

⑺服务保障。由于某些地区的林业社会化服务供给相关法律法规可能存

在着规则不明晰、制度缺失和执行难等问题，造成“有法难依”和“无法可依”的现实困境，从而对地方政府的林业社会化服务供给造成严重影响。由新制度经济学理论可知，制度并不是技术，激励生产性努力、提供确定性预期和节约交易成本才是制度的核心作用。因此，本节假设有保障的林业社会化服务能提升政府林业社会化服务的供给能力。

5.2.3 模型自变量与因变量的确定

模型的因变量（Y9 ~ Y10）分别表示政府是否对农户提供八种林业社会化服务，具体因变量说明如表5-5所示，自变量说明如表5-6所示。

表 5-5 因变量描述统计

变量名称	代码	变量定义	均值	标准差
林业科技服务	Y9	0＝不供给，1＝供给	0.81	0.39
林地流转中介服务	Y10	0＝不供给，1＝供给	0.53	0.5
林业产权资产评估服务	Y11	0＝不供给，1＝供给	0.43	0.5
林业融资服务	Y12	0＝不供给，1＝供给	0.42	0.49
森林病虫防治服务	Y13	0＝不供给，1＝供给	0.88	0.32
森林保险服务	Y14	0＝不供给，1＝供给	0.86	0.35
林木种苗培育与供应服务	Y15	0＝不供给，1＝供给	0.81	0.39
林产品加工服务	Y16	0＝不供给，1＝供给	0.46	0.5

表 5-6 自变量描述统计

变量名称	代码	变量定义	均值	标准差
（1）服务满意度				
服务种类满意度	X17	0＝非常满意，1＝满意，2＝不满意，3＝非常不满意	1.52	3.41
服务价格满意度	X18		2.39	4.12
服务质量满意度	X19		2.19	4.24

续表 5-6

变量名称	代码	变量定义	均值	标准差
（2）农户特征				
是否为经营小户	X20	0 =否，1 =是	0.85	0.36
劳动力是否匮乏	X21	0 =否，1 =是	0.82	0.39
流动资金是否匮乏	X22	0 =否，1 =是	0.88	0.32
（3）公共服务机构供给能力				
是否有项目扶持能力	X23	0 =否，1 =是	0.42	0.49
是否与农户有对接能力	X24	0 =否，1 =是	0.31	0.46
是否有机构创新能力	X25	0 =否，1 =是	0.86	0.34
是否有组织协调能力	X26	0 =否，1 =是	0.5	0.5
（4）管理者素质				
林业部门人员服务是否及时	X27	0 =否，1 =是	0.65	0.22
林业部门人员是否服务态度好	X28	0 =否，1 =是	0.13	0.34
林业部门人员是否专业性强	X29	0 =否，1 =是	0.04	0.21
（5）非公共服务机构供给能力				
是否有非公共服务机构供给	X30	0 =否，1 =是	0.57	0.46
（6）农户对供给信息认知				
是否建设信息服务平台	X31	0 =否，1 =是	0.12	0.33
是否有技术推广	X32	0 =否，1 =是	0.31	0.47
（7）服务保障				
服务是否有保障	X33	0 =否，1 =是	0.13	0.34

5.2.4 BP 神经网络模型建立

5.2.4.1 数据的信度和效度检验

本节利用 SPSS 23.0 分别对本节所提出的 22 个观察变量及其总体进行信度

进行分析。主要采用 Cron-bach α 系数来衡量各观测变量的信度，整个量表总体的 Cron-bach α 系数为0.869，25个变量的检验结果如附录所示。

整个量表总体的 Cron-bach α 系数为0.869，因此该量表具有较高的信度。变量删除项后的标度方差非常大，而且删除项后的 Cron-bach α 系数明显小于总体的 Cron-bach α 系数，说明如果变量会使得该量表的总体信度降低。因此变量在该调查问卷中是不能被剔除的。由此类推，表5-6中的25个变量在该量表中都是不可或缺的，并且该量表具有较高的可靠性和一致性。

由附录中效度检验表中数据可知，问卷数据的 KMO 值为0.852，并且通过了显著性水平为0.05的巴特利球型检验，说明本次调查的数据是适合做因子分析的，并且该量表是具有效度的。

5.2.4.2 BP 神经网络模型结论分析

本章采用 BP 神经网络方法构建模型，得到的8个 BP 神经网络模型参数，如表5-7所示。

表 5–7 公共服务机构供给神经网络分析结果

模型	网络 9	网络 10	网络 11	网络 12	网络 13	网络 14	网络 15	网络 16
变量	Y9	Y10	Y11	Y12	Y13	Y14	Y15	Y16
神经元数	6	7	6	6	6	8	6	7
均方误差	0.331	0.355	0.367	0.396	0.39	0.336	0.367	0.367
准确度（%）	97	96	91	94	95	93	93	90
变量系数								
X17	−0.209	−0.165	−0.186	−0.07	−0.261	−0.21	−0.2	−0.158
X18	−0.17	−0.124	−0.144	−0.074	−0.242	−0.092	−0.192	−0.169
X19	−0.207	−0.073	−0.081	−0.132	−0.175	−0.087	−0.169	−0.211
X20	−0.18	−0.048	−0.072	−0.269	−0.114	−0.111	−0.15	−0.18
X21	−0.083	−0.089	−0.017	−0.233	−0.09	−0.034	−0.023	−0.029

续表 5-7

模型	网络 9	网络 10	网络 11	网络 12	网络 13	网络 14	网络 15	网络 16
X22	−0.187	−0.074	−0.096	−0.208	−0.12	−0.197	−0.05	−0.17
X23	0.206	0.089	0.094	−0.238	0.07	0.243	0.203	0.135
X24	0.2	0.176	0.135	−0.155	0.279	0.262	0.214	0.226
X25	0.232	0.082	0.039	0.204	0.107	0.066	0.18	0.2
X26	0.126	0.162	0.152	0.086	0.111	0.009	0.11	0.149
X27	−0.187	0.16	0.027	0.155	−0.159	0.033	−0.16	−0.144
X28	0.081	0.121	0.094	0.093	−0.123	0.102	0.061	0.078
X29	0.235	0.107	0.21	0.208	−0.3	0.105	0.249	0.239
X30	0.114	0.181	0.108	0.176	−0.118	0.162	0.184	0.18
X31	0.252	0.223	0.035	0.172	0.211	0.137	0.235	0.23
X32	0.208	0.096	0.163	0.177	−0.221	0.126	0.158	0.164
X33	0.115	0.235	0.231	0.241	−0.238	0.2	0.204	0.206

八个网络的 MSE 数值都较低，而且预测准确度较高，说明这八个模型的效果是较好的。

神经网络 9 的目标函数是公共服务机构供给的林业科技服务。在 17 个变量中，是否建设信息服务平台这个变量的系数绝对值最大，说明建设信息服务平台对政府的林业科技服务供给能力影响最大。“科技是第一生产力”这一观点现已被大多数人认同，但不少人只是将这一观点停留在口头上，在思想意识方面并没有做出真正的转变。有些人认为科技主要在工业领域上有重大作用，对于湖南省林业来说，比如森林培育这种以手工业为主的领域，“科技是第一生产力”这一观点很难付诸行动。这个是影响公共服务机构供给的一大障碍。所以此时建设信息服务平台就显得尤为重要。在信息服务平台上可以对林业科技服务进行推广宣传，让农户知道科技的重要性，转变观念，在信息对等的情况下接受科技服务，从而提高政府的供给能力。林业科技人才在科研活动中较少与林业企业和广大的农户联系，从而使得生产实践与科研之间缺乏必要联系，最终科技成果向现实生产力的转化受到阻碍。这造成了林业部门人员专业性不够强，影响服务的供给，以至于在农户的生产经营过程中，需要多样化的技术难以得到满足。因此林业部门人员是否专业性强这一因素重要性仅次于建设信息服务平台。为了提高政府的林业科技服务供给能力与供给效率，要严格控制林业部门人员的专业性，深层次来说，即建立科研与生产实践的紧密联系，提高科技成果转化为生产实践的能力。除了上述两个变量外，服务种类满意度、服务质量满意度、是否有税收减免和是否有技术推广这些变量与政府的林业科技服务供给能力也存在较大相关性。

神经网络10的目标函数是公共服务机构供给的林地流转中介服务。在17个变量中，服务是否有保障这个变量的系数绝对值最大，说明这一变量对政府的林地流转中介服务的供给能力影响最大。随着湖南省集体林权制度改革的不断推进，林地流转是历史发展的必然趋势，但是仍然存在着一些问题。首先，关于林地使用权流转的法律依据不全，且缺乏切实可行的政策进行外部拉动。其次，流程程序不规范，对于公共服务机构，规范流程对供给能力的提升显得尤为重要。最后，建设信息服务平台也很重要，可以对搜集到的林地流转服务信息加以统计、分析与预测，使得供需双方能得到更充分及时的相关准确信息，创造条件达成林地流转。除了上述两个变量外，是否有非公共服务机构供给对政府的林地流转中介服务供给能力也有重要影响。

神经网络11的目标函数是公共服务机构供给的林业产权资产评估服务。在17个变量中，服务是否有保障这个变量的系数绝对值最大，说明这一变量对政府的林业产权资产评估服务的供给能力影响最大。因为林业产权化和产权结构调整都离不开产权交易，而产权交易的正常进行需要产权资产评估。湖南迄今为止尚未出台一部全国性的资产评估管理方面的法律、法规，而现有的评估法规和技术规范与评估实践脱节，不能有效应用，为了保护广大农户的合法权益，促进林地资产的流转，服务有保障就成了政府提供服务过程中最重要的问题。因为产权资产评估作为一项专业技术型行业，其评估结果在很大的程度上取决于评估师的职业判断。因此在服务有保障的同时，提升林业部门人员的专业性，可以提高政府的供给能力与效率。除了上述两个变量外，服务种类满意度对政府的林业产权资产评估服务供给能力也有重要影响。

神经网络 12 的目标函数是公共服务机构供给的林业融资服务。在 17 个变量中，是否为经营小户这个变量的系数绝对值最大，说明是否为经营小户对政府的林业融资服务供给能力影响最大。融资，就是筹集资金的过程。对于林业而言，融资渠道可以概括为两大类：一类是市场渠道，如商业贷款、发行股票、外商投资、农户个人投入等等；另一类是政府渠道，即政府通过财政的预算内拨款，财政专项资金、财政贴息等方式提供的。政府作为理性经济人，会更愿意对经营大户进行融资，受益更大，能加速提高本地区的 GDP。因为融资机制不完整，比如林业的会计核算方面就存在着一些问题，包括费用分摊、计价、成本核算等方面还没有出台新的准则，所以服务是否有保障对于政府的提高能力就很重要。除了上述两个变量外，税收减免、是否有贷款贴息和林业部门人员是否专业性强，这些变量对政府的林业融资服务供给能力也有重要影响。

神经网络 13 的目标函数是公共服务机构供给的森林病虫防治服务。在 17 个变量中，林业部门人员是否专业性强这个变量的系数绝对值最大，说明这一变量对政府的森林病虫防治服务的供给能力影响最大。近年来不断增加的病虫害发生面积，使得治理越来越难。而人工造林面积的不断增加也是一把双刃剑，一方面可以使湖南省的经济效益有可观的增长，另一方面，单一树木的纯林面积增加，使得病虫害的严重性加剧，受灾害林地面积处于上升趋势，近年来越来越多的虫害种类被发现。因此，林业部门人员的专业性对于森林病虫防治服务特别重要。对森林病虫害的防治工作始终都要依靠科技的力量，但是由于经费不足，每年都有大面积受森林病虫害的林地得不到有效的治理。因此为了解决这一问题，政府需要保证有持续不断的资金投入到病虫害的防治中。所以资金补贴也是公共服务机构供给的重要影响因素。除了上述两个变量外，服务种类满意度、服务价格满意度、是否建设信息服务平台、是否有技术推广和服务是否有保障这些变量对政府的森林病虫防治服务供给能力也有重要影响。

神经网络14的目标函数是公共服务机构供给的森林保险服务。在17个变量中，是否有资金补贴这个变量的系数绝对值最大，说明这一变量对政府的森林保险服务的供给能力影响最大。湖南森林保险的起步虽然较早，但发展十分缓慢，加之农户的整体的风险意识不强，因此农户参与森林保险的积极性较低。农户的可支配收入低是阻碍森林保险发展过程中所面临最大难题，农户自发购买森林保险的经济基础薄弱，并且林业的高损失率导致的高费率让农户难以自行承担。因此政府给予适当的财政补贴能够有效地带动农户参加保险的积极性，从而增加政府的供给能力。其次，税收减免可以为发展森林保险营造较为宽松的政策环境，对于政府的供给能力的增长也是很重要的。除了上述两个变量外，服务种类的满意度、是否建设信息服务平台和服务是否有保障对政府的森林保险服务供给能力也有重要影响。

神经网络15的目标函数是公共服务机构供给的林木种苗培育供应服务。在17个变量中，林业部门人员是否专业性强这个变量的系数绝对值最大，说明这一变量对政府的林木种苗培育与供应服务的供给能力影响最大。林木种苗一直都是湖南实施林业建设的保障及基础，并且承担着促进林业发展、森林世代繁衍以及负载林木遗传基因等等重要的使命。近年来，湖南省实施生产和科研相互结合，提升林业种苗的科技含量，使得湖南省的林业种苗行业得到快速、持续以及健康发展的基本保证。因此，林业部门人员的专业性可以使得政府的供给能力增强。其次，建设信息服务平台可以为农户提供种苗供求、信息发布、苗木价格、技术培训、优良品种推广等信息服务，引导种苗产业健康发展，政府能更好地提供林木种苗培育供应服务。除了上述两个变量外，服务种类满意度、服务价格满意度、是否有税收减免、是否有资金补贴和服务是否有保障对政府的林木种苗培育与供应服务供给能力也有重要影响。

神经网络16的目标函数是公共服务机构供给的林产品加工服务。在17个变量中，林业部门人员是否专业性强这个变量的系数绝对值最大，说明这一变量对政府的林产品加工服务的供给能力影响最大。林产品加工业的发展程度，尤其是林产品的精深加工的发展状况是用来衡量一个国家和地区林业现代化水平的重要标志。而湖南省是南方重点林区之一，其气候适宜且地形地貌多样，非常适合发展林产品。想要改变林产品加工行业存在的“效率低、规模小、加工散”的现状，首先，加强对能带动林产品加工进步的科技的领导和组织，具有较强相关专业技能的林业部门人员能够带动发展，从而政府的服务供给能力和效率能得到提升。其次，建设信息服务平台可以推广林产品加工技术、宣传相关产品，把农户需求、科研成果等供求信息放在突出位置给予宣传。同时，可以公开政务信息和产业信息，接受农户监督，使得林产品加工变得透明化，加强农户对政府的信任，有利于政府的林业社会化服务供给。除了上述两个变量外，服务质量满意度、是否有资金补贴、是否有贷款贴息和服务是否有保障对政府的林产品加工服务供给能力也有重要影响。

5.3　农户对林业社会化服务供给主体的选择及其影响因素分析

为了更好地完善林业社会化服务供给体系，既要关注农户对服务种类的需求，也要关注农户对服务供给主体的选择。有效地识别农户对林业社会化服务供给主体的选择差异并分析影响因素，才能更有针对性地建设林业社会化服务供给体系，使供给过程更有效率。为了进一步研究农户对林业社会化服务供给主体的选择情况，本书结合前文农户对各服务的需求度，对不同区域、不同特征的农户对供给主体的选择情况进行比较分析。

5.3.1　不同区域农户的供给主体选择

对于东北区域（慈利、茶陵、平江）农户对林业社会化服务供给主体选择与林业社会化服务实际供给情况进行统计分析，得到图 5-2。

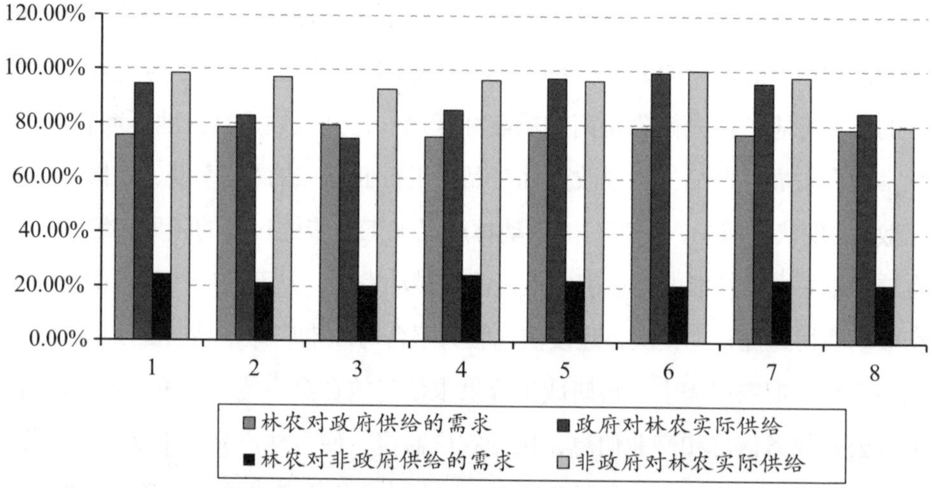

图 5–2　东北区域的农户需求与实际供给对比分析

对于中部区域(衡阳、新邵、会同)农户对林业社会化服务供给主体选择以及林业社会化服务实际供给情况进行统计分析，得到图5-3。

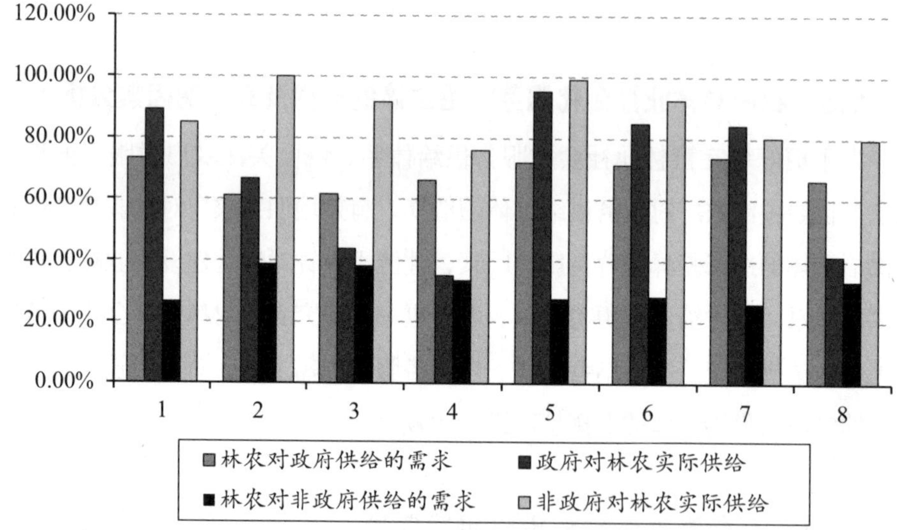

图 5–3　中部区域的农户需求以及实际供给对比分析

对于西南部区域(花垣、沅陵、凤凰、蓝山)农户对林业社会化服务供给主体选择以及林业社会化服务实际供给情况进行统计分析，得到图5-4。

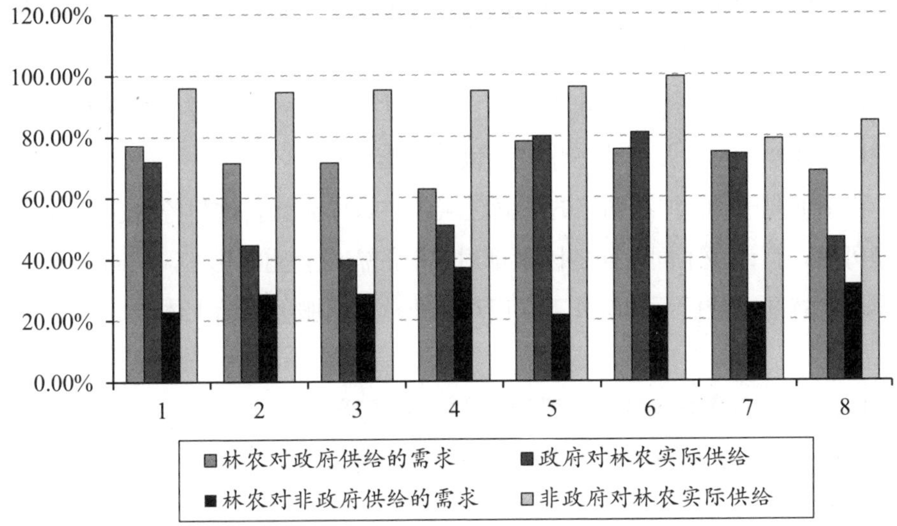

图 5-4 西南部区域的农户需求与实际供给对比分析

由图5-2、图5-3、图5-4可知，不同区域的农户对于不同林业社会化服务的公共服务机构供给和非公共服务机构供给比率相对比较稳定。大部分农户表示能接受非政府供给，通过政府与非政府的合作供给，满足农户多样化的林业社会化服务需求。总体而言，农户需要不同主体为其提供各类林业社会化服务，扩大可供选择的供给主体范围。对于东北区域来说，不管公共服务机构供给还是非公共服务机构供给，供给主体对农户的实际供给总是比农户需求多。但是目前的林业社会化服务供给仍然存在很大的进步空间，可能是供给主体对农户的偏好了解不够，不清楚农户对服务价格、服务数量以及服务种类的期望值；对于中部区域来说，林业产权资产评估服务、林业融资服务和林产品加工服务的政府实际供给小于农户需求，应该加大这三种服务的公共服务机构供给力度。而非政府实际供给比农户需求要大很多，可能因为非公共服务机构供给即市场供给和社会供给。社会供给所占份额较小，而市场只要有利可图，就会对农户进行供给，所以非公共服务机构供给一般是供大于求；对于西南区域来说，大部分服务的实际供给要小于农户需求。尤其是林业产权资产评估服务，71.4% 的农户需要公共服务机构供给该服务，但是政府只对39.7% 的农户进行了供给，差值较大。公共服务机构供给的力度不足，可能是地区政府对农户的需求不了解，也可能是上级政府对西南区域财政支持不够，导致地区政府无力供给。因此政府应当多一点了解农户对实际供给较多的服务的偏好，把数量转化为质量，从供大于求变为供需平衡，对于实际供给较少的服务应该提高政府对农户的供给力度，从供小于求变为供需平衡。

由前面基于BP神经网络的不同区域农户对林业社会化服务需求影响因素模型可知，有许多不同方面的因素都对农户的需求有重要影响。挑选出5个较为重要的特征，分析不同特征下农户对林业社会化服务供给主体选择情况。

5.3.2 不同年龄段农户的供给主体选择

不同年龄段农户对公共服务机构供给的需求见图5-5。

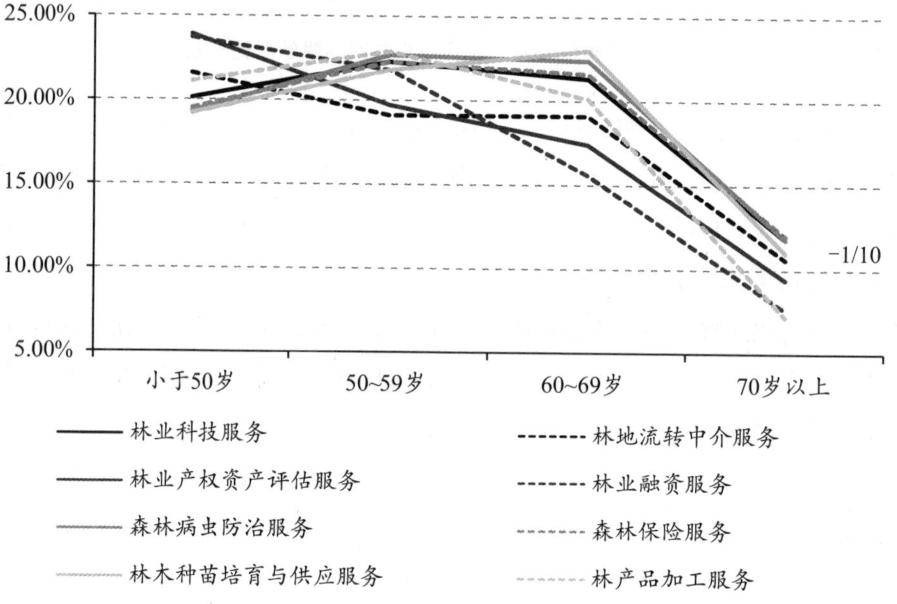

图5–5　不同年龄段农户对公共服务机构供给的需求

由图5-5可知，农户对公共服务机构供给的八种社会化服务需求随着年龄变化的趋势是相似的。70岁以下的农户对公共服务机构供给的需求趋于稳定，70岁以上的农户对公共服务机构供给的需求急剧下降。公共服务机构作为供给主体对农户提供社会化服务时，70岁这个年龄点是个分水岭。因此公共服务机构需要着重对 70 岁以下的农户提供社会化服务。

不同年龄段农户对非公共服务机构供给的需求见图 5-6。

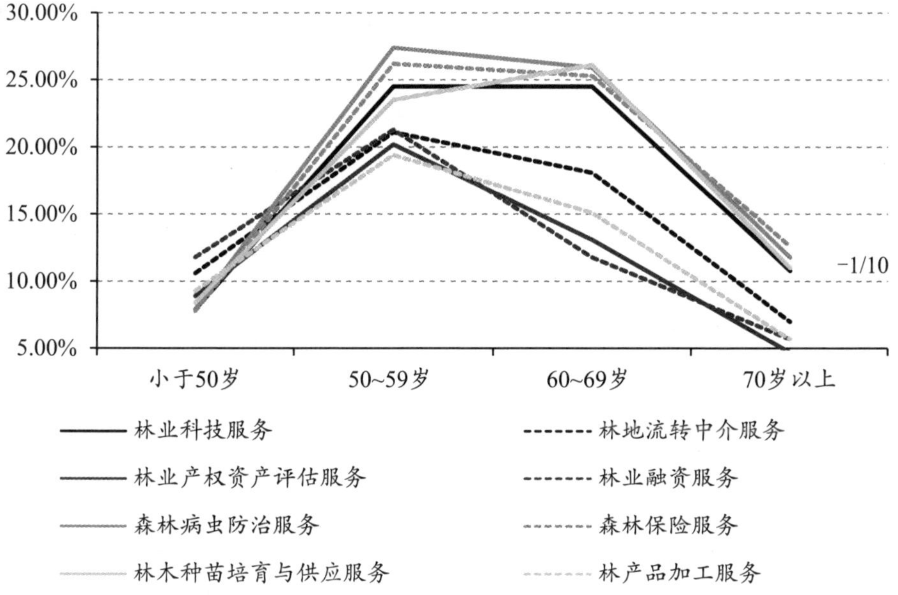

图 5–6　不同年龄段农户对非公共服务机构供给的需求

由图 5-6 可知，农户对公共服务机构供给的林业科技服务、森林病虫防治服务、森林保险服务和林木种苗培育与供应服务这四种需求随着年龄变化的趋势是相似的，其他四种服务变化趋势相似。50 岁以下以及 70 岁以上的农户对非公共服务机构供给的社会化服务需求不如 50 岁到 70 岁的农户。因此，非公共服务机构需要着重对 50 岁到 70 岁的农户提供社会化服务。

5.3.3　不同教育程度农户的供给主体选择

从图 5-7 可知，农户对公共服务机构供给的社会化服务的需求随着教育程度的变高而渐增，且八种社会化服务变化趋势相似。从图 5-8 可知，高中学历的农户对非公共服务机构供给的社会化服务的需求明显高于其他学历的农户。这是不同学历农户对于不同供给主体的偏好与选择存在差异。

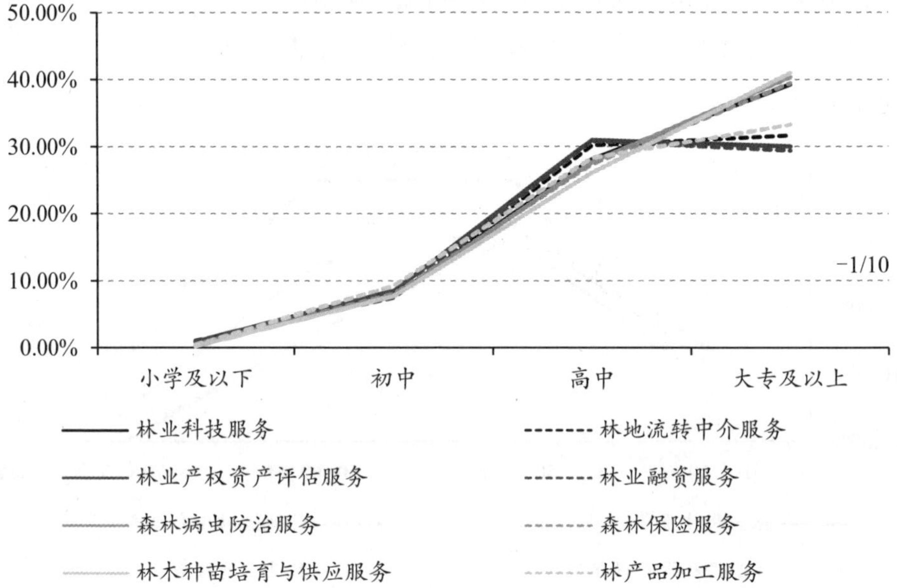

图 5-7 不同教育程度的农户对公共服务机构供给的需求

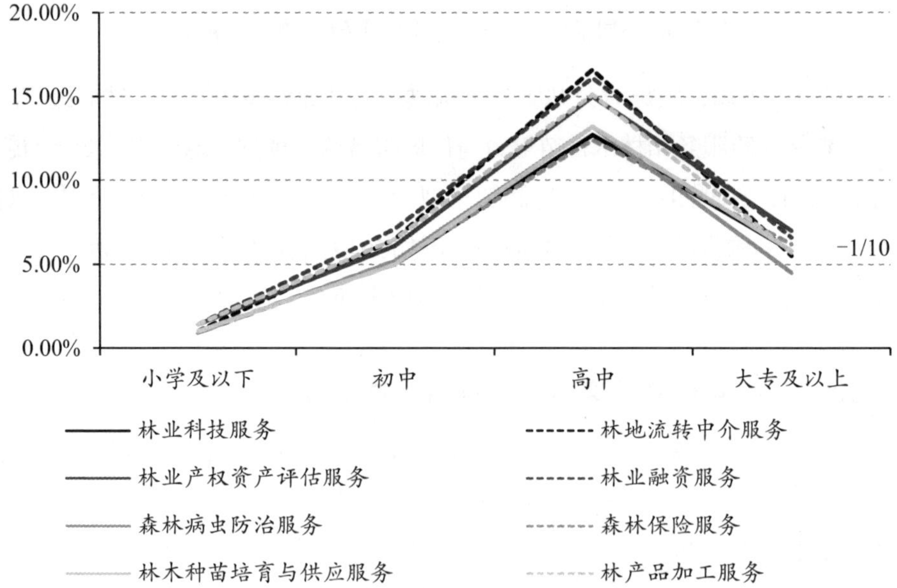

图 5-8 不同教育程度的农户对非公共服务机构供给的需求

5.3.4 从事经营活动与否农户的供给主体选择

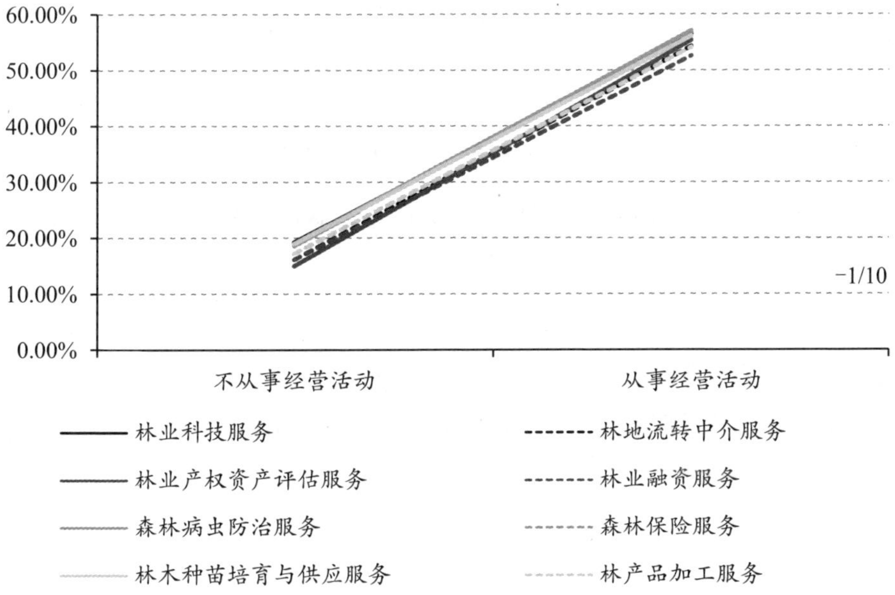

图 5-9　从事经营活动与否的农户对公共服务机构供给的需求

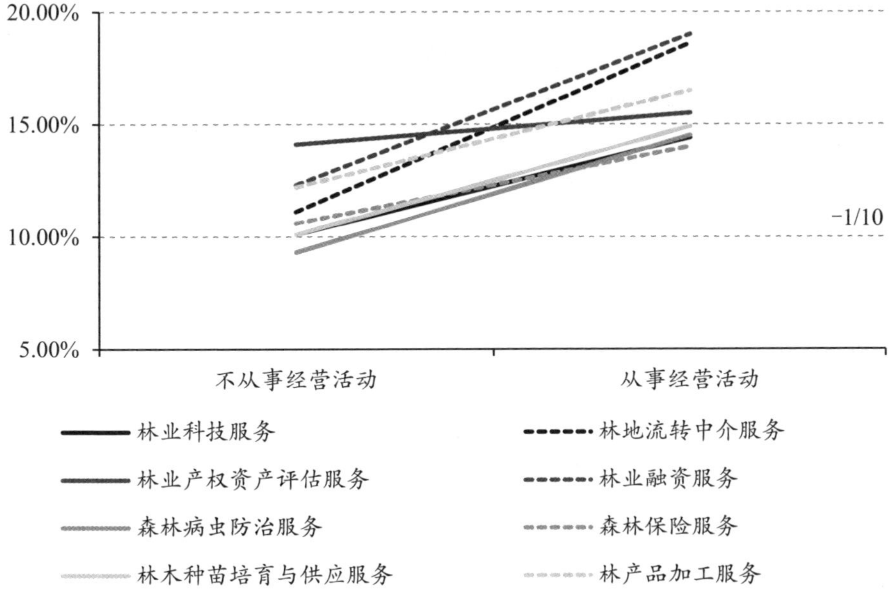

图 5-10　从事经营活动与否的农户对非公共服务机构供给的需求

从图5-9和图5-10可知，从事经营活动的农户不管是对于公共服务机构供给还是非公共服务机构供给，其需求都明显大于不从事经营活动的农户。因此供给主体可以更偏重对从事经营活动的农户进行供给。

5.3.5 到城镇距离不同农户的供给主体选择

从图5-11和图5-12可知，离城镇距离越远，农户对社会化服务的需求更大。因此政府与非政府应当对距离城镇距离较远的农户进行更多的供给。

由上述分析可知，不同地区或者不同特征的农户对供给主体的选择都有差别，但是大部分农户更希望公共服务机构与非公共服务机构能合作供给，满足不同农户多样化的服务需求，因此有必要以农户需求为导向，在林业社会化服务中实现多元合作供给。

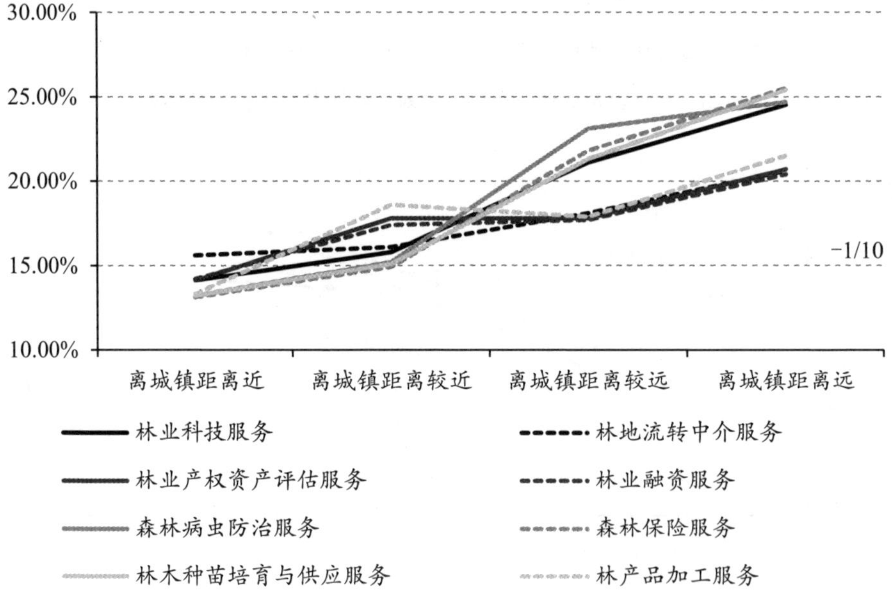

图5-11 到城镇距离不同农户对公共服务机构供给的需求

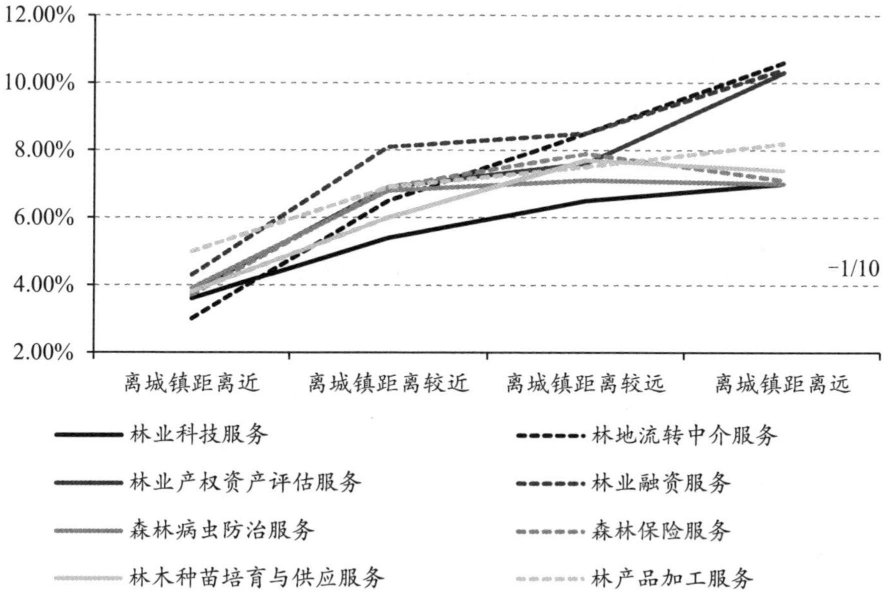

图 5-12　到城镇距离不同农户对非公共服务机构供给的需求

5.4　本章小结

本章通过建立 BP 神经网络模型分析得知，在年龄、受教育程度、人均林地面积、是否从事经营活动、是否为干部、是否接受过林业培训、是否接受过林业科技服务、林地流转面积、遭受灾害面积、遭受病虫鼠害面积、是否需要林权抵押贷款、是否有林权纠纷、是否有政策保障、到城镇距离、是否愿意支付16个自变量中，年龄变量对是否需要林业产权资产评估服务和对是否需要林业融资服务需求的影响最大；是否从事经营活动变量对森林病虫防治服务需求的影响最大；遭受病虫鼠害面积变量对森林保险服务影响最大；人均林地面积变量对林木种苗培育与供应服务影响最大；是否从事经营活动变量对林木加工服务影响最大。

其次，BP 神经网络模型分别对农户的供给影响因素进行分析可以发现：建设信息服务平台对政府的林业科技服务供给能力影响最大；服务是否有保障对林地流转中介服务、林业产权资产评估服务供给能力的影响最大；是否为经营小户对林业融资服务供给能力影响最大；是否有资金补贴对森林保险服务影响最大；林业部门人员是否专业对森林病虫防治服务、林木种苗培育供应服务、林产品加工服务这三类服务的影响最大。

最后，林业社会化服务有多种供给方式，把供给与需求联系起来，针对区域、年龄、教育程度、是否从事经营活动、到城镇距离特征分析的结果是：不同特征的农户对供给主体的选择不同，但大部分农户更偏向于服务机构多元化供给林业社会化服务，为农户提供更多可供选择的机会。因此，对于湖南省内的广大林区，采取单一的供给方式来对农户提供林业服务是不可取的，而应综合考虑不同林区的林业的公共服务机构结构、经济文化背景、社会环境等多种因素，因地制宜，选择最合适的供给方式。

第 6 章　基于农户需求的湖南林业社会化服务多元供给优化模型构建

第五章分析了农户需求影响因素及供给的影响因素，但是需求与供给之间的关系还需要进一步梳理。因此本章按照供需平衡的博弈理论，构建基于农户需求的林业社会化服务多元供给优化模型。首先，把供给主体看作一个整体，通过供给主体与农户间博弈模型分析农户与供给主体之间的供需关系；其次，基于非均衡模型进一步明确多元供给是林业社会化服务供给方式选择中最合理的一种方式，并确定合作关系；最后，通过分析得到基于农户需求的林业社会化服务供给三阶段博弈模型。这一模型通过动态博弈实现：第一阶段，通过农户与供给主体之间博弈，农户与供给主体协商制定林业社会化服务系统，农户提出林业社会化服务需求，供给主体积极响应，设计满足农户需求的林业社会化服务决策方案。第二阶段，这是一个多元供给主体合作博弈的过程。各供给主体间采用讨价还价来博弈求解，在合作博弈过程中，各个供给方将获得均衡的价值分配方案。合理的博弈策略会稳定供给主体之间的合作关系，增加林业社会化服务价值。第三阶段，当农户有了新的需求，农户与供给主体之间再次进行对抗博弈，它是建立林业社会化服务系统动态更新的重要步骤。本书试图通过构建三阶段博弈的林业社会化服务多元供给优化模型，得到多元供给主体之间有效合作，从而真正满足农户需求。

6.1 供给主体与农户间博弈模型

6.1.1 模型设置

先由供给主体决定是否执行 / 退出林业社会化服务；其中，假设农户的收入水平和事前的退出成本是公开的信息，供给主体的执行费用为 S。另一方面，如果占据不退，农户能够从所占据林业服务的价值中获益，单位收益(以时间为周期)计为 k。如果事后，农户用其他方案所替代(价值为 u_0)，那么上述农户的收益的价值计为0。事后的退出成本计为 j，未能清退($j = L$)的概率为 π，即时清退($j = H$)的概率为 $1-\pi$。林业服务的边际价值取决于相关农户的收入水平 R 是否达到门槛值，即林业社会化服务对于高收入者的边际价值较低。同时还明确：农户如果从低价值的技术中获得一定的收益计为 $v(R)$，与他们的收入水平没有关系；如果农户从高价值的技术当中获取一定的收益计为 $v(k)$，且随着农户收入水平的下降而提高。博弈的行动序列如下：首先，由供给主体做出监督退出的决策，与此同时农户占据不退的单位得益为 k；其次，事前实现林业服务的价值；最后，双方知悉服务价值，农户是否做出退出决定。

如果在双方履行合约之前以及供给主体退出之前，那么合约的双方会进行相互协商。在博弈之前，双方能够采取最优的策略，并且能实现最大化的合作预期盈余。对双方协商所采取的最优策略进行公理化求解，其属于基准最大的问题：

$$\max_{k\geqslant 0, a_j\in\{0,1\}}\left[a_H(1-\pi)(v(k)-u_0)+a_L\pi(v(R)-u_0)-k\right]$$

农户的事后退出决策 $a_j = 1$，当且仅当 $j = H$ 且 $v(k) \geqslant u_0$；供给主体获得最优方案，当(且仅当)执行的费用不小于 S。事前退出成本是 $k^* = k^*(\pi)$，时候有效退出为 $a_L(k^*) = 0$ 和 $a_H(k^*) = 1$。进一步地，令

$$c(k) = (1-\pi)(v(k)-u_0)-k$$

意为当收入水平为 k 时的林业服务增值。这个时候的有效退出费用最高为 $c(k^*)$。令供给主体的执行费用在 $(0, S_0)$ 上均匀分布，其中 $S_0 \geqslant c(k^*)$。当

$S<c(k^*)$，供给主体的执行不力。

在实现技术价值之前，为了确定预期均衡退出水平，供给主体必须确定投入量 k^0，保证其预期收益最大化。在事前可资参考的信息有限，k^0 应满足：

$$k^0(\pi,u_0) \equiv \arg\max_{k\geqslant 0} \pi a_L(k)\frac{v(k)+u_0}{2} + (1-\pi)a_H(k)\frac{v(k)+u_0}{2} - c(k)$$

此时供给主体获得的回报与投资的费用不对称，如果供给主体在维护自身利益情况下，会适当地降低投资，即 $k<k^*$。用这种方法规避农户占据不退所造成的风险，这样就出现了套牢的问题。根据现实的问题，为了能够使得更集中的分析议价能力，对农户的退出行为做出如下假设：

$$\begin{cases}(1-\pi)a_L v(R) - k \leqslant \pi a_H v(k) \\ a_H(v(k)-u_0) - c(k) \leqslant a_L u_0\end{cases}$$

同时确保投资水平 k 恒为正。进一步地，在林业服务同质而且可测的情况下，林业社会化服务对低收入者的边际价值高于高收入者：

$$(1-\pi)\frac{v_H(k)-u_0}{2} - c(k^0) \geqslant 0$$

而且

$$v_H(k^0) > v_0$$

以上两项假设直接影响合约双方的参与约束，并且在事后决定退出机制的长期满意度。

6.1.2　无事前承诺下的执行

在无事前承诺下执行 / 退出的基准水平的前提下，供给主体将直接管理退出。首先，农户必须在获知林业社会化服务的价值之前就事先做出意向决策；同时，他们可以等到林业服务的价值实现后再决定经营或退出已占有的林业服务项目。在该阶段中，双方可以谈判退出水平的事宜。根据预期退出支付水平的结果，供给主体决定是否继续投入执行。事前无承诺下的事件序列如图 6-1 所示。

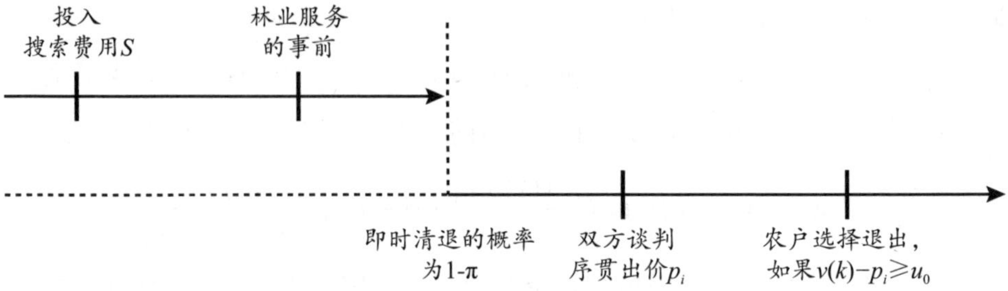

图 6-1　无事前承诺下退出程序的事件序列

在事后的许可谈判中，可以采用顺序出价的形式：首先由农户给出“接受或者离开”的退出水平的概率 β，供给主体可以依据自身条件选择接受或者是拒绝。可以把 β 看作是农户的进行利益博弈的能力。在均衡出价 p_{iH} 的情况下，受邀者会对接受和拒绝出价保持中立态度，以此可得，农户会以 β 的概率出价 $p_{MH}=u_0$，供给主体以 $1-\beta$ 的概率出价 $p_{IH}=v(k)-u_0$。所以在协商阶段，当 $v(k)\geqslant u_0$ 双方对事后退出水平的预期为：

$$p^e=(1-\beta)(v(k)-u_0)+\beta u_0$$

如果 $v(k)<u_0$ 或 $j=L$，农户不会在事后选择退出。在林业服务的价值实现之前，农户做出事先意向决定。此时他的预期收益为：

$$\pi\left[v(R)-\beta u_0\right]+(1-\pi)\left[v(k)-(1-\beta)(v(k)-u_0)\right]-k$$

他选择收入水平 $k_P=k_P(\pi, u_0, \beta)$ 以最大化他的预期总收益：

$$\max_k\left[(1-\beta)\pi u_0+\beta(1-\pi)(v(k)-u_0)-k\right]$$

而且，仅当农户的事前参与约束满足他才会选择退出。k^0 随着 u_0 递增，而且 k^0 满足：

$$\beta(1-\pi)(v(k^0)-u_0)-k^0\geqslant 0$$

再令

$$\beta=\beta(\pi, u_0)$$

且对于任意的 $\beta>\underline{\beta}$，以上式子均成立。临界值 $\underline{\beta}$ 随着 π 和 u_0 增加而增加。如果事前参与约束性条件不满足，就说明农户不能达到预期效用。此时，农户会转向其他的替代性方案并退出该服务。在本书中，次优选择（机会成本）的价

值 u_0 和概率 π 共同决定技术执行的水平。次优选择的值远低于该林业服务项目，则表明该项目的价值较高；π 值越小表示执行成功的概率越大。

如果 $\beta > \underline{\beta}$，那么农户仍然会继续占用高价值的林业服务，此时供给主体的效用为 $p_P(\pi, v_0, \beta)$。在执行阶段，供给主体预期退出水平与 β 相关，即：

$$I(\beta) = (1-\beta)(1-\pi)(v(k^0)-u_0)$$

此时，$\underline{\beta} \leqslant \beta < 1$。相对应的农户能够从相关林业服务获得的预期收益为：

$$M(\beta) = \beta(1-\pi)(v(k^0)-u_0)-k^0$$

在直接经营下，退出合约具有关系性的属性，诸如退出成本、违约赔偿和责权划分未作出明确的规定。在 t_q 期之前，供给主体未能在林业服务的事前价值实现之前要求对方做出退出承诺；换言之，在合约的前2期，关键变量未被覆盖，导致事后(以 t_q 为界)执行中责权分配不明。其次，t_q 期前后合约变量之间不存在相关性和制约关系，未能健全与事前林业服务价值具有相关性的违约惩罚机制和退出激励机制，致使在给定的退出水平上，供给主体不能掌握剩余控制权。下文将针对这些合约设计缺陷做出改进。

6.1.3　对抗性机制的引入

上一节分析中由于关系性合约中约束力的缺失导致了套牢的后果。为了深入分析供给主体与农户间博弈关系，在前文基本模型的基础上，引入对抗机制。对于农户的收入信息，合约双方在博弈之初仍然存在信息不对称；为了便于讨论问题，参照 Keser 和 Willinger 的界定，对农户的隐藏行为(进入之后)作出规定：影响供给主体对农户收入状况的评估；联动关系的建立：农户占据不退导致的林业服务固化，会对长期的执行效率产生副作用，进而影响后续周期中供给主体的参与约束。由于农户不会主动披露收入，所以合约的设计的本质是：在农户的隐藏行为下对剩余控制权的治理。

事件顺序如图6-2所示，双方在 t_2 时期开始谈判，这个时期处在审核之后和签约之前。只有农户获得足够的预期退出效用(IC)，双方才能进入此阶段。为了能够给定合约和量化许可中双方的退出水平，在双方利益博弈的框架内对退出合约的行为设定参数：在一个涉及双边利益的退出合约中，当供给主体选择采取迫使对方即时退出的措施，引入由供给主体支付的搜索费用 $C_i(i=M,I)$。如果供给主体选择次优的方案，该农户不被劝退。

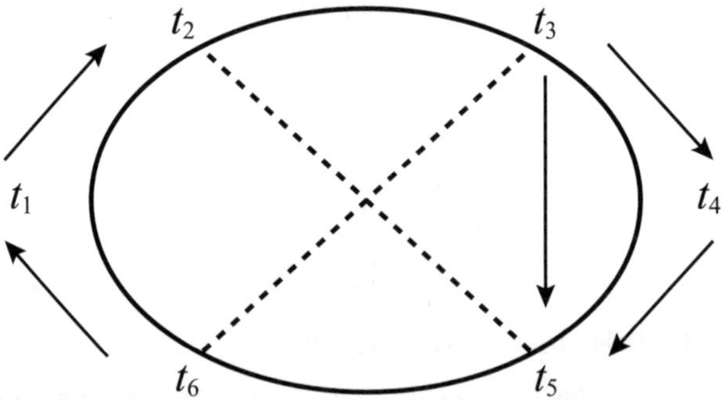

t_1：投入搜索费用S；　　t_2：合约：拟定退出水平并作出承诺；
t_3：林业服务的事前价值实现；　　t_4：即时退出的概率为$1-\pi$；
t_5：针对事后价值的再谈判；　　t_6：农户即时退出，如果$v(k)-p_e \geqslant v_0$

图 6-2　对抗性退出程序的事件序列

均衡搜索费用 C_i 的形成，会对合约双方对对方的出价的接受或拒绝的行为产生相同的效用。拒绝对方的出价表明供给主体和农户各自在博弈中实现各自的外部选择收益 $I(\beta)$、$M(\beta)$。在 t_2 期做出关于退出水平 C_i 的事前承诺，在 t_4 期供给主体展开清退时，C_i 在双方的讨价还价中会作为决策的基准水平；显然，C_i 也决定了事后双方的谈判力。所以，从信息传递的角度看，t_2-t_4 之间的这种涉及利益制约的联系，使得退出承诺具有潜在的效力。

通常需要进行再谈判来执行退出合约。这表明，合约双方不可能在供给主体的投入 k 和该项林业服务的价值实现之后，再次接受一个新的许可价格 $l_e \neq C_i$。在退出合约中，供给主体可以选择以费用 C_i 完成合约内容，所以供给主体不会必接受出价 $p_I > C_i$。同理，农户也不接受出价 $p_M < C_i$，因为此时由供给主体提出的即时退出的威胁没有效果。此时，供给主体成为剩余索取者，同时也会做出有效率的投入。通过再谈判，将求解合约双方的均衡价格。

命题：对于供给主体，事前议定的退出水平 $C_i(i=M,I)$ 和外部选择 $I(\beta)$

为非线性关系；另一方面，在均衡点上供给主体可以实现有效率投入。而且有效率费用 p_e 与 k 无关，故无论 β 取何值，有效率的投资方式是供给主体的最优选择。

证明：C_i 是在事后的利益博弈中供给主体做出的外部性选择，因为对于任意 $C_i \geqslant 0$ 拒绝构不成有效的威胁。并且事后也不可能再报出更高的价格 $p_e > C_i$。已实现的林业服务价值的比较决定了是否进行外部选择，而外部选择决定了农民是否愿意报出相对更低的价格 p_e。当即时退出时，情况比较简单，农户会满足其事前的参与约束，并继续经营。

当未能即时退出时，有必要区分三种情况：

一是迁延不退较其外部选择更加盈利，即 $v(k)-p_i \geqslant u_0$。但是，此时农户的迁延不退不能构成有效的威胁，此时许可双方能商定价格 $p_e = p_i$；

二是 $v(k)-p_i < u_0$，但此时价格 p' 为非负数，其约束条件为 $v(k)-p' \geqslant u_0$。农户可能选择不退出作为其执行选择，同时生成预期的再谈判价格 $(1-\beta)\cdot(v(k)-u_0)$；

三是事后采纳为最优非负价格不存在，即 $v(k) < u_0$。故 p_e 无解，即双方不能达成令农户执行退出的退出水平 p_e。

对于一切 $\beta < 1$，在 t_3 期有效投资的必要条件为：

$$C_i \leqslant v(k^*)-u_0$$

否则，按照 $(1-\beta)$ 概率农户事后做出出价 $p_I = v(k)-u_0$，对于供给主体而言，却只获得 β 份额的投资回报，同时上式并不是充分条件，也不能保证其为有效投资。但如果假设其为充要条件，则 (k^*, C_i) 会是个非合作博弈均衡，具体过程为：$p_I = C_i$ 为对于 k^* 投资量，农户的最优选择策略，因有效价格与 k 不相关，而且供给主体的出价也将会是 $p_M = C_i$，供给主体的最优策略为有效率投资 k^*。因此在 t_3 期供给主体的预期收益是 $u_0+w(k^*)(1-\pi)C_i$。另一方面，考虑事前退出激励，当

$$C_i \leqslant \frac{c(k^*)-M(\beta)}{1-\pi}$$

事前价格就能够进行有效的投资。事前 C_i 由一方给出，使得对方在接受及拒绝中选择中立。若假设供给主体的出价符合式(11)中的 C_M，此时 $p_e = C_I = C_M$。因此可得出农户能够接受的最低事前出价为：

$$C_M = \pi(1-\beta)I(\beta)$$

证毕。

在 t_3 期，由于事前承诺，林业服务的价值将会成为显性信息，而且信息不对称对谈判具有效力。因为，只有通过对林业服务价值和外部选择的比较，农户才能权衡作出退出决策。因此，此时农户会自发主动地搜索相关信息，以在 t_5 期获得较高的谈判力。t_2 期如果选择 p_M 或 p_I，对于供给主体而言，t_3 期劝退的选择性很大。在 t_1 期是否选择搜索投入时，农户的预期收入为：

$$I^C = (1-\pi)\left[\beta C_M + (1-\beta)C_I\right] = I(\beta) + (1-\beta)\left[c(k^*) - c(k^p)\right]$$

对于所有 $\beta < 1$，收入水平为正值。下一步，假设预期收入的水平大于门槛值，即 $I^C(b) \geqslant S$，农户就会再次占据林业服务，不退出。如命题1中展示了在协商经营下选择合约退出的最终均衡结果。

与直接经营相比较，合约双方的预期收益在协商经营中获得了提高；同时依据合约，供给主体变为剩余索取者，故无论 β 为何值，有效投资 k^* 都会变小。当 $\beta \in (0, 1)$，退出的可能性会增大。

证明：供给主体的有效性投资已经在引理1中做出了详细展示，这里不再论述。由于协商经营对退出的影响有变化，考虑 $\beta > \underline{\beta}$，因为

$$c(k^p) = I(\beta)+M(1) > 0$$

此时农户在协商经营中退出林业服务的可能性比直接经营更大，即大于直接经营 S 值。它也适用于 $\beta > \underline{\beta}$，故只要 $\beta < 1$，可以得出如下结论。

$$I^C(\beta) = (1-\beta)c(k^*) > 0$$

当 $\beta = 1$，$I(1) = 0$ 故 $I^C(1) = 0$。

证明完毕。

综述所述，可以看出对于许可双方而言，效用都获得了提高。同时在经营协商合约被引入的情形下，首先，β 的取值不能影响到供给主体的投资激励，

且在退出合约中能够获得预期价值的增值 $c(k^{*})$。其次，农户议价能力的增强会使得其预期收益显著提高，同时保证相关林业社会化服务可以即时退出。

6.1.4 违约赔偿的执行

一旦农户在进入合约中(事前)做出了相应的退出承诺，他就会被供给主体要求在其收入达到门槛值以后即时退出林业服务。当进入退出的审核周期(t_4)，假如农户的收入水平大于受保范围，却不同意退出林业服务，供给主体便可以通过法律诉讼来维护自身权益，便进入第三方的监督执行程序，如图 6-3 所示。

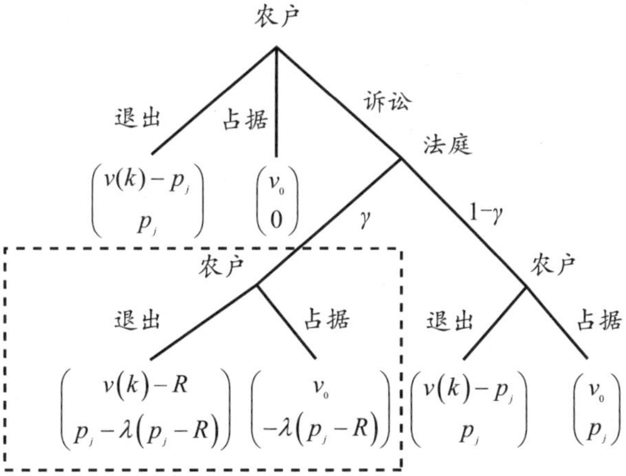

图 6–3　农户事后决策的子博弈扩展式

法庭宣判后，合约双方执行判决。在下文的研究中将 R 作为审核的上限收入水平：

$$R=\frac{I^{P}(\beta)}{1-\pi}+(1-\beta)\frac{w(k^{*})-w(k^{P})}{1-\pi}$$

这意味着，农户在该周期的收入水平不能大于 R。此处采用的是双方利益博弈中“或者接受，或者退出”出价策略，同时设置农户的出价 $p_j > R$ 为违反了上限价格。

当有第三方介入进行监督时，对于违背上限承诺的相关规定做出以下限定：

⑴关于上限承诺违背的具体限定：农户收入 $p_j > R$；

⑵当农户违反上限承诺规定时，供给主体的法院支持概率为 γ；

⑶若被界定违反上限承诺，农户就会被规定付出赔偿金 $\lambda(p_{j-R})$，且 $\lambda \geqslant 1$。t_5 期和 t_6 期之间为法律诉讼的介入时间，如图6-3所示。其中图形中括号上方为供给主体收益。

引入第三方监督执行的退出机制能够有效地防止对供给主体的单边套牢。图6-2中的 t_2 期为供给双方的协商时间，此阶段在合约中加入了供给主体的退出承诺。t_5 期合约双方进行了退出水平的谈判，而供给主体投资（t_3）已完成，且实现了相关林业服务的价值（t_4）。

这里通过逆向推解的途径求解子博弈的完美均衡。若 t_6 期供给主体有负的净报酬，即时劝退便是其首选，即当 $\mathrm{v}(k)-p_i \geqslant u_0$（败诉）或 $v(k)-R \geqslant u_0$（胜诉），式中的 p_i 为出价。且当 $j=L$ 时，若双方无法达到一致的退出条件，且供给主体在下期也不选择继续经营。t_5 期农户出价预期过高的收入水平会导致法律诉讼。败诉时收益为 $p_I-\lambda(p_I-R)$；胜诉时收益为 p_I。

执行有效率的退出合约必须还要同时考虑农户的退出延迟对供给主体的影响和供给主体的劝退对农户的作用。前者表示为农户在 t_6 期还未退出林业服务，且在博弈进行中能够取得所有的事后盈余，若存在刚性的退出约束，即 $R \leqslant v(k)-u_0$，实施事前承诺可以明显解除农户的继续索价影响，这里博弈就会终止，且供给主体能取得博弈当中全部事后盈余。由于事前承诺约束着农户的退出策略，这也意味着供给主体对农户退出延迟的诉讼威胁是单方面的，农户也可以被供给主体套牢。

违约救济的执行发生在 t_5 和 t_6 之间，农户在作出退出决策之前，势必会将违约赔偿的结果考虑在内。在下一个林业服务利用周期，退出决策直接决定供给主体的搜索费用 S。这样一来，就会出现两种情况：其一，如果即时退出，就会有新的农户进入而实现林业服务流转，S 会降低至有效率水平 k^*；其二，如果迁延不出，那么供给主体就会继续锁定该农户，此时 S 为0。所以，从长期实施的效应来看，t_1 和 t_6 可合并为一个节点。

6.2　林业社会化服务多元供给主体的非均衡模型

6.1 节从理论上分析了供给主体与农户之间的博弈机制。但是供给主体是一个整体概念，由哪些组成是最合理的，仍未充分证实。因此本节基于非均衡模型，分析得出供给主体的最合理有效组成。

公共经济学理论认为，社会产品分为公共社会化服务和私人社会化服务。按照萨缪尔森给出的定义，公共社会化服务是指具有消费或使用上的非竞争性和收益上的非排他性的产品，即一些人对这一产品的消费与利用不会影响另一些人对它的消费与利用。而私人社会化服务则是公共林业社会化服务的相对概念，指具有效用上的可分割性，消费上的竞争性和收益上的排他性产品。但是对农户来说，他们并不关心一种服务是公共社会化服务还是私人社会化服务，只关心一种服务是否收费。由于农户的收入水平不高，所以农户更想要非营利服务，即对非营利服务有更强的消费偏好。因此在本书的博弈分析中，把供给主体对农户提供的林业社会化服务分为营利林业社会化服务和非营利林业社会化服务。

6.2.1　基本假设

供给主体对农户提供服务 X 与 Y。X 表示营利林业社会化服务，Y 表示非营利服务。X_G、X_M 和 X_S 分别表示政府、市场和社会提供的营利林业社会化服务，Y_G、Y_M 和 Y_S 分别表示政府、市场和社会提供的非营利林业社会化服务。P_X 是非营利林业社会化服务的成本，P_Y 是营利林业社会化服务的价格。

(1) 有三个供给主体；政府 G、市场 M 和社会 S。

(2) 在本模型中，非营利林业社会化服务的成本，营利林业社会化服务的价格都是固定的。

(3) 要素的边界产出递减。

(4) 规模收益不变。即产量增加的比率等于生产要素增加的比率。

(5) 存在一个福利函数。

$$W = W + \alpha \ln X + \beta \ln Y \quad (\alpha, \beta > 0, \alpha + \beta = 1)$$

α 是农户对非营利林业社会化服务的消费偏好，X 为非营利林业社会化服务数量，β 是农户对营利林业社会化服务的消费偏好，Y 为营利林业社会化服务数量。因为规模收益不变，所以 $\alpha+\beta=1$。

(6) 农户根据自己的需求可自由支配用于购买林业社会化服务的金额是固定的，农户在政府购买的营利社会化服务以及政府供给的非营利社会化服务金额为 u_1，农户在市场购买的营利社会化服务以及市场供给的非营利社会化服务金额为 u_2，农户在社会购买的营利社会化服务以及社会供给的非营利社会化服务金额为 u_3，$u = u_1+u_2+u_3$。

根据上述假设，在农户支配金额既定的条件下，要实现福利最大化，即：

$$\max_{X,Y}(W + \alpha \ln X + \beta \ln Y)$$

$$\text{s.t. } P_X X + P_Y Y = u$$

可得农户对林业林业社会化服务的需求函数：

$$X(P_X, P_Y, u) = \alpha u / P_X$$

$$Y(P_X, P_Y, u) = \beta u / P_Y$$

从上式可以看出农户对营利林业社会化服务的需求受到农户对营利林业社会化服务的消费偏好、农户的收入 u 和营利林业社会化服务的价格 P_X 的影响；农户对非营利林业社会化服务的需求受到农户对非营利林业社会化服务的消费偏好、农户的收入 u 和非营利林业社会化服务的成本 P_Y 的影响。

6.2.2 多元主体供给林业社会化服务的非均衡模型

假设政府、市场和社会同时供给林业社会化服务，政府供给营利林业社会化服务和非营利林业社会化服务的数量分别为 x_1、y_1，市场供给营利林业社会化服务与非营利林业社会化服务的数量分别为 x_2、y_2，社会供给营利林业社会化服务与非营利林业社会化服务的数量分别为 x_3、y_3。则政府的收入为 $u_1 = P_X x_1 + P_Y y_1$ 市场的收入为 $u_2 = P_X x_2 + P_Y y_2$，市场的收入为 $u_3 = P_X x_3 + P_Y y_3$。并且 $u_1+u_2+u_3 = u$。

在信息不完全的条件下，政府对林农社会福利函数的判断为：

$$W = W_1+\gamma\ln X+\delta\ln Y \quad (\gamma > \delta > 0, \gamma + \delta = 1)$$

在此前提下，政府供给林业社会化服务，实现林农社会福利的最大化，即使得：

$$\max_{X,Y}(W_1 + \gamma\ln(x_1 + x_2 + x_3) + \delta\ln(y_1 + y_2 + y_3))$$

$$\text{s.t. } P_X x_1+P_Y y_1 = u_1$$

可得政府供给林农的营利林业社会化服务的数量为：

$$x_1 = \left(\gamma(u_1+u_2+u_3)\right)/P_X-x_2-x_3$$

政府供给林农的非营利林业社会化服务的数量为：

$$y_1 = \left(\delta(u_1+u_2+u_3)\right)/P_Y-y_2-y_3$$

同理，市场供给林农的营利林业社会化服务的数量为：

$$x_2 = \left(\varepsilon(u_1+u_2+u_3)\right)/P_X-x_1-x_3$$

市场供给林农的非营利林业社会化服务的数量为：

$$y_2 = \left(\varepsilon(u_1+u_2+u_3)\right)/P_Y-y_1-y_3$$

社会供给林农的营利林业社会化服务的数量为：

$$x_3 = \left(\zeta(u_1+u_2+u_3)\right)/P_X-x_1-x_2$$

社会供给林农的非营利林业社会化服务的数量为：

$$y_3 = \left(\eta(u_1+u_2+u_3)\right)/P_Y-y_1-y_2$$

因为：

$$X = x_1+x_2+x_3$$

$$Y = y_1+y_2+y_3$$

故：

$$X = \left((\gamma+\varepsilon+\zeta)(u_1+u_2+u_3)\right)/(3P_X)$$

$$\mathrm{Y} = \left((\delta+\varepsilon+\eta)(u_1+u_2+u_3)\right)/(3P_Y)$$

政府、市场和社会在对林农提供营利林业社会化服务时，服务的供给数量取决于政府的收入、市场的收入、社会的收入、政府对林农消费营利林业社会化服务偏好的了解、市场对林农消费营利林业社会化服务偏好的了解、社会对林农消费营利林业社会化服务偏好的了解以及营利林业社会化服务的价格。

政府、市场和社会在对林农提供非营利性林业社会化服务时，服务的供给数量取决于政府的收入、市场的收入、社会的收入、政府对林农消费非营利林业社会化服务偏好的了解、市场对林农消费非营利林业社会化服务偏好的了解、社会对林农消费非营利林业社会化服务偏好的了解以及非营利林业社会化服务的价格。

由上述的公式，可以得到如下四个不等式：

$$\left|\frac{(\gamma+\varepsilon+\zeta)(u_1+u_2+u_3)}{3P_X}-\frac{\alpha u}{P_X}\right|<\left|\frac{(\gamma+\varepsilon)(u_1+u_2)}{2P_X}-\frac{\alpha u}{P_X}\right|$$

政府、市场和社会三主体同时供给林业社会化服务的数量比政府和市场两主体供给林业社会化服务的数量要更接近林农的需求量。

$$\left|\frac{(\delta+\varepsilon+\eta)(u_1+u_2+u_3)}{3P_Y}-\frac{\beta u}{P_Y}\right|<\left|\frac{(\delta+\varepsilon)(u_1+u_2)}{2P_Y}-\frac{\beta u}{P_Y}\right|$$

政府、市场和社会三主体同时供给林业社会化服务的数量比政府和市场两主体供给林业社会化服务的数量要更接近林农的需求量。

$$\left|\frac{(\gamma+\varepsilon+\zeta)(u_1+u_2+u_3)}{3P_X}-\frac{\alpha u}{P_X}\right|<\left|\frac{(\gamma+\zeta)(u_1+u_3)}{2P_X}-\frac{\alpha u}{P_X}\right|$$

政府、市场和社会三主体同时供给林业社会化服务的数量比政府和社会两主体供给林业社会化服务的数量要更接近林农的需求量。

$$\left|\frac{(\delta+\varepsilon+\eta)(u_1+u_2+u_3)}{3P_Y}-\frac{\beta u}{P_Y}\right|<\left|\frac{(\delta+\eta)(u_1+u_3)}{2P_Y}-\frac{\beta u}{P_Y}\right|$$

政府、市场和社会三主体同时供给林业社会化服务的数量比政府和社会两主体供给林业社会化服务的数量要更接近林农的需求量。

$$\left|\frac{(\gamma+\varepsilon+\zeta)(u_1+u_2+u_3)}{3P_X}-\frac{\alpha u}{P_X}\right|<\left|\frac{(\varepsilon+\zeta)(u_1+u_3)}{2P_X}-\frac{\alpha u}{P_X}\right|$$

政府、市场和社会三主体同时供给林业社会化服务的数量比市场和社会两主体供给林业社会化服务的数量要更接近林农的需求量。

$$\left|\frac{(\delta+\varepsilon+\eta)(u_1+u_2+u_3)}{3P_Y}-\frac{\beta u}{P_Y}\right|<\left|\frac{(\varepsilon+\eta)(u_2+u_3)}{2P_Y}-\frac{\beta u}{P_Y}\right|$$

政府、市场和社会三主体同时供给林业社会化服务的数量比市场和社会两主体供给林业社会化服务的数量要更接近林农的需求量。

所以在满足农户福利函数最大值的条件下，三主体同时供给林业社会化服务比单个主体供给或者两个主体供给更合理。

6.3　基于农户需求的林业社会化服务供给三阶段博弈模型构建

6.1 节对农户与供给主体的关系进行分析，由 6.2 节分析可知多元主体对农户需求进行合作供给是最合理的方式。因此本节通过对 6.1 和 6.2 的分析得到基于农户需求的林业社会化服务多元供给优化模型，这一模型通过三阶段博弈实现：第一阶段，通过农户与供给主体之间博弈，农户与供给主体协商制定林业社会化服务系统，农户提出林业社会化服务需求，供给主体积极响应，设计满足农户需求的林业社会化服务决策方案；第二阶段，这是一个多元供给主体合作博弈的过程。各供给主体间采用讨价还价来博弈求解，在合作博弈过程中，各个供给方将获得均衡的价值分配方案。合理的博弈策略会稳定供给主体之间的合作关系，增加林业社会化服务价值；第三阶段，当农户有了新的需求，农户与供给主体之间再次进行对抗博弈，它是建立林业社会化服务系统动态更新的重要步骤。

20 世纪 40 年代，John（1983）发表了博弈论的相关内容，而这些内容也在诺贝尔经济学奖获得者罗伯特等人的探讨之下得到了进一步的完善，从而使之得到了广泛利用。张勇（2016）指出在服务平台构建中，需要理清服务主体间的博弈关系，明确服务提供方之间的博弈情况，其博弈状况是在整个系统的动态发展之中逐渐产生的。林业社会化服务，即为能及时把握市场机遇、实现相关农户需求而开展的服务，相关的服务依靠协议实现构建，同时应用科学的管理策略，在目标实现后停止，从而能够把相关的林业社会化服务资源科学合理地配置，让相关农户的实际需求能够得到充分满足。在该服务系统的发展过程里，仍旧存在企业、政府部门以及社会组织等服务供给方在价值创造配置上不够明确的问题，因此必须构建起科学的理论，为其生产和服务提供较好的保障。通过博弈论的帮助，林业社会化服务的相关主体的合作关系能够得到科学地阐明，这将为基于农户需求的林业社会化服务多元供给优化模型的创建奠定基础。本书将借助相关的博弈理论对该系统的动态发展过程进行考察。

6.3.1 林业社会化服务供需动态演化过程的博弈分析

林业社会化服务供给方主要包括企业、政府部门以及社会组织等三种，其主要任务是对离散的服务资源进行整合，最终得到完整的信息化解决策略，该策略除了有企业为农户进行一些生产性的服务，还有政府部门以及社会组织等所供给的产品服务。在其服务主体之间的一系列交易工作里，牵涉到许多和该服务系统价值相关的博弈情况，而这也将影响林业社会化服务体系的产生。首先，要让农户能够有效传达出他们的实际需要，因此要借助相应的需求响应系统，让供给方能够获得这些差异化的需要；同时，多元协同互动的供给主体要通过对农户需求的服务设计机制、服务选择机制、服务实现机制、服务更新机制，“因地制宜”地识别林业地区对林业社会化服务的差异性需求，同时参考国家的有关策略对其需求进行考察，最终把需求信息递送到决策方，从而为其做出决策提供帮助。其次，对于识别好的各林业地区的差异化需求，应当综合运用多种机制，例如供给决策机制以及相应的实现机制等，从而能够为相关决策的落实提供帮助，例如，结合各个区域的具体情况得到符合其经济水平的服务供给策略；参考各个区域农户的实际需求、供给主体的应用范围及其相应的选择机制，在各个区域之中选取合适的供给方；参考需求传达系统所递送的相关需求，供给主体针对各个区域的实际需要对其开展优先级排序，同时结合各个区域的特性，制定恰当的供给目标、供给数量、供给方法以及融资途径等。必须把科学合理的决策体系和农户需求的传达体系进行整合，针对各个种类的服务开展对应的决策。在各个决策方法之中，农户的参与模式也有所差异，可参考林业社会化服务的具体种类构建起对应的参与方式。

本书将以林业社会化服务主体的博弈情况为切入点，建立起相应的服务系统动态发展途径。要建立起相应的服务体系，离不开供给主体和农户的作用，在这之中，后者代表相关的服务需要，前者则代表相应的服务策略，同时双方要围绕服务系统的实际价值，开展相应的对抗博弈，在这之中，供给方能够得到商品价值，农户则能得到其使用价值，如果双方达成了一定的交易协议，则还需要开展数次对抗博弈，从而能够对其价值产出进行刷新。应当指出，多次开展的博弈都是同一个类型的。

供给主体通过相应的合作商业模式为林业社会化服务体系的建立提供了帮助，在这之中，供给主体应当选取相应的服务公司完成对应的服务模块。因此，在整个合作博弈流程之中，科学的策略能够让供给合作更为稳定，从而创造更多的价值，在此基础之上，农户以及供给主体才能够得到更多的效益。基于农户需求的林业社会化服务多元供给三阶段博弈流程见图6-4。

6.3.1.1　林业社会化服务供给系统响应

一方面，农户具备相应的服务需要，并通过服务平台进行传达，另一方面，供给主体在获取到相关需要之后也会及时进行回应，给出相应的服务供给体系的策略，并和农户进行交流。在这个过程里，双方会开始进行第一阶段的博弈工作，也是对抗性的博弈行为，其最重要的内容就是该服务系统的实际价格，并且还需要制定出相应的服务供给体系的具体策略，总的来说，农户方面重视的是相关服务体系策略的长处以及短处，而供给主体方面所重视的则是实现该服务体系的最高效益。针对这些问题，双方通过一系列交流和协商最终达成一致，得到满足农户需求的服务供给体系“需求清单”，第一阶段博弈完成。

6.3.1.2　林业社会化服务供给系统设计

参考调查所得到的农户需求清单，供给主体需要对相关服务平台的资源进行有效地整理综合，同时规划得到符合相关需要的服务供给体系，而在该服务供给体系之中，还涉及一系列的服务模块。作为供给主体，一方面需要规划

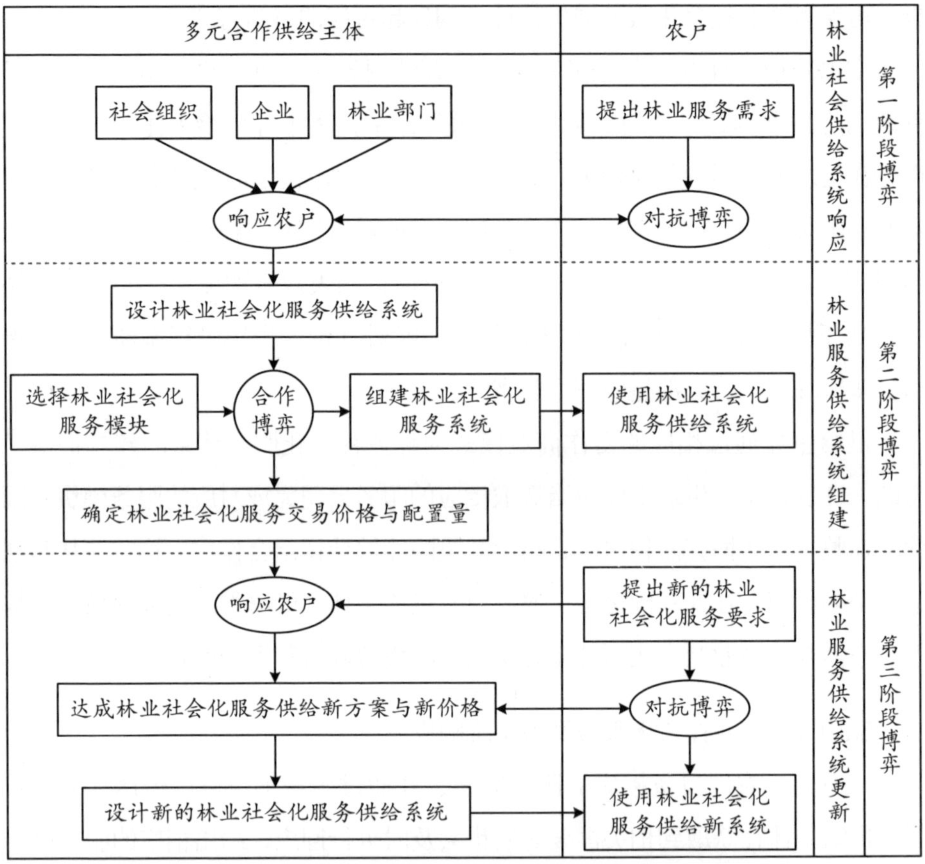

图 6–4　林业社会服务多元供给优化模型的三阶段博弈流程图

整体服务体系的框架与构造策略，另一方面还应当从其合作者之中选择能够作为服务模块的相关服务公司，同时确立相关服务模块的技术标准、需求数目以及价格。要实现一个林业社会化服务体系，需要解决的内容主要有产品以及服务两个方面，供给方则会参考相关公司的状况来决定应当通过什么样的方法完成其服务模块，并建立起相应的服务模块清单。

6.3.1.3　林业社会化服务供给系统选择

林业社会化服务供给系统根据服务技术标准、需求数目以及价格选择与服务模块相应的供给主体，并且和各个服务主体之间积极交流协商，同时在该环节之中各个主体也进入了第二个阶段的博弈，其同样属于合作类型的博弈，其主要针对的内容是相关服务模块的实际价格。总的来说，服务主体所重视的是相关服务模块能够取得最高的效益，还有相关服务体系策略的具体落实。在农户的限制作用之下，相关供给主体属于合作的状态，一起获得相关服务体系所产生的价值，且相关主体应能取得博弈平衡。在实际工作之中，可建立起能够方便进行决策的博弈策略。供给主体在服务体系之上彼此达成一致，最终产生相应的供给体系模块表，最终实现本阶段的博弈工作。

6.3.1.4　林业社会化服务供给系统组建

通过林业社会化服务供给系统选择，林业社会化服务供给系统根据协定交付各个服务模块所对应的产品以及服务。而供给主体则会利用这些资源，建立起相应的服务供给体系，完成之前所制定的服务体系策略的实际构造，同时根据所定的协议，把建立的供给体系交付至农户，后者则根据协议规则进行支付。在这之中，供给主体通过任务书等形式保障相关服务系统的运转，而相关的服务系统则需要提供包括售后在内的一系列持续性服务。农户在实践运用该系统之时，也能够把自身感受与意见传达至供给主体，后者则根据所得的反馈对该体系进行完善。

6.3.1.5　林业社会化服务系统更新

农户可将新出现的需要传达到供给主体方，后者则通过相关的服务供给体系，对新出现的需求的实现可行性进行考察，从而制定相应的更新策略，并和农户进行交流，而这个环节之中就涉及了农户和供给主体之间的利益博弈，该阶段博弈与第一个阶段博弈同属于对抗性博弈，更新之后的服务体系的价格是双方主要关注的内容，还包括更新之后的服务供给体系策略。总的来说，农户所重视的是更新之后的服务供给体系方案的长处以及短处，而供给主体所重视的是该系统的最高效益。

双方在更新之后的服务供给体系问题之上达成一致，从而得到相应更新之后的农户需求列表，实现第三个阶段的博弈工作，并再次通过“林业社会化服务供给系统设计”、“林业社会化服务供给系统选择”、“林业社会化服务供给系统组建”实现新系统的交付工作。林业社会化服务供给体系的更新工作需要以农户提出请求作为前提，不过在实际工作里，也可由供给主体为农户进行推送。应当指出，“林业社会化服务系统更新”所开展的第三个阶段的博弈能够进行许多次，农户需求每出现一次改变，便能进行一次这样的博弈，而这也让供给主体和农户能够实现长时间的合作，其市场前景极为广阔。

6.3.2 林业社会化服务供需博弈模型的动态演化

林业社会化服务供给体系主要包括龙头企业、公共服务机构以及社会组织等几方面的主体，各种主体内部含有相应的参与实体。其中，前两者之间所具有的博弈属于合作类型的博弈，通常用来处理关于资源供给事务。为对林业社会化服务体系的动态变化过程进行博弈分析，本书将利用三阶段混合博弈模型，从而处理其动态发展过程。林业社会化服务供给体系的动态发展之中的相关博弈应当通过其资源利用效率制定相应的博弈方案，在这之中，服务资源即为相关的林业社会化服务模块。而对于供给主体和农户之间的博弈，前者可通过历史数据获取相应的资源利用率，得出其服务体系价格，相关公司则可参考资源利用率得到其相应服务模块的价格。

6.3.2.1 供给主体与农户的第一阶段博弈

假设 $\{F_1, F_2, \cdots, F_{m1}\}$ 为林业社会化服务的集合，$\{Z_1, Z_2, \cdots, Z_{m2}\}$ 为各大供给主体的集合，而 $\{E_1, E_2, \cdots, E_{m3}\}$ 为农户的集合。响应农户 E_k 的林业社会化供给主体 Z_j 提供涵盖 n 个模块的林业社会化服务方案，这 n 个模块由 n 个林业社会化服务供给主体提供。林业社会化服务供给主体 $\{F_1, F_2, \cdots, F_n\}$ 拥有 $\{v_1, v_2, \cdots, v_n\}$ 数量的林业社会化服务模块，且 $\{MS_1, MS_2, \cdots, MS_n\}$ 为林业社会化服务模块的集合，以下为具体的相关概念：

(1) 针对林业社会化服务模块 MS_i，林业社会化服务企业 F_i 的效用函数 U_i^F 定义为以价格 $\overline{p}_i$ 销售林业社会化服务模块而获取的收益，具体公式为：

$$U_i^F = \overline{p}_i \cdot v_i$$

(2) 针对林业社会化服务模块 MS_i，供给主体 Z_j 的效用函数 U_i^Z 定义为供给主体 Z_j 按照 $\overline{p}_i$ 价格买入林业社会化服务模块 c_i 个，然后按照 p_i 零售价格售出以后获得的收益。引入资源利用率 μ_i，效用函数表示为：

$$U_i^Z = \mu_i \cdot p_i \cdot c_i - \overline{p}_i \cdot c_i$$

(3) 服务模块 MS_i 的总效用函数 U_i^G 的定义为林业社会化服务企业和其他供给主体售出林业社会化服务后获得的总收益，公式如下：

$$U_i^G = U_i^F + U_i^Z$$

第一阶段供给主体与农户的博弈为对抗博弈，林业社会化服务供给主体在提出系统方案 $\overline{MS} = \{MS_1, MS_2, \cdots, MS_n\}$ 时，首先需确定林业社会化服务系统价格 p，表示为 $p = \{p_1, p_2, \cdots, p_n\}$，该阶段对抗博弈的目的是实现供给主体的收益 $U^Z = \{U_1^Z, U_2^Z, \cdots, U_n^Z\}$ 最大化。这一阶段农户经过选择，找到满足自身需要的最优林业社会化服务系统方案 $\overline{M}$，而供给主体则通过反复询价，制定出最佳的林业社会化服务价格 p，第一阶段供给主体与农户的博弈模型如下：

$$\left\langle \overline{M}, p \right\rangle = \begin{cases} \overline{M}(MS_1, MS_2, \cdots, MS_n) \\ p(p_1, p_2, \cdots, p_n) \end{cases}$$

$$\max U^Z = \sum_{i=1}^{n} \max U_i^Z$$

式中的博弈决策变量即为博弈参与者集合 $\{Z_j, E_k\}$，博弈活动集合 $\{\overline{M}, p\}$，博弈决策空间集合 $\{p_i, \mu_i, \overline{p}_i, c_i\}$，效用函数 U_i^Z 等，表 6-1 展示了博弈决策变量的物理意义。

表 6-1　第一阶段博弈决策变量的物理意义

博弈决策变量	物理意义
Z_j, E_k	参与博弈的第 j 个供给主体
	参与博弈的第 k 个农户
$\overline{M}$	包含 n 个服务模块的社会化服务供给系统方案
P	包含 n 个服务模块的社会化服务供给系统价格
p_i	社会化服务模块 MS_i 的零售价

续表 6-1

博弈决策变量	物理意义
μ_i	社会化服务模块 MS_i 的利用率
$\overline{p}_i$	社会化服务模块 MS_i 的购入价
c_i	社会化服务模块 MS_i 的配置量
U_i^z	第 j 个供给主体针对社会化服务模块 MS_i 的效用函数

6.3.2.2 供给主体之间的第二阶段博弈

在第一阶段博弈中，得到了最优的林业社会化系统服务的供给价格 p 和服务模块 MS_i 的零售价格 p_i。而在第二阶段博弈中，p_i 成为供给主体的预算价格，并计算求得实际交易后林业社会化服务模块 MS_i 的交易价格 p_i'。

第二阶段的博弈是供给主体间的合作博弈，就是通过供给主体间的合作关系来共同创造和分配价值。各大供给主体需明确林业社会化服务模块的最优配置，即每项林业社会化服务模块的配置数量 $\{c_1, c_2, \cdots, c_n\}$，因此供给主体的第二阶段博弈模型为：

$$\langle p', c\rangle = \begin{cases} p'(p_1', p_2' \cdots, p_n') \\ c(c_1, c_2 \cdots, c_n) \end{cases}$$

$$\max U^G = \sum_{i=1}^{n} \max U_i^G$$

博弈者集合 $\{Z_j, F_i\}$，博弈活动集合 $\{p', c\}$，博弈策略空间集合 $\{p_i, \mu_i, \overline{p}_i, c_i\}$，效用函数 U_i^z 等为式中的博弈决策变量，表6-2展示了博弈决策变量的物理意义。在林业社会化服务的服务体系中，各供给主体的服务模快的配置数量确定为 $\{c_1, c_2, \cdots, c_n\}$。然而在现实应用中，确定林业社会化服务模块配置量会较之更加复杂，由政府直接投资，变为搭建林业服务合作平台，实现“购买服务—过程监督—满意度评价”的林业服务市场化模式，这样既能提高政府扶持政策的投资效率与服务输出能力，又能提高林业社会化服务质量与农户满意度，更能培育林业社会化服务生态系统，使“市场有效与政府有为”相得益彰。

表 6-2　第二阶段博弈决策变量的物理意义

博弈决策变量	物理意义
Z_j	参与博弈的第 j 个供给主体
F_i	参与博弈的第 i 个服务企业
p'	包含 n 个服务模块的最优模块交易价格
C	包含 n 个服务模块的最佳模块配置量
p_i	社会化服务模块 MS_i 的零售价
μ_i	社会化服务模块 MS_i 的利用率
$\overline{p}_i$	社会化服务模块 MS_i 的购入价
c_i	社会化服务模块 MS_i 的配置量
U_i^G	社会化服务模块 MS_i 的总效用函数

6.3.2.3　供给主体与农户的第三阶段博弈

进入第三阶段，供给主体与农户间的博弈又重新演化成对抗博弈，在林业社会化服务过程中，假设农户 E_k 提出了新需求，供给主体 Z_j 需要提供新的服务系统方案，由 n_1 个林业社会化服务企业提供 n_1 个服务模块。服务企业 $\{F_1, F_2, \cdots, F_{n1}\}$ 参与更新林业社会化服务系统方案，拥有 $\{v_1, v_2, \cdots, v_{n1}\}$ 的林业社会化服务模块数量，供给主体 Z 提出的林业社会化服务模块集合为 $\{MS_1, MS_2, \cdots, MS_{n1}\}$，其模块配置量为 $\{c_1, c_2, \cdots, c_{n1}\}$。

在第三阶段博弈中，供给主体 Z_j 在提出更新林业社会化服务系统方案 $\overline{M}^{new} = \{MS_1, MS_2, \cdots, MS_{n1}\}$，在该方案中首先要明确林业社会化服务系统更新后的价格 p^{new}，由 n_1 个服务模块的销售价格组成该系统价格，表示为 $p^{new} = \{p_1, p_2, \cdots, p_{n1}\}$。该阶段博弈的目的是各供给主体实现最大化收益 $U^z = \left\{U_1^z, U_2^z, \cdots, U_{n1}^z\right\}$ 便是第三阶段供给主体和农户对抗博弈的目的。农户首先需要确定更新林业社会化服务的最优方案 $\overline{M}^{new}$，因此该阶段农户和供给主体之间的博弈模型为：

$$\left\langle \overline{M}^{new}, p^{new} \right\rangle = \begin{cases} \overline{M}^{new}(MS_1, MS_2, \cdots, MS_{n1}) \\ p^{new}(p_1, p_2, \cdots, p_{n1}) \end{cases}$$

$$\max U^z = \sum_{i=1}^{n1} \max U_I^z$$

式中的博弈决策变量即为博弈参与者集合 $\{Z_j, E_k\}$，博弈活动集合 $\{\overline{M}, p\}$，博弈决策空间集合 $\{p_i, \mu_i, \overline{p}, c_i\}$，效用函数$U_i^z$等，可以参考表6-1。

6.3.3 林业社会化服务供给系统三阶段动态演化的博弈求解

在林业社会化服务供给系统中，林业服务企业与社会组织进行合作，根据农户的服务需求共同为林农提供林业社会化服务。采用最大值微分方程计算博弈最终求解，第二阶段采用的是多元供给主体之间相互博弈的方法，而第三阶段与第一阶段采用的方法相似，但此方法在应用中要根据实际情况制定合适的方案。三阶段博弈具体求解过程如下。

6.3.3.1 第一阶段：供给主体与农户的对抗博弈求解

第一阶段博弈是供给主体与农户通过协商确定林业社会化服务系统价格 p。具体过程是由农户来表达林业服务需求，以及期望的交易价格，没有特殊的情况下，林业社会化服务平台会提供服务模块的购入参考价格$\overline{p}_i$和其配置参考数量 c_i 等。

假定 $p(\mu)$ 为供给主体 Z_j 林业社会化服务系统的价格定价策略，μ 为资源利用率。林业社会化服务系统涵盖 n 类具体的林业社会化服务模块，林业社会化服务系统的参考购入价格$\overline{p}_i$，可通过服务模块的购入价格$\overline{p}_i$和其参考配置量 c_i 加以确定；同时为了简化分析，林业社会化服务系统的参考配置量假定为 $c=1$。对抗博弈模型可以得出：

$$U^z = c \cdot p \cdot p(\mu) - \overline{p} \cdot c$$

求 U^Z 最大值时，令：

$$\frac{\mathrm{d}U^z}{\mathrm{d}\mu} = 0$$

则：

$$\mu \cdot \frac{\mathrm{d}p(\mu)}{\mathrm{d}\mu} + p(\mu) = 0$$

该微分方程的通解为：

$$p(\mu) = K_1 - \mu \cdot K_2$$

式中：$K_1 > 0$，$K_2 > 0$ 且为常数。

供给主体 Z，$[p^{\min}, p^{\max}]$ 为林业社会化服务系统价格区间，且

$$p(\mu) = p^{\max} - \mu \cdot (p^{\max} - p^{\min})$$

易知，供给主体 Z_j 获得最大收益时：

$$\mu = \frac{p^{\max}}{2 \times (p^{\max} - p^{\min})}$$

若 $p^{\max} = 2\overline{p}$，$p^{\min} = 0.5\overline{p}$，则 $\mu = 2/3$。因此可取 $K_1 = p^{\max}$，$K_2 = p^{\max} - p^{\min}$。则供给主体 Z_j 在博弈中的策略为：①供给主体与农户在明确林业社会化服务系统方案后，计算出最优收益时的资源利用率 μ^*；②对林业社会化服务的实际资源利用率 μ 进行评估；③制定林业社会化服务系统价格 p。当 $\mu < \mu^*$ 时降低 p，当 $\mu = \mu^*$ 时，p 不变，当 $\mu > \mu^*$ 时提高 p。

通过第一阶段农户与供给主体之间博弈求解：确定林业社会化服务系统价格 p，此阶段博弈是多元供给优化模型中关键部分，农户需求可以得到充分表达，系统通过响应农户需求，设计、选择和组建林业社会化多元供给系统，通过博弈，各供给主体发挥各自优势，农户可以选择自己需要的服务种类、服务数量和服务价格，从而真正满足农户需求。

6.3.3.2 第二阶段：供给主体间合作博弈的求解

第二阶段供给主体间通过合作博弈确定各服务模块的价格。具体过程是林业社会化服务的供给主体，通过讨价还价模型来求解最终交易价格。假定服务企业提供服务模块 F_i 的交易价格为 b_i，保本价格为 a_i，供给主体购入服务模块 F_i 的预算价格为 p_i，实际交易价格 p_i'，求解本质上是多个供给方对价值 $Value = p_i - a_i$ 进行分配，使用系数为 $\delta_i(p < \delta_i < 1)$。林业社会化服务系统为了

实现总收益 U^G 最大化，在第二阶段博弈中，林业企业根据供给主体在合作博弈中的情况设计分配方案 $SO1_i(S_{i1}, 1-S_{i1})$，在此，假定林业企业的收益占所有总收益的比重为 $S_{i1}(0 < S_{i1} < 1)$，则社会组织收益占总收益的比例为 $1-S_{i1}$，如果社会组织同意该价值分配方案，博弈就结束；反之博弈将继续，再由社会组织设计另一套分配价值方案 $SO2_i(S_{i2}, 1-S_{i2})$，在此方案中林业服务企业收益占所有总收益的比重为 $1-S_{i2}$，如果供给主体均同意该分配方案，则结束博弈；反之继续由林业企业在此制定一个分配价值方案 $SO3_i(S_i, 1-S_i)$，其中社会组织收益占所有总收益的比重为 $S_i(0 < S_i < 1)$，林业企业的收益占所有总收益的比重为 $1-S_i$，如果社会组织认可该分配方案，则博弈结束。由此可以计算出，第二阶段博弈的均衡解 $(1-\delta_i+\delta_i^2 S_i, \delta_i-\delta_i^2 S_i)$。

综上可得，林业企业的收益为：

$$Value_{F_i}=(p_i-a_i)\times(1-\delta_i+\delta_i^2 S_i)$$

社会组织的收益为：

$$Value_{Z_i}=(p_i-a_i)\times(\delta_i-\delta_i^2 S_i)$$

服务模块实际交易的价格为：

$$p_i'=a_i+Value_{F_i}$$

通过第二阶段供给主体之间博弈求解：确定各服务模块的价格。第二阶段的博弈是供给主体间的合作博弈，就是通过供给主体间的合作关系来共同创造和分配价值，让公共服务机构、龙头企业、合作经济组织、社会组织等充分参与，充分发挥各主体的优势，建立健全覆盖全程、综合配套、便捷高效的多元合作供给。

6.3.3.3　第三阶段：供给主体与农户间对抗博弈的求解

第三阶段供给主体与农户之间的对抗博弈主要是明确价格 p^{new}，即更新林业社会化服务系统价格。对抗博弈具体过程是，为了实现林业社会化服务资源的收益 U^Z 的最大化，供给主体通过调整林业社会化服务系统价格 p^{new} 和优化资源利用率 μ。具体过程可参照6.1节的求解过程。

供给主体 Z_j 在第三阶段可采取的博弈策略为：农户根据实际情况评价服务系统的满意度，供给主体评估林业社会化服务的实际资源利用率 μ。最后农户与供给主体之间再确定新的林业社会化服务系统价格 p^{new}。而当 $\mu < \mu^*$ 时，p^{new} 下降，当 $\mu > \mu^*$ 时，p^{new} 上升，当 $\mu = \mu^*$ 时，p^{new} 不变。

林业社会化服务系统动态化演变的基础和前提关键在于第三阶段的博弈求解，并以此建立林业社会化服务系统的更新演化机制。第三阶段农户与供给主体之间的博弈可能多次重复进行，当农户有新需求，就可以在之前的服务系统基础上进行更新，重新制定 n_1 类模块的林业社会化服务系统交易价格如下：

$$p^{new'} = p^{newq} - \sum_{i=1}^{n1} p_i^1$$

通过第三阶段博弈求解：当农户有了新的需求，供给主体与农户之间再次进行对抗博弈，从而得到新的价格 p^{new}，在林业社会化服务多元供给优化模型中，第三阶段博弈可多次进行，当农户有了新需求，都可以在前面基础上更新，从而真正及时有效地满足农户多样化需求。

6.4　林业社会化生产经营服务优化供给的实例分析

本节选取湖南省凤凰县铁皮石斛生产经营为例，进行多元供给优化模型的实例分析：湖南天香生态兰花有限公司在凤凰县千工坪镇木里村新建600亩“铁皮石斛”示范基地，采取“公司＋社会组织＋林业合作社”的合作模式，依靠林业科技进步，建设成为了凤凰县“铁皮石斛”重点产业示范园，实实在在帮助1 500名建档立卡农户脱贫致富。本节依据简化的铁皮石斛服务供给系统的设计与构建过程，重点按照基于农户需求的林业社会化服务供给优化模型进行应用分析。根据农户提出的需求，服务系统采取三阶段博弈的方法用以实现林业社会化服务供给系统的动态演化。本节所用数据来自于“铁皮石斛”示范基地相关资料。

6.4.1 服务供给系统响应

假设农户 E_1 向林业服务平台提出服务需求“想种植销售铁皮石斛，并且能够定制，可以回收”，希望获得长期服务，林业企业 Z_1 迅速响应，提出铁皮石斛生产服务系统方案与农户 E_1 沟通，二者间针对价格 p 进行对抗博弈。

铁皮石斛服务供给系统方案 $\overline{M}$ 包括7个服务模块，每个服务模块的相关参数如表6-3所示。假设 $c_i=1$，$\mu_i=\mu^*=2/3$。

表 6–3　基于农户需求的服务供给响应系统方案参数

社会化服务模块	$\overline{p}_i$（元）	μ_i	p_i^{max}（元）	p_i^{min}（元）	p_{i0}（元）
MS_1 信息服务	205	2/3	320	90	167
MS_2 技术支持	195	2/3	310	80	157
MS_3 生产服务	125	2/3	180	70	107
MS_4 加工服务	310	2/3	500	120	247
MS_5 辅助服务	390	2/3	560	220	333
MS_6 销售服务	385	2/3	450	320	363
MS_7 物流服务	480	2/3	600	360	440
总计	2 090	2/3	2 920	1 260	1 814

注：p_i^{max} 与 p_i^{min} 根据实地调研与访谈数据整理而成。

农户与供给主体的对抗博弈决策方案：供给主体与农户协商好铁皮石斛服务供给系统方案 $\overline{M}$ 后，通过实际评估铁皮石斛服务供给系统的资源利用率 μ_i。若 $\mu_i<2/3$，则如果铁皮石斛服务供给系统销售价格小于1 814元；若 $\mu_i>2/3$，则铁皮石斛服务供给系统销售价格大于1 814元；若 $\mu_i=2/3$ 则铁皮石斛服务供给系统的销售价格为1 814元。

假设 $\mu_i=2/3$，通过供给主体与农户的对抗博弈，从而确定好铁皮石斛服务供给系统销售 P 为1 814元，实际服务模块销售价格 $\langle p_1,p_2,p_3,p_4,p_5,p_6,p_7\rangle=\langle 167,157,107,247,333,363,440\rangle$ 则，农户与供给主体之间的第一阶段博弈结果：

$$X_1=\langle \overline{M},\langle p_1,p_2,p_3,p_4,p_5,p_6,p_7\rangle\rangle$$

$$\overline{M}=\{F_1,F_2,F_3,F_4,F_5,F_6,F_7\}$$

$$\langle p_1,p_2,p_3,p_4,p_5,p_6,p_7\rangle=\langle 167,157,107,247,333,363,440\rangle$$

供给主体通过与农户之间的博弈，了解农户对林业社会化服务的需求，完成铁皮石斛服务供给系统需求表的制定，完成第一阶段博弈。

6.4.2　服务供给系统设计与组建

根据农户需求表，供给主体整合林业服务平台资源，针对农户的个性化需求设计6个服务模块的技术参数与需求规格，并将铁皮石斛服务供给系统的任务清单列在林业社会化服务平台上。接着林业服务企业、政府、社会组织等供给主体从合作对象中选择六个服务模块，林业服务供给主体之间在这一阶段进行合作博弈，获得均衡。本书以林业企业与科研院所合作博弈为例，实例说明模型的动态博弈过程。

假定供给主体中的科研院(所) F_1 提供导向系统，其保本价为100元，而林业企业对该导向系统的最高承受价为167元。分配价值67元的交易利益就是科研院所与林业企业的合作博弈，整个系统将经过三次的讨价还价博弈。假设林业企业处于博弈优势地位，S 预期利润率为0.8，折扣率为0.9，可得出合作博弈关于分配比例的均衡解为 (0.748, 0.252)，即林业企业获得的收益为50.12元，科研院所获得的收益为16.88元，导向系统的林业企业零售价为150.12元。

供给主体之间通过合作博弈对铁皮石斛供给服务系统达成协议，制定铁皮石斛服务供给系统模块表(见表6-4)，完成第二阶段博弈。

6.4.3　服务供给系统更新

根据服务供给系统模块表，供给主体组建服务模块的服务和产品。其主要包括铁皮石斛生产和销售的方案，按照服务需求表的协议，供给主体将服务系统提供给农户 E_1。

假定农户 E_1 向林业服务平台提出服务新需求“增加铁皮石斛技术信息服务”，供给主体迅速做出响应，对农户服务新需求的可行性进行评估，深化与

表 6–4　基于农户需求的供给服务组建系统模块表

社会化服务模块	$\overline{p}_i$（元）	p_i（元）	S	δ	p_i'（元）
MS_1 信息服务	205	167	0.8	0.9	150
MS_2 技术支持	195	157	0.8	0.9	143
MS_3 生产服务	125	107	0.8	0.9	105
MS_4 加工服务	310	247	0.8	0.9	210
MS_5 辅助服务	390	333	0.8	0.9	274
MS_6 销售服务	385	363	0.8	0.9	296
MS_7 物流服务	480	440	0.8	0.9	354
总计	2 090	1 814	0.8	0.9	1 532

注：p_i^{max} 与 p_i^{min} 根据实地调研与访谈数据整理而成。

农户的沟通，制定服务系统新方案，在这一过程中农户与供给主体之间将针对更新价格 p^{new} 进行对抗博弈。

服务系统新方案为：铁皮石斛服务供给系统共有8个服务模块，其相关参数如表6-5所示。假设 $c_i = 1$，$\mu_i = \mu^* = 2/3$。

表 6–5　基于农户需求的供给服务更新系统方案参数

社会化服务模块	$\overline{p}_i$（元）	μ_i	p_i^{max}（元）	p_i^{min}（元）	p_i^{new}（元）
MS_1 信息服务	205	2/3	320	90	167
MS_2 技术支持	195	2/3	310	80	157
MS_3 生产服务	125	2/3	180	70	107
MS_4 加工服务	310	2/3	500	120	247
MS_5 辅助服务	390	2/3	560	220	333
MS_6 销售服务	385	2/3	450	320	363
MS_7 物流服务	480	2/3	600	360	440
MS_8 个性定制	190	2/3	280	100	160
总计	2 280	2/3	3 200	1 360	1 974

注：p_i^{max} 与 p_i^{min} 根据实地调研与访谈数据整理而成。

供给主体在对抗博弈中所采取的策略为：在和农户确定了 $\overline{M}^{new}$ 后，对铁皮石斛服务系统的实际资源利用率 μ_i 进行评估。如果 $\mu_i < 2/3$，则零售价在 1 974 元以下；若 $\mu_i > 2/3$，则零售价在 1 974 元以上；若 $\mu_i = 2/3$，则零售价取 1 974 元。

假设 $\mu_i = 2/3$，经过供给主体与农户的对抗博弈确定销售价格 p^{new} 为 1 974 元。则得到实际的服务模块零售价 $\langle p_1, p_2, p_3, p_4, p_5, p_6, p_7, p_8\rangle = \langle 167, 157, 107, 247, 333, 363, 440, 160\rangle$，因此，第三阶段博弈的结果为 $X_3 = \langle \overline{M}^{new}, p^{new}\langle p_1, p_2, p_3, p_4, p_5, p_6, p_7, p_8\rangle\rangle$，$\overline{M}^{new} = \{MS_1, MS_2, MS_3, MS_4, MS_5, MS_6, MS_7, MS_8\}$，$p^{new}\langle p_1, p_2, p_3, p_4, p_5, p_6, p_7, p_8\rangle = \langle 167, 157, 107, 247, 333, 363, 440, 160\rangle$ 供给主体与农户针对铁皮石斛服务供给系统达成协议，获得铁皮石斛服务供给系统新需求表，完成第三阶段博弈。

铁皮石斛生产经营服务供给系统的动态演化实例可以看出，基于农户需求的林业社会化服务多元供给优化模型运用过程为：第一阶段博弈是农户与供给主体之间，通过博弈协商确定服务供给系统服务的决策方案和价格，农户与供给主体之间是对抗博弈，博弈符合供求关系影响价格的原理；第二阶段博弈是供给主体之间为合作博弈，双方围绕服务模块售价展开博弈，合作博弈依赖于供给主体合作程度，符合多中心治理理论。服务系统的三阶段博弈较好地揭示了服务供给系统动态演化的价值创造与分配机制。第三阶段博弈，根据农户的新需求，确定销售价格服务供给系统新需求表，再一次经过供给主体与农户的对抗博弈完成第三阶段博弈。

6.5　本章小结

本章通过应用基于农户需求的林业社会化服务多元供给优化模型，研究得出以下结论：

农户与供给主体的第一阶段博弈，农户与供给主体协商制定林业社会化服务系统，农户提出林业社会化服务需求，供给主体积极响应，设计满足农户需求的林业社会化服务决策方案。供给主体之间的第二阶段博弈，这是一个多元供给主体合作博弈的过程，各供给主体间采用讨价还价来博弈求解，在合作博弈过程中，各个供给方将获得均衡的价值分配方案。合理的博弈策略会稳定供给主体之间的合作关系，增加林业社会化服务价值。第三阶段博弈也是农户与供给主体之间的对抗博弈，它是建立林业社会化服务系统动态演化的重要步骤。第三阶段博弈可多次进行，当农户有了新需求，都可以在前面基础上更新。

实际应用中林业社会化服务模块配置量的确定会更加复杂。不同层次的决策中，农户参与的方式是不相同的。首先，要识别好的各林业地区不同农户的差异化需求，对各林业地区的差异化需求做出供给的具体决策，建立有效的需求信息传递机制，来平衡林业社会化服务供需之间的差异；缩短服务供给的响应周期。其次，应该采取更多的制度创新来协调供需关系，如设置法规条例来减少事后的交易摩擦，挖掘各个供给主体之间刻意的隐藏信息，提高信息透明度和供给实施效率。再次，实际操作中应该评估林业社会化服务系统的实际应用情况，进行每类林业社会化服务模块的应用测量，建立起关于林业社会化服务系统的交易协议，从而获得更能满足农户需求的优质林业社会化服务。最后，公共服务机构可由直接投资，变为搭建林业服务合作平台，实现“购买服务—过程监督—绩效评价”的林业服务市场化模式，这样既能提高政府扶持政策的投资效率与服务输出能力，又能提高林业社会化服务质量与农户满意度，更能培育林业社会化服务生态系统。发展林业社会化服务多元供给就体现在林业社会化服务按照农户需求，实现“覆盖全程、综合配套、便捷高效”的原则、“社会化”的方式构建公共服务机构为依托、合作组织为基础、龙头企业为骨干、其他社会组织力量为补充、公益性服务和经营性服务相结合、专项服务和综合服务相协调的服务体系，形成不同社会力量各尽所能、林业生产各取所需的服务局面。

第7章　湖南林业社会化服务多元供给满意度与可行性测评

在第6章中，讨论了农户与供给主体之间的三阶段博弈，并构建了基于农户需求的湖南林业社会化服务多元供给模型。本章对农户进行问卷调查，运用SEM方法对湖南省林业社会化服务供给满意度进行实证分析，验证基于农户需求的林业社会化服务多元合作供给能否对服务满意度有提升和改善作用，并分析各影响因素对供给满意度的影响程度，通过调查数据测量分析基于农户需求的林业社会化服务多元供给的可行性。

7.1　数据来源

本书数据均来自国家林业局林业软科学课题“集体林权制度改革跟踪监测暨林业社会化服务体系建设专题研究(2015-R08-4)”，调查在2017年7~8月完成。采用分层抽样的方法，在湖南省范围内抽取了林业基础较好的慈利、茶陵、平江等3个县，再在每个县随机选取5个村，对农户进行问卷调查，共发放问卷150份，回收103份，有效率68.7%。在入村、入户调查中，笔者特意与陪同调查的样本县林业局、林业站工作人员及样本农户进行了访谈，深入了解林业社会化服务发展动态、农户林业生产经营情况，对研究样本有较具体、深刻的认识。调查问卷如附录所示，样本分布情况如表7-1所示。

表 7–1 有效问卷样本分布情况

变量名称	变量定义	人数	比率（%）
性别	女	35	34.0
	男	68	66.0
年龄	＜30岁	22	21.4
	30 ~ 45岁	53	51.5
	＞45岁	28	27.1
教育程度	小学及以下	28	27.1
	初中	36	35.0
	中专或高中	34	33，0
	大专或本科以上	5	4.9

7.2 供给满意度影响因素的理论假设

"满意度"是一种心理状态，是指客户的需求被满足后的愉悦感，是客户对产品或服务的事前期望与实际使用产品或服务后得到实际感受的相对关系。如果用数字来衡量这种心理状态，这个数字就叫做满意度了。对于湖南省林业社会化服务供给，现有文献很少对"供给满意度"这一概念进行具体的界定。因此本章综合理论上对"满意度"这一概念的界定以及前人对于社会化服务供给相关理论研究，提出如下界定：供给主体对农户提供林业社会化服务的供给满意度是指相应供给主体充分发挥其自身供给优势，为农户提供林业社会化服务所产生的供给效果和成绩。

本章综合多种角度的相关满意度评价标准，并鉴于湖南省社会化服务供给的具体情况，提出由农民满意度、农户获得的服务效率、社会公平、影响这四个方面来构建湖南省林业社会化服务供给满意度评价体系。

而供给主体对农户提供林业社会化服务，是指在政府发挥主导作用的前提下，政府、市场和社会这三个供给主体共同对农户进行有效供给。所以本章将从供给目标、运行机制、合作关系和供给环境这四个方面说明供给主体对农户的社会化服务供给的影响，认为这几个方面是影响有效供给的主要因素。因此，在模型建立之前，首先讨论这四个主要因素对供给满意度产生的影响。

⑴ 供给目标包括目标明确性和目标一致性。供给目标是多元供给主体在供给时所确立的行动目标和努力方向，使不同供给主体在对农户供给社会化服务过程中能清晰知道自己的职责和角色，避免盲目供给。因为提供主体是由政府、市场和社会共同组成的，每一方都有其不同的提供领域。因此必须保证三方的目标是一致的，不至于互相矛盾，对提供服务过程中起消极作用。因此，本节假设供给目标与林业社会化服务供给满意度之间存在正相关关系。

⑵ 运行机制包括服务系统响应、服务系统设计、服务系统选择、服务系统组建和服务系统更新。运行机制在合作供给过程中起到一个调节作用，对各供给主体的供给行为进行有效的调节，保证了供给的顺利运行，遏制了交易中的机会主义行为，促进供给主体的积极合作和利益整合。因此，本节假设运行机制与林业社会化服务供给满意度之间存在正相关关系。

⑶ 合作关系包括信任、沟通与协同。合作关系是供给主体在沟通交流与协调解决问题时产生的信任感，从而加深合作。为此，各主体能掌握农户需求的信息，比如农户所需要的林业社会化服务种类。然后充分发挥不同主体各自的优势对农户进行有效供给，以此改善供给满意度。因此，本节假设合作关系与林业社会化服务供给满意度之间存在正相关关系。

⑷ 供给环境包括政策与支持和公共支持。供给环境是林业社会化服务供给所处的宏观环境。林业社会化服务供给主体的有效合作必然会受到国家相关的政策与制度的影响。积极的政策与制度环境一方面可以刺激各主体进行合作，另一方面可以提供相关的制度与法律保障。因此，本节假设供给环境与林业社会化服务供给满意度之间存在正相关关系。

7.3 评价指标体系的确定

前文在理论上论证了不同因素对供给主体的社会化服务的供给满意度的影响，并作出相应假设。在对上述的假设建立模型进行分析验证之前，需要设置能够进行实际测量并具有代表性的测量指标，然后实地调查，为 SEM 模型的建立提供数据基础。社会化服务供给满意度评价指标如表 7-2 所示，供给主体的社会化服务供给影响因素评价指标体系如表 7-3 所示。

表 7–2 林业社会化服务多元供给满意度评价指标及统计描述

变量名称	代码	均值	标准差
（1）农户满意度			
农户对服务的满意度	Y21	2.88	1.213
农户对服务的需求程度	Y22	3.12	1.412
农户的抱怨与投诉减少程度	Y23	2.97	1.211
（2）农户获得的服务效率			
农户人均收入增长率	Y24	3.34	1.123
农户成本费用降低程度	Y25	3.55	1.186
农户劳动生产率	Y26	3.29	1.217
（3）社会公平			
服务分配的公平程度	Y27	3.12	1.231
农户参与程度	Y28	3.09	1.001
多元供给主体对矛盾的协调程度	Y29	3.01	1.212
多元供给主体责任的实现程度	Y30	2..88	1.217
（4）影响			
可持续发展程度	Y31	2.7	1.201
对社会、政治、经济等的影响程度	Y32	2.89	1.003

表 7–3 林业社会化服务多元供给满意度影响因素评价指标及统计描述

变量名称	代码	均值	标准差
（1）供给目标			
目标明确性	X36	3	1.223
目标一致性	X37	3	1.223
（2）运行机制			
服务系统响应	X38	2.88	1.247
服务系统设计	X39	2.87	1.283
服务系统选择	X40	2.91	1.186
服务系统组建	X41	3.01	1.231
服务系统更新	X42	3.22	1.123
（3）合作关系			
信任	X43	3.03	1.021
沟通	X44	2.87	1.002
协同	X45	2.99	1.212
（4）供给环境			
政策与制度	X46	2.47	1.237
农户支持	X47	3.41	1.211

7.4 结构方程模型的建立

7.4.1 结构方程模型的理论基础

结构方程模型（structure equation modeling，SEM）是建立在回归模型的基础上的一种统计方法，因此 SEM 本质上是广义的一般线性模型。但是不同于一般的线性模型回归模型的是，SEM 可以同时建立多组回归方程，而且这些回归方程也与一般的回归分析迥然不同。因此，SEM 也比一般的回归分析模型更为多元化。鉴于本章中的研究目标 SEM 原理及其研究方法有相当的契合性，因此，本章应用 SEM 进行实证研究。

SEM有许多应用软件，如LISREL(linear Structure relations)、AMOS(analysis of moment structure)等等。本书选择应用 AMOS 及 SPSS 对样本调查数据建立模型进行分析。

与一般的模型建立方法进行比较，SEM 主要有以下优点。

(1) SEM 的自变量中是可以存在测量误差的。SEM 可以同时处理多个变量，对于那些不能被直接测量、需要借助观测变量进行测量的变量被称为潜在变量。在本章模型中，有12个自变量，并且这些自变量都是潜变量，是不可观测的。SEM 会在模型拟合过程中将误差考虑进模型中，SEM 会在模型拟合过程中考虑所有变量的信息，使得模型具有较好的拟合优度，以此很大程度上提升了模型的有效性。

(2) SEM 允许更具弹性的模型设定。SEM 是基于变量的协方差矩阵来分析变量之间的关系。在传统的模型建立时，有许多对于模型的限制，而 SEM 的限制相对较少，SEM 不但能够分析从属于多个因子的单一指标，还能够建立多阶的因子分析模型。在本章模型中，有4个一级自变量，分别是供给目标、运行机制、合作关系和供给环境，这些变量又包括其他二级自变量，通过建 SEM 模型来分析这些一级自变量与农户满意等因变量之间的路径关系，从而达到较好的拟合优度。

7.4.2 数据的信度和效度检验

在对调查问卷数据进行统计分析前，首先需要对问卷总体进行信度与效度检验。一般来讲，在探索性研究中，Cron-bach α 系数在0.6以上，被认为可行度较高。本章利用 SPSS 23.0分别对问卷中的观察变量进行信度分析。主要采用 Cron-bach α 系数和 CITC 指数来衡量各观测变量的信度。量表总体的 Cron-bach α 系数为0.793，因此该量表具有较高的信度。变量删除项后的标度方差非常大，而且删除项后的Cron-bach α数明显小于总体的Cron-bach α系数，说明如果剔除变量会使得该量表的总体信度降低。因此本节模型所提出的变量都是不可或缺的。由 CITC 指数可知，该量表具有较高的信度。

做完信度分析后应该再进行一次效度分析。本次问卷数据的 KMO 值为 0.839，并且通过了显著性水平为0.05的巴特利球形检验，因此本次调查所采用的量表是具有效度的。

7.5　结构方程模型结论分析

本节应用AMOS软件对构建的模型进行分析，以检验7.2节中提出的假设，并探索通过供给主体社会化服务供给改善供给满意度的具体路径。由 AMOS 软件得到的 SEM 拟合指数如表 7-4 所示。

表 7–4　结构模型拟合指数

拟合指数	x^2/df	GFI	CFI	NFI	RMR	RMSEA
计算结果	1.768	0.802	0.86	0.812	0.068	0.067
判断标准	＜2	＞0.90	＞0.90	＞0.90	＜0.08	＜0.08

由表 7-4 可知，6 个常数的计算结果都符合判断标准，因此得到如下判断：SEM 的各个拟合指数能通过检验，即本章所构建的 SEM 与样本数据拟合良好，因此可以进行下一步的假设验证。

经过验证，得到模型假设检验结果如表 7-5 所示，并将潜在变量的关系描述为图 7-1 所示的影响模型，即最终的结构模型路径图。

表 7–5　模型假设检验结果

影响因素	系数	*P* 值	结果
供给目标	0.426	＜0.05	支持
运行机制	0.721	＜0.05	支持
合作关系	0.682	＜0.05	支持
供给环境	0.402	＜0.05	支持

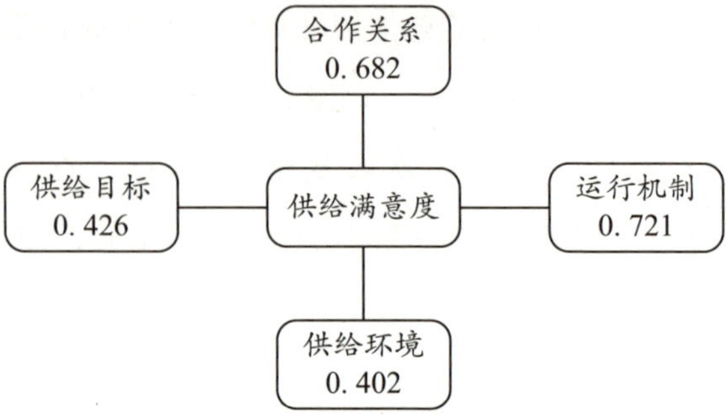

图 7–1　结构模型路径图

由图7-1和表7-5可知，四个路径系数都通过了 P 为0.05水平上的显著性检验，即本书提出的四个因素都对供给满意度具有显著的正向影响，且其影响程度都不同。因此，7.2节中提出的四个假设均成立。

因此，可以得到如下两方面的结论。

(1)多元合作供给对农户满意度的提高有显著正向影响。四个因素都和林业社会化服务供给满意度之间存在正相关关系。一，运行机制与供给满意度之间的路径系数为0.721，说明运行机制对供给满意度的影响很大。有效的运行机制可以对政府、企业和社会这三个供给主体的供给行为进行有效的调节，使得各主体发挥各自的优势，为农户供给有效的林业社会化服务，从而对供给满意度的改善有显著影响；二，合作关系与供给满意度之间的路径系数为0.682，说明合作关系对供给满意度的影响很大。政府、企业和社会这三个供给主体之间的合作是一种社会化行为，是不能够通过一些合同条款来进行具体约束的。所以其共同解决问题的态度、互利的想法以及进行信息交流的行为需要靠供给过程中良好的合作关系来促进。所以，良好合作关系对供给满意度的改善有显著影响；三，供给目标与供给满意度之间的路径系数为0.426，说明供给目标对供给满意度的影响较大。明确的供给目标为政府、企业和社会这三个供给主体树立了共同的目标，有了一致的努力方向，使得在对农户供给林业社会化服务过程中避免了盲目供给。所以，一个共同认可的目标对供给满意度的改善也有显著影响；四，供给环境与供给满意度之间的路径系数为0.402，说明供给环境对供给满意度的影响较大。供给环境是指供给过程中所处的宏观外部环境。包括政策环境、制度环境、监督环境以及农户支持环境等。良好的林业社会化服务供给环境为政府、企业和社会这三个供给主体提供了政策支持与制度保障，对供给满意度的改善有显著影响。

(2) 基于农户需求的林业社会化服务多元供给具有可行性。首先，农户需求程度的加强催生林业社会化服务多元供给体系的发展。农户对林业社会化服务日益增长的需求源于林业发展和农户增收的需要。林业社会化服务能够在很大的程度上降低经营成本，提高农户的收益水平，这就决定了农户的生产经营对林业社会化服务有着较强的依赖性。完善林业科技推广服务，不仅可以通过林业科技手段解决劳动力不足的问题，还能通过优质服务将生产、加工、销售各个环节连接起来，为农户搭建互助合作平台，增加农户收入。建立林业社会化服务多元供给应以满足农户需求为根本出发点，服务的内容要与农户需求相吻合，在深入了解农户需求的基础上开展服务；同时，要不断完善农户的需求表达机制，使社会各界能够了解农户林业生产中的实际需求，从而使林业社会化服务能真正落实到农户的生产生活中去，确保农户能够从林业社会化服务中获益。其次，农户需求与供给满意度的对接强化了林业社会服务多元供给。供给主体的多元性和多样性得到深度发展，促使林业社会化服务实现有效合作，进一步满足农户多样化的需求。多元供给主体对农户的差异性诉求予以满足，多元协同互动的供给主体要通过对农户需求的服务设计机制、服务选择机制、服务实现机制、服务更新机制，“因地制宜”地识别林业地区对林业社会化服务的差异性需求。选择最优供给主体，对不同程度上的农户林业要求采取不同的应对措施；针对农户的差异性需求，科学地确定好供给主体、数量以及方式等。

本书提出的运行机制、合作关系、供给目标、供给环境对林业社会化服务供给满意度都有不同程度的正向影响，并对林业社会化服务供给满意度有积极作用，也可以为供给满意度的改善提供有效可行的具体路径。

7.6 本章小结

本章通过对农户的问卷调查，运用 SEM 方法对湖南省林业社会化服务供给满意度进行实证分析，得到了不同影响因素对社会化服务供给满意度的影响作用与具体的作用机理，验证基于农户需求的林业社会化服务的多元合作供给对服务满意度有提升和改善作用，且各影响因素对供给满意度的影响程度不同。通过研究得到以下结论。

(1) 供给目标和林业社会化服务供给满意度之间存在正相关关系在改善供给满意度的过程中，根据农户的不同需求情况，树立明确供给目标，这是提高供给满意度行之有效的方法。

(2) 在保证基于农户需求的前提下，协调服务供给主体与农户实际需求间的矛盾，重视运行机制的建立。运行机制包括服务响应机制、服务设计机制、服务选择机制、服务组建和服务更新机制等，这是改善湖南省林业社会化服务供给满意度的较好运行机制。

(3) 应当重视建立公共服务机构、合作经济组织与龙头企业、社会组织主体之间的和谐合作关系，消除供给主体各成员的矛盾，相互信任依赖，发挥各自的供给优势，来满足农户多方面多层次的社会化服务需求。充分运用市场化手段，扩大社会分工，吸收社会与市场化资本广泛参与，促进服务水平和服务效率的提高。明确各服务主体的角色功能定位，合理分工协作，达到资源要素优化配置目的，充分发挥合作经济组织和龙头企业的服务功能，不断增强科研教育单位在技术创新与推广等方面的服务功能。

(4) 为公共服务机构、合作经济组织与龙头企业、社会组织这三个主体创造良好的供给环境，剔除不合理的阻碍因素，对供给主体进行政策支持与制度保障，这也是改善供给满意度起着的非常重要的作用。

(5) 基于农户需求的林业社会化服务多元供给具有可行性，农户需求与供给满意度的对接强化了林业社会服务多元供给。供给主体的多元性和多样性得到深度发展，促使林业社会化服务实现有效合作，进一步满足农户多样化的需求，也可以为供给满意度的改善提供有效可行的具体路径。

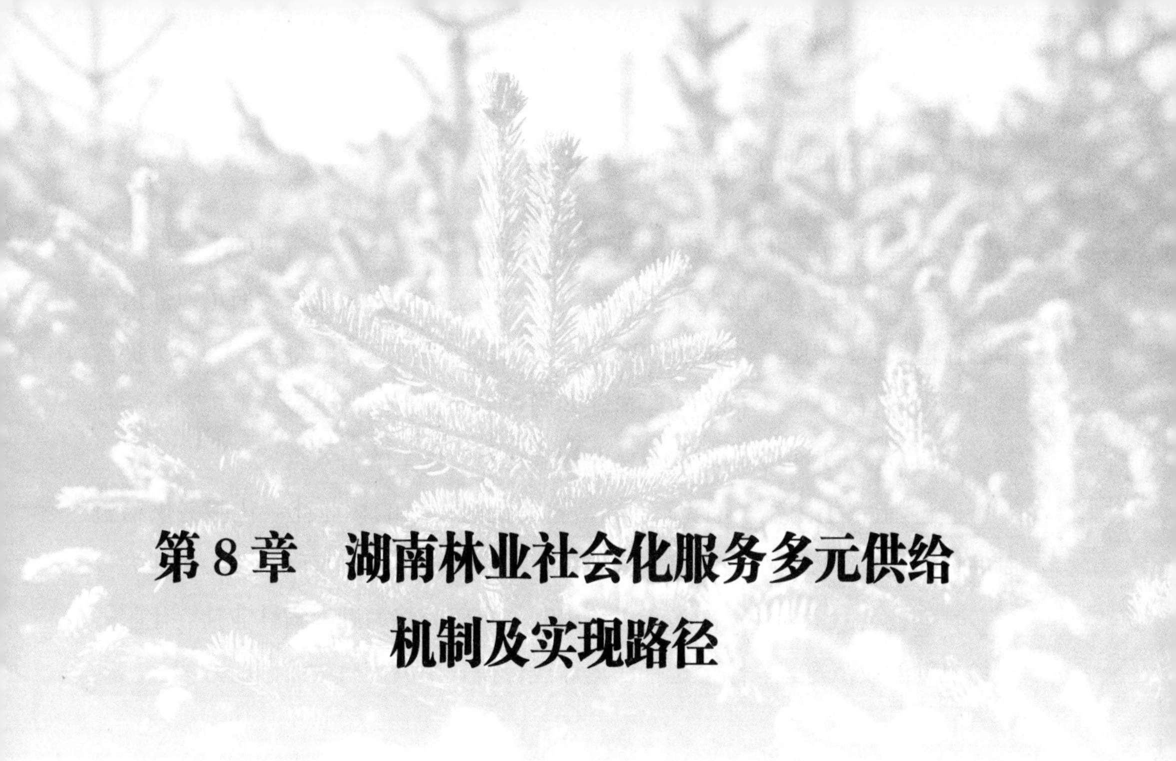

第 8 章　湖南林业社会化服务多元供给机制及实现路径

建设一种良好的林业社会化服务供给机制，它能够为有效地提供林业社会化服务带来便捷。本书主要分析了湖南省林业的现状，不同地区的林业有不同的特征和需求，想要建立一种良好的机制，就要先了解具体地区的林业经济社会发展规律和发展阶段，再制定适合此地的林业社会化服务供给机制。

多中心治理理论为湖南林业社会化服务供给机制的创新提供了新思路。多中心模式主张的是多个主体共同完成林业服务的工作，这极大地支持了湖南林业化服务制度的发展。多中心模式的基础理论主张：不仅要发挥政府在林业服务中的影响，还要让市场和公民以及第三部门也走进林业服务，共同参与到林业服务体系中。目前，我国农户对林业社会化服务的需求日益增长且不断多样化。为了实现逐渐增加的林业社会化多样性要求，单单依靠政府提供的支持远远不够。所以，在湖南林业社会化服务体系的创新发展过程中，政府应该充分利用自身优势，借助强大的影响力，鼓励带动社会群众、市场以及第三方部门共同参与林业社会化服务，形成完整的全套林业社会服务系统。进而使公司、政府以及第三方部门都能最大效率地发挥自身功效；诚然，在创新发展湖南的林业社会化服务供给机制改革中，应该树立正确的观念，政府不能总揽全局，还要赋予市场和公民以及第三部门活力，并加大与其合作力度，从而营造良好的环境，制定相应的对策引其进入。再者，政府这双看得见的手也要改变原有的垄断局面，适当的将某些权力下放给第三部门。最后，政府可以通过多中心管理架构，构建一个能够使各级主体相互协调与交流的平台，为其维护自身利益做出有效保障。同时也要搭建网络平台，利用网络手段统筹规划公共利益，参与合作，最终实现政府对林业社会化服务体系的有效管控。

通过前面的论述，可以了解湖南省所谓的良好的林业社会化服务供给机制的具体要求：以公共服务机构为依托、合作经济组织为基础、龙头企业为骨干、其他社会力量为补充的多元供给机制。本研究将为湖南省林业社会化服务供给机制的改革方式、路径选择和具体运行模式提供了有效的创新方案。

8.1 林业社会化服务供给体系建设的国际经验借鉴

8.1.1 发达国家林业社会化服务供给体系的现状与特征

8.1.1.1 美国林业社会化服务供给体系

美国的林业无论在本国国民经济还是在全球经济中都具有极其重要的影响。从经营和组织角度来看，美国林业的高度现代化与其拥有发达的社会化服务体系是密不可分的。

美国的现代林业社会化服务供给体系主要是以大学为依托建立起来的，林业社会化服务供给体系主要包括了三大子系统，即政府公共服务系统、合作社服务系统及私人服务系统。政府服务系统主要由林业部农林研究局、农林推广局、农林科研中心、联邦农技推广局及州、县农技推广机构，各州赠地大学（Land-grant-colleges）农学院及其附属的农林实验站与合作推广站共同组成，主要任务是在政府财政的支持下，负责组织农林教育、科研与推广，为农林业提供最基本的服务。美国政府很少直接干预林业生产事务，只是通过教育—技术—推广体系为林业发展提供相关服务，如建设基础设施、创造产品流通条件等等。其中最为突出的特点就是组织和完善了以州立农学院为中心，与农林试验站、农林推广站紧密结合的“农林教育、科研和推广体系”。该体系的特点是，农林院校的教授必须同时兼顾教学、科研和推广三项任务，使三者之间彼此促进，共同提高。一方面，教授将最新的科研成果传授给学生和生产者，保证了生产技术的先进性，在深入生产实践的同时，又可以发现其中存在的问题，有的可能成为新的研究课题，从而保证了研究的实用性；另一方面，通过各州的农学院广泛开展针对农林生产者和农村居民的教育和培训，从而大大提高了他们的科学文化水平(宣杏云，等，1993)。这一体系也成了许多国家效仿的对象。

美国的林业合作社服务系统林场主根据生产经营需要而形成各种合作社组织，为林业生产提供购买、销售、信贷、技术、灌溉、运输、仓储、电力、电话等服务。美国的林业合作社几乎全部是服务性质的，这主要是由美国生产效率极高、专业化程度极高决定的。其中，林场主合作社在美国具有重要位置，主要是家庭林场主为抵御厂商压低林产品收购价格、维护自身利益而成立的。林场主合作社具体又可以分为四种类型：生产合作社（Production Cooperatives）、销售合作社（Marketing Cooperatives）、购买合作社（Purchasing Cooperatives）和服务合作社（Service Cooperatives），但同时还普遍存在着集多种功能于一身的混合型合作社（Hybrid Cooperatives），这些合作社与赠地大学及农林实验站联系紧密，以从中得到相应的技术支持。另外，合作农林信贷体系是美国林业部门合作社的又一重要组成部分。合作农林信贷体系包括联邦土地银行、联邦中期信贷银行和合作社银行，主要是为农场主和林场主提供廉价信贷服务(王洋，2010)。如果林场主向私人商业银行贷款，在利率、还款条件等方面都比较苛刻，而农林合作信贷体系则可以以较宽松的条件为林场主提供贷款，以弥补资金来源的不足。

私人农林服务系统主要由各种从事农林业生产、加工及运销的私营企业组成，为农户提供全面系统的购销、加工以及产中服务，甚至还提供教育、科技推广方面的服务；一般通过与农民签订合同的形式将服务送到农民手中，从中赚取利润。私人服务系统分别通过农用物资供应商与农场主结合实现后向一体化，通过加工、销售企业与农场主的结合实现前向一体化。值得注意的是，为农户提供服务的私人公司，不仅在农林生产的组织、协调中发挥着重要的作用，而且及时客观地反映市场运行状况，成为调节农林产品结构和组织生产的“指示器”（孙明，2002）。美国农林产业的私人服务系统在客观上适应了生产力发展的要求，因此对推动美国产业结构升级、经营管理方式变革，促进农村经济发展等方面都起了重大作用。

美国林业社会化服务有较为高效的供给服务形式，它的服务的组织形式主要有三种，即“公司 + 林场”、“公司 + 农户”以及合作供销等（胡家浩，2008）。“公司 + 林场”主要是以林产品加工销售为核心，由国有或私营大公司进行经营，林场为公司提供稳定可靠的林产品来源，公司与林场之间具有产权利益关系。“公司 + 农户”形式是涉农的工商业大公司与农户通过购销合同形成的相互依赖关系，通过合约建立互惠互利的商业关系，例如饲料公司与畜禽饲养农户联合，林场主与林产品加工公司联合等。其主要合同形式包括农林产品销售合同、购买生产资料合同、购买生产资料和销售产品合同等。在这种制度下，合同是规定双方之间权责利的重要方式。与“公司 + 农场”不同的是，“公司 + 农户”形式中公司与农户之间不存在产权利益关系。合作供销主要是由专业农协、一般农协或综合农协为农户提供多种一体化服务。其中，专业农协一般只经营采购和销售，而不经营信用业务；一般农协的业务对象范围相对较宽泛，但同样不经营信用业务；综合农协业务对象最广，经营范围既包括购销、农产品加工等，也包括信用业务、互济保险、医疗卫生等。

8.1.1.2 德国的林业社会化服务供给体系

德国林业非常发达，机械化程度很高，林业生产效率也非常高。这主要得益于德国完善的社会化服务体系，以及德国政府在政策引导、财政支持、土地规划、农民职业培训和林业产业链升级上的长期努力。

德国林业社会化服务供给体系以政府为主导。德国政府非常重视林业与农村社会的发展，在各州设有专门的管理部门对林业进行直接干预，从而使得德国的林业社会化服务供给体系形成了以部门为主导、垂直管理的特点，各社会化服务机构接受政府部门的领导与管理，承担着组织与实施相应级别的林业技术研究、农民职业培训及林业科技推广等功能。德国林业社会化服务供给体系主要由林业行政机构领导和管理，在各州设有农林部，并在县一级设有专门的农林办公室。农林部主要由两大类部门构成，一类是包括农、林、渔、土地、规划在内的综合管理部门，其职责主要是提供公共服务，并贯彻落实政府出台的各项林业政策与法规；另一类是包括农林科研、技术咨询与培训在内的服务部门，其职责主要是为农民提供农林技术指导和信息咨询服务，并对基层农林技术人员、管理人员、林业干部等进行职业培训。

德国林业社会化服务供给组织广泛建立农林协会和农林专业联合会。德国有效的林业社会化服务组织除政府农林部门以外，还包括农林协会和农林专业联合会。德国的农林协会是独立于农林部门的非政府组织，按照“自我帮助、自我负责、自我管理”的原则建立，维护和代表农民和农林企业的利益，同时接受各级政府的部分资助。其主要职责是对农民和企业的生产销售活动进行协调，深入了解农民需求，将信息反馈给政府并提出各种建议，以促进政策法规的合理制定与实施，对会员提供免费服务，对非会员的咨询提供收费服务。农林专业联合会是按照司法程序建立起来的，虽然不属于政府部门，却与国家机关合作广泛，并承担着农林管理方面的一些职能，在生产、销售、交流和考察方面发挥着重要作用。德国农林中央联合会是其最高机构，下设有农民联合会、农民合作社和信贷互助联合会、农(林)场主协会、农林协会4个联合会。另外，德国作为合作组织的发源地，农林专业合作社发展态势良好，并形成了独具特色的多层级、网络型、分权式的农村信用合作服务体系，有效地解决了农林生产资金积累不足的问题(胡家浩，2008)。德国的信用合作服务体系主要由三级组织构成：处于最高层的是德国中央合作银行，下属区域性合作银行和基层合作银行都是其股东；处于中间层的是区域性合作银行和银行业务中心，负责平衡资金流动；处于最底层的是基层合作银行及商品供销合作社，直接面向农民提供服务。与此相类似，农民以自愿、民主的方式自下而上也建立了3

个层次的合作社，即基层合作社、区域合作社联盟和全国性合作社。基层合作社专业性很强，旨在为农民专业化生产提供专项服务。通常情况下德国农民会同时加入多个合作社，以确保获得多项服务。而区域性的合作社联盟则具有综合性的特征，它不开展具体的经营业务，而主要负责协调农民与合作社及合作社之间的关系，为合作社成员提供教育培训，提供低息贷款担保和市场信息咨询服务。在德国农林社会化服务体系建设过程中，德国政府通过立法为合作社发展创造了良好的社会经济环境，同时还出台了一系列的优惠政策保障其健康发展。

8.1.1.3 法国的林业社会化服务供给体系

法国的林业社会化服务高度发达，与其他发达国家相比，法国林业社会化服务供给体系最大的特点是形成了由政府公共服务机构、集体与合作社和私人企业等组成的公私合作型的服务体系。

法国在林业公共服务体系方面强调政府的涉林部门及其下属单位都必须全面地参与到林业社会化服务中去，从而建立起了强大的林业公共服务体系。

在林业公共服务提供方面，法国的政府部门对林业的投入与服务力度非常大，尤其在林业科研、教育与技术推广等工作中扮演了重要角色。法国的政府林业公共服务机构主要以农林部为代表，主要任务是负责林业基础设施建设、林业政策制定、服务协调、林业教育、林业技术传播与推广、质量监管、森林资源管理与农村社会福利等。法国农林部涉及的林业服务内容更广泛一些，除了农林信贷、科研和推广体系建设之外，还主要包括林业生产资料供应、林产品收购、加工和销售等服务。

与其他发达国家相比，法国林业公共服务的一大特点是法国政府直接干预林业生产资料的生产，原因是林业生产资料的生产是资本密集型工业，既需要大量的能源和设备，又要拥有一定规模的高精生产技术。为了减少其他各国林业生产资料对法国的影响，控制市场价格，政府规定，在法国市场销售林业机械，必须持有农林部颁发的特许证，否则一律予以取缔(朱樊生，等，1995)。

法国的林业信息服务颇具特色，其信息服务机构由国家、大区和省三级涉林部门组成。林业信息服务主体包括国家林业部门、林业商会、各级各类农林科研教学单位以及各种林业行业组织和专业技术协会、民间信息媒体和各种林产品生产合作社以及互助社，形成了政府、民间、大学等多元化、全方位的信息服务格局(罗剑丽，2004)。法国林业信息服务方式也多种多样，针对不同的群体有不同的宣传方式，如直接面向社会进行宣传、针对合作组织成员进行宣传、直接对农户进行宣传，此外，还有教育与职业培训相结合的宣传、在生产经营中进行宣传等方式。

法国的林业社会化服务拥有庞大的集体服务系统。法国的集体林业服务体系由林业供销合作社、服务合作社以及联社、林业行会、相关协会等组成。目前林业合作社在法国十分普遍而且数量众多，已成为法国林业社会化服务的主体。按照不同的服务功能，大体可分为生产资料供应合作社、购销合作社、服务合作社、信用合作社和林业保险合作社五类。按照合作社的组建模式，又可将其分为基层合作社和合作社联盟。基层合作社又称为一级合作社，主要是由农民直接组建以解决生产过程中遇到的问题。合作社联盟又称为二级合作社，旨在增进基层合作社间的交流与合作，促进资源集中，延长产业链条，专门从事加工、贮藏和销售等产后服务。法国林业合作社提供服务的内容主要包括：生产资料采购与供应，产中技术指导，产品质量检测，林业机械使用，林产品贮藏、加工、运输和销售，信息传播与咨询和林业科研等。法国为了支持合作社的发展，在财政税收等方面对合作社采取了强有力的优惠支持政策。

私人工商业是法国林业社会化服务的另一重要主体，主要是针对林业产供销一体化的经营需求而发展起来的。根据私人工商业服务的范围，可分为一体化林业企业和专项化林业企业两种。一体化林业企业是指把产、供、加、销服务统一纳入到企业经营体制内的林业生产综合体，服务对象本身被包含在一体化运营之中，从而形成一个有机整体；而专项化林业企业是指仅为生产的某一个或某几个环节提供服务的林业生产单位，它们与服务对象不存在整体性联系，只是通过与家庭林场签订合同关系，将私人企业和林场主联系起来。专项化林业企业一方面为农民提供诸如林业生产资料供应和技术指导等服务，另一方面按照合同中有关服务内容、价格、数量和交货日期的规定，从农民手中收购林产品。这种私人工商业通过市场化的手段将个体林农纳入产供销纵向联合轨道，从而有效地解决了林业生产资料供应和产品销售困难等问题。法国的私人工商业与合作社在林产品收购、加工和销售等业务方面实力相当，在其他方面，私人工商业同国营企业平分秋色，尤其在水果、木竹制品、林业生产资料、林用机械的生产与供应等领域，业务数量均高于合作社(朱樊生，等，1995)。

8.1.1.4 日本的林业社会化服务供给体系

日本的林业社会化服务供给体系主要形成于二战后，该体系的主要特征是提供服务的主体是政府和林业协同组织(林协)。

目前由政府组建的相关林业职能部门(包括林业技术推广、林业科研教育、林业信息服务等部门)提供的林业公共服务，主要包括林区道路建设，造林规划设计，森林病虫害防治，木材干燥、储存与销售，林用设备购置等，这些项目的投入主要是来源于中央及地方政府的财政补贴。另外，一些林协自己购置的大型林业机械也可以申请政府的补贴。

日本林协是通过自下而上的方式，按町(村)、都(道、府或县)和中央3个层次逐级建立起来的，并在农村基层设立了相应的林协主管机构(王浩，1999)。日本林协是目前日本规模最大、影响最广、群众基础最牢的林业综合性合作组织，日本全国有90%以上的林农都加入了林协组织。日本林协通过自身机构与农户建立起各种形式的联系，已发展成为林业社会化服务供给体系的重要载体，服务涵盖了产前、产中、产后的各个方面。

一是提供产前的林业生产资料供应服务。林协代表农户与林业生产资料供应商进行价格谈判，并对林业生产资料的质量进行检测，不仅可以确保农户以低价买到所需的生产资料，还能保证其质量；二是提供林业技术指导与推广服务。针对林业生产过程中遇到的品种、栽培和饲养等问题，开展林业生产技术指导、交流和培训。三是提供加工、销售与流通服务。林协可以有效地集中分散的林产品，有计划地成批量上市，以解决分散林农由于生产规模小和产品数量不多所导致的零星销售困难等问题，提高农户在林产品市场竞争中的地位，免受中间渠道的利益盘剥。四是提供基建和林机具服务。为了加快提升林业现代化步伐，日本林协为农民设置了个人无力购买的大型机械设备和生产设施，包括大型拖拉机、运输车辆、粮食加工、木材加工等设施，这些机器设备对外出租时，向农户收取租赁费，既帮助农户解决了购买大型设备的困难，又提高了林业机械的利用率。另外，林协还开办了林业机械服务站、林业机械修理站等为林农提供服务，同时还有相关技术人员对林业机械进行维护和保养，解决了农户购买林业机具的后顾之忧。五是提供金融与森林保险服务。日本林协拥有信用机构，可吸收大量的流动资金。林协筹集资金的途径主要有3个方面：一是吸收农户的储蓄存款；二是通过"农林中金"发行"农林债券"，从其他金融机构借款等途径吸收社会资金；三是政府的财政补贴(沈军，2007)。除了资金信贷之外，林协为农户提供的森林保险服务也非常健全和完善。林业保险范围包括森林火灾和森林病虫害等。这样，在自然灾害频发的日本，农户的林业生产就有了根本保障，大大提高了农户进行林业生产的积极性。除了上述服务之外，日本林协还为农户提供林业信息、林业技术指导等生产必备服务，从各个方面保证了林农生产经营的正常运行。日本农林中金综合研究所主任研究员阮蔚认为，日本林协在帮助林农解决小生产面对大市场的难题时发挥了巨大作用，主要原因在于林协系统囊括了各种林业服务业务，业务互补发挥了"乘数效应"。

8.1.1.5　韩国的林业社会化服务供给体系

韩国政府高度重视林业发展，采取各种措施发展林业社会化服务。韩国的林业社会化服务供给体系采取政府出资、三级机构提供劳务、林农受益的有效机制，政府作为投资主体有效保障林业服务高质高效的发展(王洋，2010)。韩国的林业社会化服务具有以下特征。

第一，韩国林协组织的社会化服务范围广泛。韩国林协与日本林协虽然都是全国性综合服务组织，但在组建方式上有所不同，韩国林协是在政府主导经济发展的条件下，以自上而下的强制性方式推行的。政府在财政上对林协给予强有力的资金支持，并借助林协组织来推行政府的各项政策与计划。韩国林协在成立之初，主要有村级林协、市郡林协和中央林协三级，随着城市化与工业化的不断发展，为适应环境变化需要，其组织结构逐渐由三级转变为基层林协和中央林协二级结构，促进了其规模的扩大和便于集中管理。到2006年，韩国的各类合作社已达到1 223个，社员人数达240万(池成泰，2009)。

第二，韩国林协的服务范围十分广泛，在林业生产资料供销，林产品加工、流通、销售，金融、保险等领域均有涉足；具体服务内容主要包括：一是提供林业生产资料供销服务。林协及时为社员提供种苗、饲料、农药、肥料等生产资料和生活用品，出售价格一般低于市场价格，保证了林农的生产低成本，同时，由农会帮助收购与销售。二是提供农村金融及森林保险服务。为解决农户生产过程中资金短缺及经营风险等问题，韩国农协为农户提供信贷服务，如针对生产资料生产与经营及林业机械设备的购买，林协为农户提供长期低息贷款。同时，林协还积极推行森林病虫害和防火保险。三是提供市场信息服务。在政府的高度重视下，韩国林协通过电话、互联网、电视等传媒手段积极向农户提供有关林业政策、林产品价格、流通、销售、生产技术及产品销售等信息。四是提供技术培训与教育服务。韩国林协经常邀请专家对农民生产进行技术指导与培训，为提高农户的素质与能力，还开展多方面的教育以提升林农素质。

第三，韩国的“信息化村”运动给农民带来实惠。韩国政府倡导开展“信息化村”的建设活动，受到广大农民的欢迎。“信息化村”的建设首先从基础设施开始，即高速互联网基础建设，包括建立乡村信息中心，构建农户的网络使用环境、采用优惠政策帮助农户购买电脑等。为了进一步促进农村地区对电脑和互联网的使用，韩国政府还提供低息贷款建设计算机教育中心，设置专用计算机，免费供农户使用。韩国大多数的“信息化村”都拥有特色产品资源，通过网络进行电子商务交易，扩大宣传范围，提升产品的影响力，以提高收入水平。为了保证“信息化村”项目的顺利进行，韩国政府充分调动大学教育资源，组织林业、牧业、信息等方面的专职教师为农村提供必要的科技培训。在信息化服务的帮助下，农户林产品的销售额大幅增加，林业收入也大幅提高，大大提升了农户发展林业生产的积极性。

第四，韩国政府积极推动“科研、推广、培训”三位一体。韩国针对林业科研体系、林业推广体系以及林业培训体系实行统一管理，由首长统一负责，统筹安排这3个方面的工作，既能最大限度地利用有限资源，又提高了林业科研的服务效率。韩国政府规定，每三年农户要对生产用种进行一次更新，并进行一次土壤肥力的测定，这些工作全部由林业相关的研发单位、育种单位以及推广单位完成。韩国政府高度重视培养林业科技推广服务人员的敬业精神，采取各项措施稳定服务人员队伍，如开展宣传教育、制定鼓励政策等。

8.1.2　发展中国家林业社会化服务供给体系的现状与特征

8.1.2.1　印度的林业社会化服务供给体系

在印度，林业合作社是林业社会化服务重要的供给主体。至2007年底，印度全国共有54.53万个合作社组织，是世界上最大的合作社体系之一，合作社拥有2.49亿社员，覆盖全国2/3以上的家庭和绝大多数乡村，合作社在许多领域拥有较高的市场占有率，如农村信贷的38%、农用肥料的35%、小麦收购的33.5%、木材收购的60%都是由合作社提供的(黄正多，等，2007)。印度政府为促进合作社的发展，制定了一系列优惠的税收、信贷政策，为其营造良好的法制环境，加大对林业合作社的财政支持力度及技术扶持力度。除林业合作社以外，政府的相关部门也为林业生产提供必要的服务，如林业技术开发与技术推广、基础设施建设投入等。在各服务主体的共同协作下，印度现在已经拥有发达的林业金融体系、林业科技推广体系以及林业信息化服务体系。

印度的林业金融体系主要是由政府和合作社的金融机构组成，按性质分为合作性质的林业信贷机构和政策性金融机构。印度合作性质的信贷机构分为两类：一类是提供短、中期贷款的合作机构，主要是信贷合作社；另一类是提供长期信贷的合作机构，主要是土地开发银行(康静莎，2007)。信贷合作社按层次主要分为初级信用社、中心合作银行以及联邦合作银行。初级信用社是基层机构，提供贷款期限短且利率较低，它还向社员提供生产资料供应及农林产品销售等服务；中心合作银行是中层信贷机构，仅在某一地区进行经营活动，主要向初级信用社发放贷款，起着承上起下的作用；联邦合作银行是最高形式，其成员包括所有的中心合作银行，主要职责是提供资金以满足成员的信贷需求。土地开发银行主要是为农民提供长期信贷，帮助农民购买大型机械设备、改良土壤等。

印度的政策性金融机构主要是国家林业和农村开发银行及地区林业银行。国家林业和农村开发银行是印度目前最高级别的林业金融机构，具有对其他相关机构的检查权与监督权，它可以全面满足农村地区各种信贷需要。地区林业银行主要是为了促进印度落后的农村地区经济发展而设立的，该银行不以盈利为目的，主要为贫困农民提供贷款，利率不高于当地信用社贷款利率。

印度的林业保险业发展得十分迅速，且在分散农林经营风险中发挥了巨大作用。它实行自愿保险与有条件的强制保险相结合的方式，即进行生产性贷款的那些农户必须参加相关农林保险，其他的保险如牲畜保险等实行自愿原则(康静莎，2007)。印度林业保险的对象范围也十分广泛，包括农作物保险、森林病虫害保险、森林防火保险等。

印度政府高度重视林业科技的发展，现已形成政府、农林院校、林业科研院所相结合的林业技术推广体系。林业科研院所主要任务是在林业科研推广事业中发挥牵头作用，并为政府的林业咨询机构创造与国外进行学术交流的机会；农林院校也是印度农林科研系统的重要力量，在印度各邦均设有农林高等院校，农林高等院校一般管辖多个地区的专业性试验站，为学生提供良好的实验和研究场所，教学人员必须保证1/3的时间用于农林技术研究和推广，研究人员必须保证2/3的时间用于从事科研。因此，农林院校已经成为所在服务地区的科研中心和推广普及的组织者。

印度政府认为林农销售林产品利润低的原因主要是缺乏适时准确的信息。因此，要通过建立林业信息化网络来推动林产品市场的发展。印度的林业信息化方案由基础设施建设、应用软件开发、国家级林业信息化项目三部分组成。整个林业信息化网络系统由国家信息中心负责协调，建立和运作林业信息化的综合数据库系统，将一些林业市场管理组织、林产品行业协会等部门的已有职能和业务进行网络化管理，起到数据集成的效果。通过数据的传播可以使生产者、消费者和经营者及时得到可靠信息，从而实现整体经济效益的提高。

8.1.2.2　巴西林业社会化服务供给体系

巴西位于南美洲东南部，林业十分发达，是世界上重要的林产品生产国和出口国之一。巴西在林业社会化服务方面拥有庞大的合作社组织体系、科技研发和推广体系、金融和信息服务体系。

巴西拥有庞大的合作社组织体系，合作社组织拥有4个层次，由高级到低级依次是全国合作社组织、州合作社组织、中心合作社和基层合作社。从合作社类别来看，主要有供销合作社、渔业合作社和农村电气化合作社等(黎海波，2005)。其中，各种林业专业合作社主要为林农提供林业生产技术、信息、相关培训、林产品加工、储存、运输、销售、林区基础建设等一系列服务，许多经营得好的合作社最后发展成为林工综合企业。多种形式的林业合作社组织，在推动林业生产、促进产供销一体化等方面发挥了巨大的作用。

在林业科技研发方面，林业研究公司是巴西林业方面的最高研究机构，主要任务是解决林农在林业生产中面临的各种技术问题，为林业可持续发展和增加林农收入提供技术支撑。巴西林业研究公司每年的财务预算在1.5亿美元左右，其中，联邦政府资助占88%，巴西林业研究公司自筹占12%，自筹的资金来源主要是技术转让、技术开发、技术产品收入等。在科技推广方面，巴西林业技术推广公司负责巴西全国的林业技术推广工作，其主要任务是负责将最新的林业新技术、新成果直接传授给林业生产者，具体做法主要依赖于分布在全国各地的基层林业技术推广组织，对林农进行相关指导和培训，发放科技读物等。由于林业科技成果的普遍推广和应用，巴西主要林产品产量都有了较大幅度的增长。

巴西有较为健全的林业金融服务体系。巴西为林农提供的贷款主要分为三类。第一类是用于基础建设、购买林机具的投资贷款；第二类是用于从育种造林到木材采伐一系列生产性支出的生产成本贷款；第三类是用于林产品流通的销售贷款。巴西法律规定，所有商业银行吸收存款的25%～30%必须用于农林业贷款，利率为8.75%（远低于一般商贷利率的16%～25%）。在贷款给农民时，政府对于林业有两条优先政策，一是对于林业给予特别贷款；二是对于具体农户，根据造林面积、林业产值、林业生产率等指标，发放可分期还款的低息贷款。巴西林业保险由中央银行独家经营，分为森林病虫害保险和防火保险两个险种，农户可以根据自己的需要随时进行投保。巴西是一个林产品出口大国，为了解决各部委各部门提供数据不准确、不统一和工作量大又难以与国际贸易规范标准相结合的问题，特别研制和推广了林业机械贷款购买软件，巴西国际商务关税信息系统，巴西大众网银应用与技术，土地、森林和草原信息管理，牧业应用软件等多项信息技术（杨瑞珍，2008）。

8.1.3 对中国发展林业社会化服务模式的启示

8.1.3.1 重视公共服务供给体系的建立

美国三位一体的林业社会化服务模式是一种比较成功的公共服务模式，由农学院负责林业教育、科研和推广工作。美国的林业信息社会化服务也是以政府为主体的公共服务模式，可以为农户提供及时、有效的林业信息服务。中国在建立社会化体系的过程中，应借鉴美国的成功经验，重视公共服务体系的建立，使政府部门能够在林业社会化服务过程中起到更好的作用，使农户能够获得自己想要的林业社会化服务。

8.1.3.2 加强林业技术人才队伍的建设和培训

提高林业技术人员的自身素质和专业技能可以提高林业技术的运用效率，

是发展林业社会化服务的关键。美国是由农学院来负责林业教育、科研和推广工作，林业技术服务主要是由农学院来承担，农学院为林业技术服务培养了很多高素质的林业人才。日本的农协有专门营农指导员，德国的合作社可以为农户进行技术培训。与发达国家相比，中国的林业技术服务人员具有专业学历的比例比较少，因此应当重视林业院校对林业人才的培养，为林业技术服务提供高素质的专业人才。同时应当加强对现有林业技术服务人员的培训，对林业技术人员进行定期的培训与考核，使林业技术人员能够及时学到新的林业科技，提高自身的专业技能。

8.1.3.3　依据农户需求来建立社会化供给服务

美国三位一体的社会化服务模式，日本以农协为主体的林业社会化服务模式以及德国以林业合作社为主体的社会化服务模式可以很好地了解到农户目前真正需求的是哪种林业技术服务，根据农户的实际需求来提供林业技术服务，可以及时解决农户遇到的问题。中国应借鉴这些国家的成功经验，重视农户对林业社会化服务的需求。鼓励林业专业合作社等民间组织，同时应当鼓励林业社会化服务人员工作到田间，与农户的近距离接触可以使林业社会化服务人员了解到农户真正需求的林业社会化服务有哪些。

8.1.3.4　建立多元合作的林业社会化服务模式

中国应当提高林业院校、林业专业合作社、林业企业等服务主体在林业社会化服务体系中的地位，使它们可以在林业社会化服务中充分发挥作用。通过重视非政府组织的林业社会化服务主体，促进发展多元化的林业社会化服务体系，使其能够更加适应广大农户对林业社会化服务的需求。

8.1.3.5　重视现代科技在社会化服务体系中的运用

发达国家的林业社会化服务借助现代科技的运用，得到了很好的发展。美国建立了规范、有序的林业信息网，日本拥有市场销售信息服务系统和农产品生产数量和价格行情预测系统，德国建立了病虫害管理、农药残留、作物保护剂等各种数据库系统。中国林业社会化服务过程中对现代科技的运用与发达国家相比还有很大的差距，有很大的发展空间，要加强林业社会化服务过程中的现代化，充分利用网络、电视、移动等平台全方位地为农户提供各种林业技术服务。

8.2 林业社会化服务多元供给机制的目标与原则

8.2.1 林业社会化服务供给机制的目标

要改良湖南省现有的林业社会化服务供给机制，首先要明确其目标。由前文可知，湖南省林业社会化服务处在基本林业服务均等化和林业经济社会发展的前提下，要结合各种对机制不利的原因，制定出一套综合到各种条件的、用于创新林业社会化服务供给机制的改革方案。湖南省林业社会化服务供给机制创新的整体目标是按照市场经济的要求和湖南省林业的特殊情况，对林业社会化服务供给机制进行整体的创新，城乡统筹、工农业协调发展为基础，以促进湖南省林业经济快速发展为目的。在城乡的经济结构正由二元转向一元的背景下，需要建立的林业社会化服务体系是一种以公共服务机构为依托、合作经济组织为基础、龙头企业为骨干、其他社会力量为补充的多元主体合作。

8.2.2 林业社会化服务供给机制的原则

8.2.2.1 需求导向原则

需求导向原则是指在林业社会化服务供给中林业服务的确定方式。林业服务是由林业社会化服务多元合作供给机制与资源能力共同确定的时间、地点、内容和水平，林业社会化服务多元合作供给机制运行的核心内容包括农户林业服务需求的偏好、基本结构、农户对林业服务的满意度或评价、农户对林业服务的需求表达和供给决策过程的民主参与。林业社会化服务供给机制存在的目的就是给农民的生活带来便捷，基于这一点可以判断出有效的林业服务的供给是以农户的需求为导向，把农户需求放在第一位。Carl 根据有效需求理论，需求决定供给。林业社会化服务需求并不是统一的，也不是一成不变的，而是有区域差异，有层次，分结构并且时刻发生着变化。据此需求就决定了林业社会化服务供给机制的创新需要结合地区、农户的收入水平来确定农户对林业服务的具体需求，根据这些需求来确定创新方向。总而言之，林业社会化服务供给机制的创新要遵循需求导向原则。

8.2.2.2　兼顾效率与公平原则

经济发展离不开效率和公平，这对于所有经济领域同样适用，因此林业社会化服务供给机制的创新也应该对这二者进行兼顾。从政府的角度而言，效率和公平是政府长久以来持续关注的问题和话题。而政府在林业服务理念铺陈的过程中，也需要对其进行全面兼顾。一般而言，政府的立场需要站在公平公正的角度进行解决，因此，政府在某种程度上会对公共利益进行一定的倚重，从而才能深入推进公平公正的社会服务。也正是因为这样，在林业服务中政府所起到的作用往往相对较弱。因此不得不把眼光放到市场层面，市场作为以利益为驱动力的存在，如果加之以利益的驱使，可以让林业服务实现全方位发展，但由此也产生一个问题，由于市场自发的选择性，对于一些获利相对较少的林业服务是予以忽视的。因此，从农民的角度来说，一些支付能力较差或经济实力较弱的农户，就不能与其他主体一般享受林业服务，这也就带来一种不公平现象。为了全面构架与兼顾效率与公平这四个字。本书认为应该着重从农民的角度入手，以农民的需求为主导，逐步建设与优化具有多元性和多样性以及全面性的供给体系。农户可以化被动为主动，对这些供给主体进行主观选择，寻找出适合自己发展特色与发展需要的供给主体让效率最大化，也对公平进行兼顾。

8.2.2.3　经济发展阶段原则

各个国家和各个政体之间会具有一定的差异，也拥有自己独一无二且不可复制的经济发展阶段，而在这些经济发展阶段中，规律性都是有迹可循的。若想探索与发现一个国家或一个地区的整体情况，就可以通过分析这个国家的经济发展所处的阶段，就能够举一反三，从而通过管中窥豹的方式对该国家或该区域有所了解，经济发展阶段也是一个国家或一个地区进行自我评价，并采取相应战略进行应对的阶段。区域经济发展阶段因发展时期不同而呈现出了个性鲜明且风格迥异的特征，这些特征因阶段性的差异而具有较大的差别。由于国家的阶段性政策影响，地区间经济发展差异和各地区拥有的自然资源多寡的不同，林业服务的差异也相对较大。从湖南省的整体的情况来，该省辖域面积相对较大，这也就间接导致了各地区的林业服务水平差异相对明显，而林业服务水平基本和地区经济发展水平成正比，林业服务水平逐渐形成从东向西的散射状锐减的趋势。湖南省东部地区，地势条件相对较好，经济也相对发达，林业服务不论是从数量上还是质量上，都碾压湖南中部和西部，因此林业社会化服务供给水平最优。而由于中部和西部地区自然环境的限制性，以及经济发展的滞后性，林业服务的供给水平已经严重与现实需求相脱离。由此而言，地区间发展水平差异就应该得到相应的重视，从而根据地区的经济发展状况来制定和完善相应的林业供给机制。

8.2.2.4　分层供给原则

在分层供给原则的指导下，就应该从客观现实的角度出发，根据地区经济发展水平和对林业社会化服务的需求指数进行参考。应该针对不同的需求地区，提出不同的供给种类和数量。通俗而言，农户对于林业服务的需求具有一定的差异性，甚至有一些农户需要对需求进行个性化定制，就必须承认这些客观现实需求，从而以农户为基础，进行分层供给。按照各地区实际的需求指数，在一定的科学指导方法论的指导下分步骤进行落实，逐步实现从不同的时间阶段和不同的地区落实相应的林业供给服务体系，而且湖南地区林业种类相对复杂，且林业分布相对较为分散，因此对于林业社会化服务需求因地区而不同。由此而言，笼统的照搬传统模式，自然行不通，需要进行个性化服务供给模式的定制，通过不同林业地区特征的考量与分析，因地制宜地建设与开展林业社会化服务供给模式。

8.3 林业社会化服务多元供给的各主体定位与相互关系分析

前文中指出，林业社会化服务需要具有多元化和多样性的主体来共同供给。但是在具体的操作过程中，如何对主体所供应的林业社会化服务进行定义？主体之间合作方式如何开展？有哪些主体担任供给主体？这都是需要进行深入探讨的。但是翻阅前人的研究文献，在这几个问题上的研究还具有一定的不足。本书从网络治理理论的角度进行入手，对多元化供给主体的权利和义务进行论述；对各主体之间的合作方式进行分析；对各主体之间的合作模式进行探讨；等等。从而深度探讨和解释各个主体之间的统筹协调方式，扬长避短且趋利避害的进行协调合作，让供给主体的优势得到最大化发挥。

随着时代的发展和经济制度的深度改革，林业服务的分配区划职能不断降低，而政府从经济的角度将林业服务进行和平赎买也就正式意味着政府职能从根本上得以转变，市场将逐渐成为主体。政府也通过改革以奖代补，转化为资金购买。林业服务的供给方式需要进行彻底改变，进行基本林业服务与非基本林业服务的划分，而政府必须在其中起到保障作用，不断的通过资金购买社会林业服务的方式，将林业服务的范围和比重不断扩大，从而全面促进具有多样化和个性化的服务的孕育和产生。政府职能的转变让政府不仅简化了工作流程，减少了工作内容，也让社会中的一些组织充分发挥自己的能效，借助这一良好的历史契机进行发展。而政府也需要逐步从宏观调控中解脱出来，让市场成为调控与调节的主体，如此一来，不仅能让林业服务水平和质量得到质的提升，也能让政府可以更好地理顺和处理好自己与市场和社会组织之间的内在联系与矛盾，充分发挥各方的职能效应，通过权责定向的方式让各方的职能落实在实践中。

8.3.1 合作模式下多元供给主体角色分析

8.3.1.1 公共服务组织的角色定位

在合作模式下，公共服务组织的角色定位应该不能过于模糊，实现清晰定位是必然要求。公共服务组织所拥有的政治地位与财政是先决条件，因此就应该提供更多的公益性林业服务，对相关的基础设施进行大力建设，保障林业经济社会发展所需要的物质条件。因此在具体的定位过程中，主要应该履行以下几个职责。第一，公共服务组织必须利用自己的政治资源提供充分的政策支持，全力助力于多元化供给林业社会服务的开展，为供给主体开展活动提供相应保障，促使各个主体之间加强沟通与联系、交流与合作。第二，大力做好协调保障工作，促使社会中的组织积极参与到供给体系的建设中来，让各级主体自身的优势得到充分发挥，从而让林业社会化服务能够有效实行；政府出面，搭建一定的平台，让各个主体可以自由沟通、协调合作。第三，由于参与到供给主体中的一些社会组织融资能力和资金实力相对较为欠缺，因此政府必须将这一问题进行重视，予以大量的财政支持，为林业社会化服务供给的资金建设需求进行充分保障。第四，政府应该实行监督职能，趋利避害，让各级主体有序发展，避免他们在发展的过程中因为眼前的利益而放弃整体利益，采取定时和不定时抽查的方式对一些社会组织进行监控与调查，建设与完善相应的规范性法律来进行干预。

8.3.1.2 市场、社会组织的角色定位

市场和社会组织在合作模式下的角色定位也应该具有鲜明的特点，主要集中于提供准公益性和经营性的林业服务。市场存在的目的是为了发展经济和盈利，而社会组织在更深层面上，趋向于一定的公益性行为。因此，前者就更适宜于提供林产品的加工与销售服务以及后期的林产品销售服务；而后者，由于公益性较强，就应该对社会公共基础设施进行大力建设，同时推广社会福利慈善服务等等。通俗而言，不论是市场还是社会组织，都是在某种程度上对政府职能效应所不能惠普到的一些死角进行完善，为政府的辅助性主体，通过发挥自己的职能效应，来弥补政府的短板。相较于政府的一些政策和行为，市场与社会组织更接地气，与民众联系相对紧密，因此就更能受到民众的欢迎。而市场和社会组织可以深度耕耘于市场和社会之中，对人民的需求有基本性的了

解，并开展相应的调查与研究，对农民的需求进行上传下达，另相关组织可以实时掌握农户对林业社会化服务需求的变化趋势和变化特征，从而让各级主体具有针对性的优化对策条件，提供更加完美且更加有效的服务。市场和社会组织拥有政府所不具备的一些特征和优势，可以取得农户的信任和支持，在融资与社会公信力方面，比政府更具发言权，二者相辅相成对林业社会化服务供给体系的全面推进，奠定好坚实基础。

由此而言，合作是各个主体实现根本价值目标的唯一途径，不能以自我为中心单打独斗，单独承担发展的独立角色不仅是对自己资源的一种浪费，也不能全力发挥自己的能效性。合作是林业社会化服务体系建设的根本动力，可以全面建设与落成具有多元化的互动与合作博弈格局，通俗而言，公共服务机构、合作经济组织与龙头企业、其他社会组织需要对自己的角色定位有清晰的认识，深刻意识到自己身上的责任与义务，在确定主次关系之后，三者必定相互影响和相互依存以及相互促进。社会化服务供给的构架与完善，并非一蹴而就的，只要这三个主体能充分发挥自己的职能效应，就应予以建设与支持。

8.3.2　合作模式下多元供给主体的互动关系

既然是合作模式，那么各供给主体之间就存在着一定的互动关系，这也就说明，各个主体之间并不是相对独立的，而是存在着相对紧密的内在联系和沟通方式。由于我国国情相对特殊，因此公共服务组织在整个合作模式中所起到的主导作用是至关重要的。这不仅是因为公共服务组织行使一定的社会管理权，而且具有自身的特色与优势，处于主导地位，自然是理所应当；同时由于我国现今经济体制发展具有一定的短板和弊端，社会体系也相对不健全，因此，社会组织以及市场的作用就相对微弱，而且这两个主体对于情况的控制，以及全局的掌控能力相对较差。因此若是以社会组织以及市场为主导，那么就会让三者的合作受到一定创伤，从而影响整体效果。从现实的角度来说，在湖南省社会组织以及市场这类主体，不论是从质量上还是数量上都不能与公共服务组织相媲美，因此也不能在作用上与公共服务组织的作用进行正面抗衡。由此而言，作为辅助性的主体来说，社会组织以及市场应该尊崇公共服务组织的领导，将公共服务组织视为发展的主体。林业服务是一个公共领域，政府对其负责是责无旁贷的事，因此，政府作为主导地位，可以引导社会组织以及市场积极参与到林业社会化服务供给体系的建设中。公共服务组织通过相应的政策以及定向的财政拨款，可以予以市场和社会组织一定的资金和财政支持，并同时对其进行监督和管理，做好协调工作，充分确保农业社会化服务能够有力实行。虽然公共服务组织处于主导地位，但是权责相对有限，不能面面俱到。这时社会组织以及市场就能发挥自己的职能作用，对公共服务组织所普及的不力之处，进行查漏补缺，整合相应的信息以及资源。乡政府可以更好地建设林业社会化服务体系，趋利避害地进行发展。

同时，从全局的角度来看，公共服务机构、合作经济组织与龙头企业、其他社会组织都是多元供给主体中的一员，彼此应该加强深度交流，相互沟通与协调，实现广域资源的相互使用。不仅需要对自己的权责进行划分，也需要坚守自己的角色定位，充分了解自己的工作内容和工作重心。在具体的操作过程中，政府主要行使四个方面的职能，第一个是对公共秩序进行有效维护，第二个是通过法规的实行进行强制管制，第三个是通过政策来监督社会组织和市场的行为，第四个是有效保障民众的基本权益，从而对辅助性的市场供给主体进行深度的管理与优化。而社会组织以及市场这两类主体，也应该全力开展合作工具，通过政策反哺的方式也让政府得到一定的惠普；并且，市场与社会这两类主体之间存在着深度联系，应该实现技术的互通与财务的互通，要全面促进社区参与和民众参与。市场和政府以及社会等多元主体，都是整体格局中的重要主体，这些主体在实际操作过程中也不能面面俱到，因此主体发挥自己的特色之处，为了主体的共同利益而奋斗，从而实现目标统一、方向确定、任务明确的战略发展动向，从而达成有效的集体行动。

公共服务机构、合作经济组织与龙头企业、其他社会组织的供给边界是动态可变的，并且影响因素较多。随着社会经济的不断发展而变化，供给主体三方的供给边界必然是相对的，不存在始终如一的供给区间，在考量不同问题时应该按不同的实际情况处理，得到准确有效的合理供给区间，进而得到准确的供给方式。“三位一体”的模式如今已经初见成效，取得了良好的社会评价，发展方向与发展周期具有一定的优势。最主要的是三位一体模式，是基于农户的角度进行改革的，这在很大层次上体现了公平与效率的原则，因此农户也对其大力支持，在享受优质的林业服务的同时，也对相应的困难与需求提出解决方案，从而促进三个主体不断的优化自身，来提供更好的服务。在以往的发展过程中，政府完全是对林业服务进行包揽，不仅服务的水平和质量相对较差，公共服务组织也承载着较大的负担，而今三位一体模式正式实行，农户真正得到了实惠和帮助。

如今林业服务供给模式逐渐以公共服务组织为主导，社会组织和市场为辅助，共同形成了三位一体的全面发展模式，塑造了多元化合作供给机制，既为农户真正解决现实性问题，同时也能创造更多的效益。在合作的过程中，三方的身份都是相互平等的，在保障每一主体的自身利益的基础上，真正为农户带去福利，林区也能真正得到有效的资源调整和优化，经过高效的林业社会化服务供给的干预，林业设施从根本上得到更新。与此同时，三方合作，可以加强沟通与交流，实现资源的共享，取长补短、趋利避害，在发展过程中，不断弥补自身所存在的不足，为湖南省林业社会化服务的体系建设提供有效动力，让更多的社会组织参与到林业社会化服务中去，增强服务体系和服务主体的稳定性和可靠性。

8.4　林业社会化服务多元供给运行机制分析与设计

8.4.1　林业社会化服务供给主体合作机制的运作机理

通俗而言，在林业社会化服务建设的过程中应该对模式进行前期规整，按照一定的方式方法来选择相应的模式。因此，根据现实的情况来说，湖南林业社会化服务供给模式应该兼顾时间和空间两个关键因素，从而对模式进行审慎选择。从时间的层面入手，就是对一定时间和发展周期内的经济状况进行前置分析，从而主观调节相应的林业社会化服务供给模式与经济社会发展阶段相适应。从目前的情况来看，湖南省的地域经济差异相对较为明显，因此各个区域所处的经济社会发展阶段也有所区别，因此就要建设与完善更具全面性的需求结构，让需求的供给模式呈现多样化特征。与此同时，由于地方上的经济发展不平衡，地方政府所能提供的资源与资金就有所差异，进而呈现出林业社会化服务模式的空间分异。因此各地政府不能够采取统一的分配模式，将固定的供给模式进行嵌套，而是要充分的进行调研与分析，结合当地的具体情况来对供给模式进行主观选择。

从运作机理的角度来说，本书着重从网络治理理论框架为切入点，具体如图8-1所示。合作网络首先要以宏观环境分析为重点，对相应的政治环境和经济环境，以及文化环境等等综合分析，同时结合林业公共需求和其服务的复杂性进行着手探讨，整体环境进行全面的论述，从而对相应的供给主体和需求客体的现实环境进行具体解释，并将分析结果作为供给策略提出的基础论据，从而实现对供给目标的确定。

在林业社会化服务整体的供给体系中，各主体所具有的一些特征各不相同，从而衍生出能力和目标以及利益的不同追求和需要。升级网络的建立与完善不能直接让各个主体之间完成协同合作、统筹兼顾，协同合作效应也不能保障。因此，必须要大力发展供给网络的运行机制进行高速化运作，从而对共同的利益诉求进行满足。

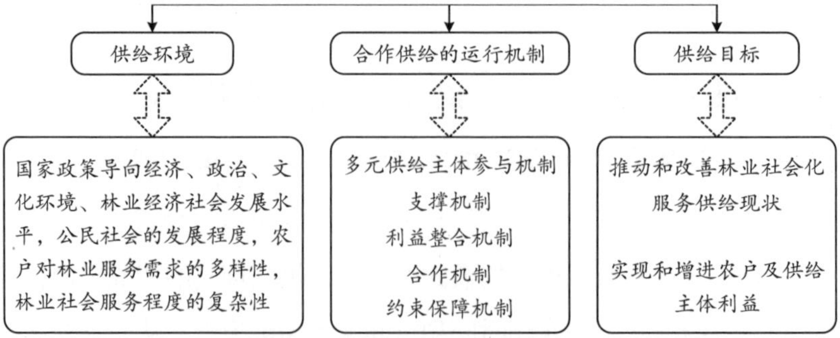

图 8-1　农村林业服务供给主体合作网络的运作机理

8.4.2　供给中供给主体运行机制的构建

运行机制是供给主体职能效应和行为效应的有力保障，可以有助于三位一体模式的深度合作，供给主体的多元性和多样性得到深度发展，而促使林业社会化服务实现有效合作，进一步满足农户多样化的需求。由此而言，政府应该起好带头作用，让农户畅所欲言，对自己所需要的林业服务进行具体阐述，而多元供给主体也需要对农户的差异性诉求予以满足。同时，多元协同互动的供给主体要通过对农户需求的服务设计机制、服务选择机制、服务实现机制、服务更新机制，“因地制宜”地识别林业地区对林业社会化服务的差异性需求，对国家的政策进行积极响应，并与相关的决策部门做好沟通交流工作，让后者的决策更具科学合理性。其次，对于识别好的各林业地区的差异化需求，实现和选择机制共同构成了供给决策机制，让供给主体的机制更具多元性，在国家供给方针政策上对其服务作出判断，进而将最终的信息递送给决策机构，将其作为参考。再者，林业地区差异化需求会在供给决策机制在相互配合之下而产生一定的决策信息，主要包含：在制定林业社会化服务供给标准时，着重考虑其制定的相关内容要符合当地的经济发展水平；选择最优供给主体，对不同程度上的农户林业要求采取不同的应对措施；针对农户的差异性需求，供给主体要有序地将不同地区的需求进行排序，每个地区的林业有不同的特点，其需求也不同，因此在做决策时要科学地表达其重要程度、供给对象、数量以及方式等。农户的差异性需求与决策机制应该相吻合，在选择林业服务时要相对应地选择其适合的决策方式。在不同的决策体制中，农户参与机制也有所不同，如何去建立农户的参与制度需要考虑林业社会化服务的性质。林业社会化服务供给主体合作网络主要涵盖利益分配、多个主体之间相互协商、供给主体相互平衡、多种渠道筹集资金以及责任要求等各方面机制。

8.4.2.1　完善林业社会化服务供给机制

我国的公共服务机构、合作经济组织与龙头企业、其他社会组织和农户的关系不一般，在林业社会化服务多元主体共同合作的情况下，具有一致的社会价值观，每个角色都非常鲜明，合作关系更加紧密。公共服务组织在市场中虽然扮演着最大的角色，但其目的不在于管控，还是在于服务大众，所以公共服务组织在需求的各个环节都有所考虑。多元供给主体参与机制，主要表现在供给目标十分确定，各决策供给主体共同参与到林业社会化服务体系中。公共服务组织希望各级主体都能够参与到林业社会化服务供给当中，使得整个体系更加多元化，但是每个农户的要求是不同的，而且供给目标也会有所不同，这样也就导致需求供给主体刚好不同。因此，多元供给主体参与主体恰好搭建一个平台，使各供给主体能够自由选择其参与的供给环节中去。

(1) 合作机制的背景。现实当中，公共服务机构、合作经济组织与龙头企业是湖南省林业社会化服务的主要决策主体。但这3类决策主体在林业社会化服务治理的决策过程中都存在自身缺陷。在此现实背景下，治理理论需要多加宣传，政府和农户可以进行紧密的合作，农户不仅应该拥有政治上的权力参与各项民主活动，还应该和政府共同维护社会的权威与秩序，集合公共服务机构、合作经济组织与龙头企业、其他社会组织和农户4大治理主体，实行“自上而下”和“自下而上”双轨并行的合作决策机制，才能确保林业社会化服务决策的有效性、民主性和准确性。

(2) 合作机制的程序。林业社会化服务多元主体合作机制可以囊括为五个程序步骤。

第一，服务需求响应。决策来源于对称有效的信息。基于萨缪尔森的林业服务最优供给理论的论述，林业社会化服务治理的最优效果首先取决于服务的消费者——农户最真实的需求。基于前述需求表达的路径启示，林业社会化服务需求信息的主动收集应该建立的是一个平台而非单向流向的路径：由公共服务机构、合作经济组织与龙头企业、其他社会组织、农户共同搭建信息平台，鼓励农户通过这一平台表达自己对林业社会化服务需求的真实偏好。这一平台既可以是实体平台，搭建于政府政务服务中心、村民委员会所在地的活动场所、市场的经营地；也可以是虚拟平台，即基于现有的网络资源，包括门户网站(政府门户网站、三农相关专门网站或市场网站)、微信、微博等形式建立的林业社会化服务需求信息网络收集平台。为使这一平台运行顺畅，需要一定的资金予以保障，也需要对收集信息过程中所发生的费用给予必要的补偿。在四大治理主体之外，科研院所、地方高校、传统和新兴媒体等，都应被纳入这一平台的范围。

第二，服务系统的设计。即确定林业社会化服务治理的政策、项目、内容、实施步骤等具体内容。当前湖南省林业社会化服务的困境之一，就在于林业社会化服务治理目标设定的盲目和非理性，因此必须对林业社会化服务治理目标的科学设定给予充分重视。这一阶段主要包括初步方案、财务预算、详细设计等内容，主要为了解决林业社会化服务筹资的主体、渠道和方式，生产与经营模式，以及对参与方的激励与监管等具体问题。

第三，服务系统的选择。对方案的预选评估尤其需要注意方案的限制性因素、效益因素、潜在风险，以技术可行、效益显著、时间最佳等作为评判标准。

第四，服务系统的组建。对于林业社会化服务合作，其决策的会议应该有相应的政府部门进行宣传负责招引人才，农户的引进，以及相关市场的引入都需要决策。而且其参加人数应具有代表性意义，比例要分配均匀，这是林业社会化服务决策过程中民意的最重要体现。

第五，服务系统的更新。农户向供给主体提出林业社会化服务新需求，供给主体基于林业社会化服务系统的基础，评估林业社会化服务新需求的可行性，提出林业社会化服务系统新方案，增加与农户的交流，使农户更加积极参与林业社会化服务决策体系，这样不仅能够降低投票成本，避免做表面功夫，更加落实到实处，尤其是可以使林业社会化服务水平能够在合作程序基础上有效提高，进而使农户的利益得到有效保障。

8.4.2.2　创立林业社会化服务供给的多渠道筹资机制

林业社会化服务治理需要大量的资金支持，因此如何去筹集资金将会极大地影响林业社会化服务。什么是筹资合作？通过公共服务组织大力扶持林业社会化服务治理，采取多样化的渠道去筹集林业社会化服务体系需要的各项资金。

(1) 合作筹资主体。毋庸置疑，湖南省林业社会化服务治理的筹资主体首先必须是各级政府。但基于湖南省林业社会化服务与西方国家的差异和特殊性，湖南省政府的林业社会化服务筹资职能不仅不能弱化，反而应该加强。"一级政府依靠一级财政"，任何一级政府对林业社会化服务的资金筹措都义不容辞。中央和地方各级政府都具有筹资职能，按照林业社会化服务的受益范围、建设规模、资金需求，中央划拨的林业社会化服务建设专项资金、各级地方配套资金应按照规则及时到位。纵观湖南省林业社会化服务治理全局及其实践能力，政府财政支出不足以支撑林业社会化服务体系构建，因此市场与农户将极大程度上变成筹集资金的主体。而政府作为整个经济链的主导，更应该使自己的职能发挥落到了实处，积极参与林业社会化服务资金筹措活动中。

(2) 合作筹资方式。湖南省林业社会化服务所需资金主要通过公共服务机构、合作经济组织与龙头企业、其他社会组织及农户5种方式筹集。第一，社会资金筹措，例如希望工程与红十字会等，同时也涵盖境外提供公益资本。第二，市场投资，涵盖国内外公司投资和大型金融机构的资金融合等。第三，国家财政拨款以及地方性财政政策支出与税收，以及专门投向林业贫困地区的小规模援助资金。第四，社会筹资，对于本地区的林业社会化服务进行相应的补助，如修建村内道路等，如果没有特殊情况，多数还是由辖区集体自身筹措资金。社会筹资一般来源于集体积累的共有财产，某些情况下会由辖区农户根据受益程度来分摊或集资。第五，农户集体筹资，对于当地的集体建设，农民自主捐出多余的资金，同时也包括企业家的慈善捐款。

以上五种资金来源在实际运用中可以相互交融，交叉使用。根据多式多样的筹资方法，林业社会化服务可以多向选择且将多种渠道结合在一起形成合作式的筹资，如政府+的模式，政府+农民、政府+市场、政府+自治组织+农户等等。这种合作式的筹资方式更有利于解决资金不足的问题，与单方出资相比，更有能力解决林业社会化服务在发展过程中发生的资金困难，充分体现了其主体的主动性和能动性。筹资主体和筹资渠道的多样化十分有利于林业社会服务治理的发展。

8.4.2.3　优化林业社会化服务供给主体利益分配机制

林业社会化服务治理“问题不在于公营对私营，而在于利益分配对垄断”，为了使林业社会化服务更高效地完成，同时实现成本的降低，借用了利益分配机制。利益分配是将多个利益诉求结合在一起，然后将它放在共享网络的利益共同体中。供给网络中所有的供给者都参与到林业社会化服务中，就等同于多个主体的相互争夺过程。各个供给者不一定都拥有同一个利益目标，所以想要让他们在一起合作，首先就要让他们在利益目标上达成一致，并相互信任。在此基础上，打造一个有利的环境让各供给者更好的相互了解、相互交流、相互促进，让各供给者在相互信任的基础上达成相同的供给目标，使多元供给主体平衡发展，实现各自的利益。

首先，利益分配与政府和其他治理有紧密的关系。政府在林业化服务生产中占据有利地位，在经济领域，市场具有能力独自应对艰难的生产任务，而更适合参与具有一定群众基础的生产任务。要使林业社会化服务生产的模式有所改变，让林业社会化服务成本下调，质量优化，就需要不同的治理主体在平等的环境下进行利益分配的公平竞争，达到比垄断服务有更高的业绩和收益。林业社会化服务治理主体的多元化有利于政府完善内部结构，高效工作，提升财政问题的解决能力，引入利益分配，可以让基础组织在林业服务业中发挥作用，将政府“不为”的林业社会化服务让渡与其他主体。

其次，利益分配也在公共服务组织内部产生。其针对公共服务组织负责的林业社会化服务生产任务，使用利益分配制度能提高公共服务组织的工作效率。诸如在部门内部划分相对独立的林业社会化服务单位，签订合同、内部独立核算并实施满意度考核；打破国家集中配置资源的做法，开展地区之间同类产品的生产利益分配，又引用“公司化”管理模式于林业化服务生产的公共服务部门中，用企业式管理方法加强公共服务组织内部的利益分配。

最后，在市场中，在众多社会团体中和农户中也出现利益分配。在农户可以自由选择林业社会化服务类型时，可以发现，生产者和林业服务既是一对多关系也是多对一的关系，当多个主体同时进入同一种林业服务的生产领域时，利益分配也就不可避免地产生了。公共服务组织可以主管对农民进行引导，从而指导其进行选择，将成本高、质量差、效率低的林业社会化服务提供者淘汰出局。这种分配法则的适应性相对较好，可以选择最优的生产主体。

8.4.2.4 建立林业社会化服务供给主体制衡与问责机制

要想在多元供给主体机制中充分发挥其优势，就必须要制定一定的制衡机制，不管是公共服务组织还是其他主体，都必须要在服务的各个环节实施问责机制。

(1)进行多元主体合作制衡。生产环节的问责机制的建立主要是在于制定相关的服务标准，并且按照标准来验收生产的产品。如果供给主体是以自身利益为出发点，那么就会损失农户的利益；同时与公共服务组织合作的主体，由于没有更多的利益，所以就会在生产过程当中偷工减料，把劣质的产品当做优质的进行使用。防范这一风险应该分两步走：第一步，制定林业社会化服务标准体系。必须要按照农户的意愿进行制定，同时也要体现出公共责任。农户毫无疑问是甲方，治理者作为甲方的代表，将甲方的需求形成标准，将生产任务发包至乙方即生产商。按照这一原则，在林业社会化服务的表达和决策环节，这一标准就应被制定出来，作为林业社会化服务方案的重要内容，在决策过程中被选择和确定，并公示于众。第二步，执行标准。林业社会化服务产品是否符合标准，作为消费者的农户只有在消费了之后才能做出判断，但是作为治理方必须要从生产的源头进行治理和监督，所以林业社会服务的各个环节形成了相互统一、相互交错的特征。

(2)开展多元主体评估制衡。目前林业社会化服务的满意度评估机制，通常是“以权力制衡权力”的形式进行评估的。也就是公共服务组织内部的满意度评估占据主导地位，农户的评估地位不高，同时从评估的实际情况也可以发现，农户参与的评估很多都是在做表面文章，而且下级对上级没有权利进行评估，而领导对下属的评估却有因为信息的不对称缺乏真实性，因此为了充分体现农户的诉求，实施多元主体的评估机制非常的重要。同时为了保证每一分资金都用到真正需要的地方，必须建立以公共服务组织为主导的多元主体评估机制，同时要以公平公正为原则，这样的多元主体下的评估结果才能够真正地实现对林业社会化服务真实的评估。

(3) 实行多元主体问责。问责是对评估机制执行效果的反馈，如果没有问责，那么评估机制就如同摆设。因此问责机制的制定，就是为了评估结果出来以后，进行后续环节的处理。对于林业社会化服务多元评估问责机制的设计，要从以下几个方面进行出发。

第一，对问责主体进行确定。林业社会化服务的消费者是农户，因此服务需要有农户予以买单，因此问责的主体就是农户。但是在多元化评估机制下，问责的主体就可以多元化，因此制衡机制可以发挥其一定的作用。如果是以公共服务组织为主导的项目中，那么政府可以以农户的利益诉求予以问责；当林业社会化服务出现一定的差错，导致农户受损，那么相关主题可以通过政协或者人大向公共服务机构问责。因此可以说只有形成制衡机制，才能够形成监管，才可以防止腐败，保证公平。

第二，对定责标准的制定。如果某个林业社会化服务的项目，通过评估鉴定合格，但实际上存在着缺陷；如果这些缺陷在能够避免的情况依然存在，那么就需要找到缺陷的根源，判定责任归属。因此在林业社会化服务的过程当中各个主体之间应当明确分工，明确责任归属，一旦发生缺陷，责任归属就一目了然。同时在设计问责机制的同时，必须要根据现有的法律对相关的处罚标准进行制定，并且通过多元主体进行补充和完善。

第三，对承诺制度的确定。在定责与问责之间，还可以考虑设立林业社会化服务承诺制度，由于林业社会化服务的治理由多元主体共同参与，则承诺制度应将全部主体纳入其中，按照林业社会化服务的具体项目，由不同主体向林业社会化服务的消费者——农户做出承诺。农户根据治理主体给出的承诺，与林业社会化服务的实际效果进行对比，就可以明显地感受和评价林业社会化服务的数量、质量、过程是否符合承诺的标准。这一做法将使林业社会化服务项目实施过程公开透明，有利于接受社会农户的监督和评价。要使承诺制度在林业社会化服务多元主体合作协商问责制衡机制中充分发挥作用，关键之处在于必须将林业社会化服务承诺制度化。

8.5 林业社会化服务多元供给实现路径

8.5.1 林业社会化服务合作供给的条件分析

在对于林业社会化供给的服务所处的宏观环境了解的情况之下，公共服务部门应当发挥主导的作用，按照供给诉求，选择合适的供给主体参与进来，共同构建合作的网络，并且共同实现合作网络目标，林业社会化服务得以高效供给，各供给主体在合作网络中分担了供给风险，增强了各自的供给能力，实现了公共利益。

通过以上的整体分析，要从时间和空间两个维度上对湖南林业社会化服务模式的选择合理性进行判断，同时也为湖南各个地区的模式选择提供参考标准。所以本书主要是根据各个区域的实际情况，对湖南各个地区林业社会化服务的供给模型进行选择。

本书认为，可以按照如图8-2所示的模型，对湖南林业社会化服务供给模式进行选择。

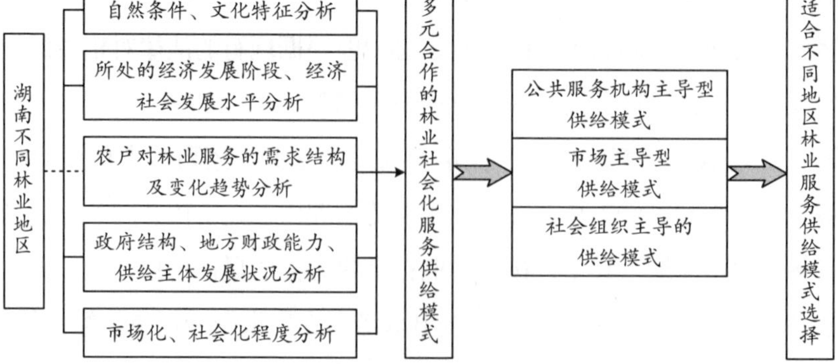

图 8–2 湖南省林业社会化服务供给模式的选择模型

第一，对于林业区域的类型进行划分。林业区域类型的划分，要综合当地的自然特征、文化环境以及经济水平等因素，按照这些因素判断该地区所属的林业类型，对其林业进行类型划分。这种划分是对林业社会化服务供给模式选择的基础所在。

第二，因为一个地区的经济调节、技术水平等相关的因素对林业社会化服务的公共性程度有着一定的影响。因此各个地区对于林业社会化的服务需求是不同的，因此在选择模式的时候，对于该地区的情况要进行综合分析，只有深入地分析才能够选择更合适的林业社会化服务模式。

第三，充分地分析当地的政府环境和经济发展状况，因为各个地区的政府换届和经济水平，对于当地的供给能力和筹资能力等有着直接的关系，同时也是选择林业社会化服务模式的重要因素。

第四，在进行林业社会化服务模式的选择时，必须对当地的林业市场进行分析，由于各个地区林业发展水平不同，因此决定了不同地区市场化和社会化的差异，同时也影响了林业社会化服务模式的选择。综合以上这些分析，可以整理出各个地区的真实情况，并且通过这些分析的结果，选择与之相匹配的林业社会化服务供给模式。

8.5.2　林业社会化服务多元供给的实现路径

本书主要从农户需求的角度进行研究的，以农户的需求取向和供给主体之间的价值取向为指标，进行综合评判，并且通过公共服务机构、市场向农户供给中的体现，实现农户的不同需求。不但优化了林业资源同时还满足了不同农户之间的利益诉求。对于供给主体而言，实现区域的协同发展是其发展的主要防线，同时社会化的服务体系与多元化的主体之间是呈现相互关系的，需要不同参与主体之间的相互协作，这样才能够提升体系的优势，提高运作的效率。从供给机制而言，既要强调公共服务机构的主导地位，同时也必须要体现出市场资源配置的优化。同时从体系的内部的结构来看，多元的林业供给主体是由多个组织相互协作构成的复杂系统。

8.5.2.1 公共服务机构主导的林业社会化服务供给

林区的公益性林业社会化服务应主要由公共服务机构来提供，如森林防火、大型的林业信息网络、病虫害防治等项目，它们的个人效益较小，社会效益较大，具有正面溢出效应，但合作组织和企业投资者难以通过直接收费回笼资金，因而不容易引起关注和投资兴趣，因此，这些领域的技术和服务仍应由公共服务机构主导投资。还有一些林业服务需要中央公共服务机构和地方公共服务机构联合供给，如基础教育培训等，但是如果只是靠地方公共服务机构的财力供给比较困难，很难保证有效的资金投入。所以，对于林业服务社会化供给需要由多元主体合作供给，因为合作供给在一定程度上能够使资金保证充足。

8.5.2.2 市场主导的林业社会化服务供给

(1) 公共服务机构与企业合作的供给方式。当遇到一些公共服务机构没有办法直接组织林业社会化服务的公益性项目的时候，可以采取与企业合作供给的方式，通过一些补贴和特许经营等优惠措施来吸引一些企业共同进行参与。合同外包形式，是以公共服务机构为主导的、企业为具体的供给主体，然后由企业供给给农户。同时特许经营也是林业社会发展服务的形式，通过公共服务机构的授权，企业可以在特定的时间，特定的地区进行经营林业服务，并且可以向农户收取一定的费用，回笼资金。同时公共服务机构也可以通过财政补贴的形式对相关企业予以优惠，比如提供无息贷款等，提高企业的积极性。

(2) 公共服务机构与林业专业合作经济组织合作的供给方式。对于专业的合作组织，比如与林产品的工业和销售相关的信息，这些服务因为其本身的性质，公共服务机构可以通过拍卖等形式，吸引相关的资本注入，并且鼓励农户自行参与服务，这样能够很好地满足农户所需要的技术，并且降低公共服务机构负担。

8.5.2.3 社会组织主导的林业社会化服务供给

公共服务机构与非营利组织合作的供给方式。早在20世纪80年代，公共服务机构就与非营利组织在多个领域进行合作，比如培训、教育以及服务等领域。通常情况下公共服务机构通过资助或者是指定相关的规定的方式对非营利组织予以鼓励和引导。比如公共服务机构党委通过委托，把林业社会化的项目委托给非营利组织进行实施。通过公共服务机构的资金和非盈利组织的服务形成优势互补，各自发挥自身的优势。因此，非常有必要调动农户力量投入到林业服务建设中去。

这种管理模式，不但优化了林业社会服务方面的资源和投入，体现了公共服务机构责任，同时还在一定的程度上避免了公共服务机构组织林业社会服务带来的问题。因此在林业社会化服务的供给体系当中，应当不断地寻求公共服务机构和社会之间的平衡点，形成资源互补、相互结合的多元服务模式，这样能够在一定的程度上满足农户和林业服务之间的需求，能够提升供给效率。在该体系当中充分体现了公共性，并且于经营服务性是相辅相成的。在该体系当中公共性为经营性的林业服务提供了很好的基础环境。

8.5.2.4　多元主体合作的林业社会化服务供给

多元化的合作网络，是需要社会各界组织共同努力实现的，比如公共服务机构、市场、社会组织以及农户等，并且在林业社会服务多元化合作网络中公共服务机构是占据主导供给地位。这些不同层面的林业组织，在多元主体合作运作之下，通过信息共享形成一种竞争的局面，同时也优化了资源，通过这种模式的开展，各级林业社会化服务供给的主体之间可以形成多种合作形式。

林业社会化服务多元供给为了取得更好的成效，需要构建多元供给合作网络。这种多元的管理形式，能够很好地改善社会各界各个组织之间的供给主体的关系，能够实现全方位的林业服务供给互动，同时还能够提升用户对公共决策的参与度。同时这种网络化的合作组织，不但能够优化现有的林业资源，还能够实现供给主体之间的公平和公正，同时多元主体的合作供给网络对于不同利益主体的诉求也能够及时地进行反馈，有利于社会的和谐与稳定。

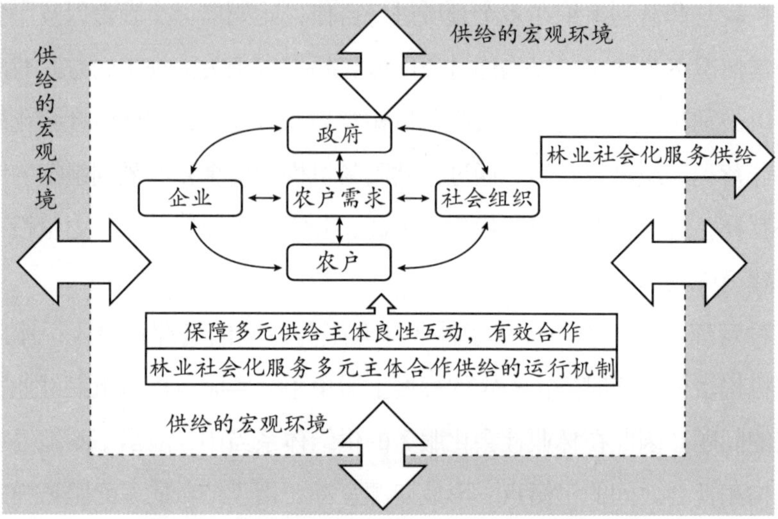

图 8-3　林业社会化服务多元主体合作供给模型

(1)加强与政府及职能部门的合作。第一个要解决政府分工中存在的多头管理和条块分割问题，将森林资源资产评估人员资格授与权、管理权限落实在林业管理部门。第二是协调好部门间的合作基础，包括分类与标准的制订，如国土部门与林业部门对地类就有不同的分类结果，这必然会导致政策制订、执行过程中的矛盾。努力说服各级政府坚持生态优先的价值导向，通过示范区的方式向政府展示林业发展成果，要让成果看得见摸得着，要让坚持发展林业的人受益，使各级政府及职能部门在行为准则上按生态规律办事，重视林业发展对当地社会经济的影响。林业从业人员要及时了解、掌握中央政府和地方各级政府对林业发展、生态文明建设方面的动态，林业职能管理部门要立足本地实际，敢于创新，善于创新，要积极主动与主管政府及相关部门沟通，消除部门壁垒和部门间在行政法规和标准制订等方面的矛盾。

(2)加强与银行的全方位合作。

第一，湖南省林业厅积极沟通，争取与银行的合作。早在2009年，中国人民银行长沙中心支行、湖南省财政厅、中国银行业监督管理委员会湖南监管局、中国保险监督管理委员会湖南监管局、湖南省林业厅共同发布了《关于做好集体林权制度改革与林业发展金融服务工作的指导意见》(以下简称《指导意见》)。《指导意见》全面对做好湖南省集体林权制度改革与林业发展金融服务工作进行了指导，但由于该文件并没有强制执行力，各金融机构仅仅把《指导意见》作为一个工作参考，近几年的实践证明《指导意见》没有发挥多大的作用。由于各银行的业务取向和管理风格不同，还是有银行看到了林业大发展的潜力的。湖南省林业厅需要专门组织相应的人员，成立相应的机构，对银行进行筛选，甄别出有业务发展潜力的银行并与之谈判，在贷款要求、贷款期限、贷款利率、担保条件、贷款额度信贷产品等方面形成有约束力的协议。从调查结果看，民生银行、农业银行是工作的重点。湖南省林业厅集思广益，协助银行共同开发适合投向林业的金融产品。根据林业产业的特点和目前投融资服务体系存在的问题，林业投融资可以借鉴"第三方投融资服务平台"模式所取得的经验，对林业投融资服务进行优化和创新。具体地，可由省林业厅牵头，金融企业、林业及其他有关企业和个人参与，共同成立湖南省林业投融资服务股份公司，针对林业项目进行项目融资服务，通过提供专业化的服务把各种来源的资金集中于林业项目，为林业经营主体解决融资难题。

第二，加大林业产业扶持政策，引导做强林业企业。要适应市场需求的变化，推动产业重组，优化资源配置，加快形成以森林资源培育为基础、以精深加工为带动、以科技进步为支撑的林业产业发展新格局。要积极鼓励培育名牌产品和龙头企业，推广公司带基地、基地连农户的经营形式，加快林业产业发展。特别是在速生丰产林基地建设上要采取独资、合作、承包、股份等多种形式，在充分调动企业、林场、农民等生产者积极参与基地建设的前提下，建立起龙头企业集团 + 农民合作经济组织 + 农户、公司 + 基地 + 农户、林场 + 基地 + 农户等多种利益共享，风险分担，权利与责任对称、利益与风险制衡的经营机制，要更多注意规模经营，提高林业的科技含量。

利用湖南省在油茶和毛竹产业中已经形成了一定的规模和优势，在政策上要加大对这些优势产业的扶持，重点放在这些产业的基础设施和产业链建设上。通过基础设施和产业链建设及直接的财政补贴、贴息政策增强湖南省林业产业的竞争力，提高其产品附加值，提高其资产质量和盈利能力；通过市场信息服务、技术服务和人力资源培训服务提高其市场竞争力、产品技术含量和经营管理能力；通过政策性保险增强其抗风险能力。只有提高林业经营主体的经济投资效率，才能最终形成对银行信贷资金和其他社会资本的吸引力，加大银林合作，充分实现林业、企业、银行三方共赢。

第三，建立并不断完善林业专业中介服务平台，提高服务质量。专业中介主要为林业投融资提供信用评级、信用担保、资产评估、法律咨询、管理咨询和会计审计等服务。设立湖南省投融资服务股份有限公司，以市场化方式运作，各县市以分公司或子公司的形式设立(或类似于合作社的形式)。投融资服务公司作为第三方融资平台，通过各县市分公司协调，将所有林业经营主体的贷款业务打包承接，为其提供专业服务，成为架设在林业经营主体和银行间的桥梁。而小微经营主体则通过投融资服务子公司(或信用社)打包，因此小微林业经营主体并不需要与省级公司直接交流，最后以联合体的形式由省公司直接与银行沟通，完成信贷申请、审核、发放和跟踪管理的任务。这样可大大降低资金成本、简化信贷手续，同时以信用担保和林业保险的手段，化解银行和林业经营主体的经营风险，提高其经营效率。湖南省林业信用担保评级机构应采用融资性担保公司的模式，建立由县、省二级机构分层次组成的林业信用担保体系，担保业务以县市为主，再担保业务以省为主，组织形式可采用企业法人的国有独资或控股的有限责任公司两种，其运作方式应坚持市场化原则。

成立湖南省森林资源资产评估中心，各县市以加盟方式设立分支机构，构成湖南林业要素市场的一部分。湖南省森林资源资产评估中心可设在湖南林业要素市场内。设立湖南省林业保险有限公司，为林业项目和林业经营主体提供森林保险服务。建立湖南省林业要素市场，以促进林业资源流转和有效配置的实现，规范流转，促进要素合理流动，从而使湖南林业资源更加合理有效地利用和配置，盘活林业资产、实现林业产权，林业要素市场适应林业经营的特点，可以在林权分散的同时，使林业经营能够集中，并使经营者的权利得到确认和保证，林业经营主体对林地和林业的关切程度及林地的利用效率将大大提高，使林业生产者的预期及行为长期化。林业要素市场还可以降低交易成本，为林业经营主体效益的落实提供平台，使银行能看到林业生产的实际成果。成立湖南省林权收储中心，主要功能是对逾期不还的抵押林权进行收储，并负责林权抵押期间相关森林资源的管护等，从根本上解决林权证直接抵押融资的管理难和处置难问题。成立中部地区林产品电子商务平台——湖南林业商城，并在未来将从业管理信息平台、林业要素市场平台、林业专业服务平台全部整合到湖南林业商城这个网络平台上。

第四，建立林业——银行间信息共享机制，提高林业管理部门政务服务水平。建立林业部门与金融部门的信息共享机制，加快林权证登记、抵押、采伐等信息的电子化管理进程，将上述信息纳入人民银行企业和个人信用信息基础数据库，方便银行查询及贷款管理。推进人民银行征信体系建设，逐步扩大企业和个人信用信息基础数据库在林区的信息采集和使用范围，引导金融机构建立健全农户、林业专业合作组织和林业企业的电子信用档案，设计客观、有效的信用信息指标体系，建立和完善科学、合理的信用评级和信用评分制度，充分发挥信息整合和共享功能，建立起规划、政策、信息、林业新项目和银行新产品的对接互享通道。

林业管理部门要从自身职能出发，全方位做好金融支持的各项服务工作，做好行业指导和行业服务，配合银行做好林业项目的开发评审、信贷担保和项目建设资金管理工作。要在规划指导下布局项目，用基地建设来支撑龙头企业，用龙头企业来带动基地发展，逐渐形成布局合理、规模适度的林业产业，最终延长林业产业链。特别是油茶、毛竹、造纸、人造板原料林基地建设方面争取各方面的金融支持、政策性银行的支持。在森林防火、森林病虫害防治、优良种苗的开发推广等方面，加强管理，加强服务。在技术保障方面，要加强原料林基地的科技支撑，促进原料林基地建设实现高投入、高产出，同时，要适时推广应用先进的科研成果，在新技术、新模式、新品种、良种繁育、栽培管理、森林保护等各个环节提供优质服务。

第五，加强与银行合作的路径选择。湖南林业与银行的合作可通过跨市场的机构合作路径进行。通过跨市场的机构合作，借助产业代理的方式是一种适宜的选择。银行可以构建新型的信贷联合体模式，即“政府+银行+公司(龙头企业)+林业合作社+农户”的新型金融联合体。在合作对象上，可把保险公司纳入农村商业银行、农村信用社、农村资金互助社、村镇银行、林业产业化龙头企业等合作的范围，积极推广“林业信贷+森林保险+龙头企业”的服务模式。林业经营主体在获取保险和信贷支持后实力得以增强，在与农户签订林产品收购合同时可以较高的定价、较长的资金垫付、较优惠的结算条件给予农户相对的商业优惠，为保证林产品原材料或货源的充足、稳定，林业企业在一定条件下还可为订单农户提供部分风险补偿。保险公司和信贷机构通过联合服务于具有较强实力的林业企业，既便于服务与管理、有利于控制风险，又能够获取集约化经营效益。

第六，加强与银行合作的政策建议。林业主管部门要主动加强与当地银行的沟通与合作，认真做好林业产业化项目库建设，积极向当地银行推荐符合林业产业发展政策、带动能力强、经济效益好、具有市场竞争力的贷款项目。对符合贴息条件的项目，积极争取落实财政贴息资金和支持政策。要积极促进林业信用担保机构的建立，认真研究制定扶持信用担保机构发展的有效措施，为林业项目获得贷款支持创造必要条件和良好政策环境。要结合集体林产权制度改革，建立和完善林权证抵押贷款相关服务机制。切实加强组织领导，本着平等互利、相互支持、密切合作的原则，积极建立政府推荐项目、银行独立审贷、多方共同发展的良好合作机制，服务于林业产业体系建设。

(3)加强与保险企业的全方位合作。扩大投保面积，特别是要提高商品林投保率；细分政策性森林保险险种，让投保人有选择的权利；险种要考虑森林区位、地形、林种、树种、林分以及面对的灾害类型及程度等方面不同之处；降低免赔起点，提高赔付率，简化赔付手续。

第一，加强与保险企业合作的路径选择。跨市场的产品合作是林业和森林保险市场的对接路径，可以考虑将林业信贷与森林保险统一起来，信贷机构把贷款分成两部分，一部分作为森林保险的保费，另一部分资金交付农户用于林业生产，即农户在申请林业信贷的时候，农信社根据其申请的项目，扣减相应的保险金额，凡申请贷款者必须购买森林保险。在正常情况下，农户完成林业生产后用所获收入偿还贷款；发生自然灾害等保险事故时，则由保险公司审查之后，用赔款直接代为偿还银行贷款，剩余部分给付给农户，用于林业生产的灾后恢复。这样做可以利用信贷与保险各自的特点，相互弥补其劣势。在产品开发上，保险机构可以设计保单质押贷款保险、抵押贷款保险等产品。林业生产经营者和信贷机构在签订贷款合同的同时由一方购买融资保险，将部分风险转移；保险机构承诺在借款方无力偿还贷款时，赔偿信贷机构的部分损失，并取得代位追偿权；当借款方有偿还能力之后，保险机构追回贷款，扣除支付的保险赔偿，并将余下款项归还给信贷机构。这样既增加了信贷机构的业务收益，又能更有效地防范风险。

第二，加强与保险企业合作的政策建议。林业管理部门要与保险公司协商推进森林保险产品服务创新，按区位、林种、树种、林分及灾害类型开发保险产品。继续开发适合小微林业企业和农户的信用保证保险产品，简化小微林业企业和农户投保理赔服务流程，拓宽服务覆盖面，政府除了提供政策保险外，还得同时对农户进行宣传森林保险知识，减少保险信息的不对称性。除此之外，保险公司也应该通过各种传播媒介向农户介绍森林保险的相关知识。优化政策环境。积极争取将保险服务纳入林业产业引导政策。不断完善森林保险服务的保费补贴和税收优惠制度。

(4)加强与证券公司的全方位合作。首先要解决的是林业投资效率低下和林业产权界定不清晰的问题，还包括林业企业规模小、资金实力弱、技术力量差、市场开拓能力不够、证券公司与林业行业信息沟通不通畅，林业行业管理导致的信息不对称等问题，导致证券公司对林业与市场的接轨兴趣不高。其次是林业管理部门、林业产业要主动了解证券公司，主动接触。

第一，加强与证券公司合作的路径选择。湖南林业可通过森林资源资产证券化路径来实现与证券公司的合作。随着湖南省林权改革的逐步深入，确权工作的基本完成，林权流转规模的不断扩大，政府对林业的金融支持制度化，社会专业中介机构服务体系的不断完善，森林资源证券化的外部条件(如法律制度、中介机构)和内部条件(如风险可控性、产权问题)均已经初步具备。对于产权明确、投资前景明朗、投资预期回报较高的森林资源，可剥离出来进行证券化，通过股权资本投融资方式，筹集林业发展的长期资金，缓解财政投入、债权资本对林业资金供给的不足。

第二，加强与证券公司合作的政策建议。森林资源资产证券化运作过程主要由资产风险隔离和证券发行两大基本环节组成。证券公司在上市发行及交易过程中发挥着不可替代的作用，在证券设计阶段，证券公司可以扮演融资顾问的角色，运用其经验和技能形成一个既能在最大程度上保护发起人的利益又能为投资者接受的融资方案。有长期稳定订单，信用评级高，市场地位高的林业企业建议选择森林资源资产贸易收益证券化模式；规模大，资金短缺但资源丰富、不想失去管理权的林木生产和木材加工企业建议选择森林资源资产全业务证券化模式；小规模、实力不强的林业经营主体建议选择林业基金资产证券化模式。

(5)加强与其他社会组织的全方位合作。一是要界定好林业与其他社会组织间的关系，要主动与这些组织进行沟通并有选择性进行扶持；二是解决人员资质如森林资源资产评估师资质确认的问题、业务收费标准的问题。

第一，加强与其他社会组织合作的路径选择。政府要更多地关注小农户成立的合作经济组织，提供各种优惠的政策、措施，坚持政府的主导作用和农民的主体作用。要引导农民加入林业合作经济组织，政府要增加投资力度，林业合作经济组织必须依靠自身能力和政府恰当、有效的扶持政策才能不断向前发展。在培育和发展林业合作组织的过程中，需要运用参与式理论与方法，强化农户的主体作用和政府的主导作用。引导扩大林业合作组织的规模，提高组织化程度，完善利益连接机制及运行机制完善管理体制，提高合作组织的服务质量、扩大合作组织的服务范围、扩大资金来源等促进林业合作经济组织发展。

第二，加强与其他社会组织合作的政策建议。湖南省林业发展的全方位合作体系建设是湖南林业发展的战略举措。林权改革，为林权流转和林业要素市场化奠定了基础，林改后的林业投融资制度支持，为发展林业产业创造了条件，生态文明和民生改善是全方位合作体系建设的动力源泉，林业投资主体自身的发展愿望，是全方位合作体系建设直接推动力，林业管理水平提升，是全方位合作体系建设的坚强保证，湖南林业发展的全方位合作体系建设，已经基本具备良好的外部和内部条件。目前的金融产品还不能满足林业发展的需要，需要林业管理部门参与设计多层次，与林业发展相适应的银行信贷产品和保险产品，要通过政策机制，实现银行、保险公司、林业经营主体的共赢局面。

建议由省林业厅牵头组建湖南省林业投融资服务股份公司，整合湖南省投融资平台，成立国有独资的湖南省森林保险有限公司及成立中部地区林产品电子商务平台——湖南林业商城，在未来将管理信息平台、林业要素市场平台、林业专业服务平台整合到湖南林业商城这个网络平台上。同时大力加强相应森林资源资产评估服务、信用担保服务、信用评级服务等专业中介配套服务设施的建设。

8.6　本章小结

本章的主要研究结论：从农民的基本利益诉求与保障层面为基础，具体分析农户在林业社会化服务中，所提出的一些现实性要求。通过对林业社会服务进行全面的完善与优化，让农民真正享受到林业服务的效率和公平。从中必须强调三位一体中的多元供给主体的职能效应，通过资源整合与制度完善，真正实现农户的分层供给，才能不断满足不同层次的农户需求。

其次，逐步落实三大机制的构建与完善，让合作机制的五大流程的具体标准，落实到实践中，对各个环节的实施原则、参与主体的组合规律、需要防范的机制风险都做出了清晰的界定。既然林业社会化服务多元主体合作协商是一个复杂系统，那么通过合作、竞争、制衡的激烈碰撞与自然融合，公共服务机构、合作经济组织与龙头企业、其他社会组织都将在其中准确定位，从而实现《中华人民共和国国民经济和社会发展第十三个五规划纲要》中提出促进林业社会化服务供给体制发展与创新，需要对供给提供方式进行全面扩展，实现利益的有效分配，让林业社会化服务的供给主体实现多元化发展，从而提供更好的服务，满足农户需求。林业社会化服务多元供给的价值也正在于此。

湖南省林业发展的全方位合作体系建设是湖南省林业发展的战略举措。“聚”服务供给主体的合力，“架”林业社会化服务连农桥：由林业部门牵头，整合各服务供给主体力量，以村级为单位，对集体经济进行大力支持，让龙头企业和合作社实现规模化经营与发展，也就是需要提升促进服务提供主体的数量和规模，从而为农户提供更好的服务。时刻将农户作为服务的对象和中心，以林业部门为牵头让社会组织与市场加入到服务的主体中，发挥各自的优势与特长，实现全方位的服务覆盖，从而实现林业服务的全面供给。建立健全供给机制就是要提高供给主体的多样化和全面化特征，让各个主体都参与到服务体系中来，才能够统筹兼顾的共同协作，保证林业服务供给的效率性和合理性，切实为农户谋福利，推进湖南省林业的发展。

第9章 结 论

9.1 主要结论

本书研究在对国内外相关文献回顾的前提下，以农户行为理论、多中心治理理论、新公共服务理论等为基础，结合湖南林业社会化服务的特殊性，依托公共服务机构，以合作经济组织为基础、龙头企业为支撑、其他社会力量做补充，提出了满足农户需求的多元主体合作供给机制的理论分析框架，然后围绕该框架展开进一步研究。主要结论如下。

⑴ 本书综合运用频数法、聚类分析法和加权均值法。从研究结果来看，农户需求优先次序为：林业科技服务、森林防治病虫害服务、森林保险业务服务、培育与供应林木种苗服务。其次，运用 IPA 分析法，对农户林业社会化服务需求重要性与农户满意程度进行相关性分析，考察湖南林业社会化服务供给与需求是否匹配，并进一步提出要建立满足供需平衡的湖南林业社会化服务供给体系，使农户满意度得到提高，真正服务于农户。

⑵ BP 神经网络模型分析得知：资源禀赋的差异性是影响农户对林业社会化服务需求的重要因素，农户之所以表现出对林业社会化服务的不同需求，其主要因素有农户林地规模不足、农户生产收入较低以及兼业化程度过高等；其次，通过 BP 神经网络模型得出影响供给的主要因素有林业社会化服务供给主体经营状况不佳、供给方式过于单一、对农户需求的认识不足、公共服务组织支持力度不强。BP 神经网络模型分别对农户的供给影响因素进行分析可以发

现：建设信息服务平台对林业科技服务供给能力影响最大；服务是否有制度保障对林地流转中介服务、林业产权资产评估服务供给能力的影响最大；是否为小户经营对林业融资服务供给能力影响最大；是否有资金补贴对森林保险服务影响最大；林业部门人员是否专业对森林病虫防治服务、林木种苗培育供应服务、林产品加工服务这三类服务的影响最大。综合来看影响供需的因素主要是：供给主体经营状况不佳、相关公共服务部门支持力度不强、供给主体对农户需求的认知程度不足，以及供给方式单一。

(3) 湖南省依据林区地理位置分为：东北区域、中部区域、西南区域。相对于中部和西南区域，东北区域的供给机制是相对有效的，可为中部和西南部的林业社会化服务供给提供参考；中部林区的林业社会化服务供给相对不足与低效；西南部地区的林业社会化服务供给量存在着不足。因此，既要提高林业服务的供给量，又要注意调整政策，提高现有资源的供给满意度效果。

(4) 本书构建了基于农户需求的多元供给优化模型。第一阶段博弈是农户提出林业社会化服务需求，供给主体积极响应，并设计林业社会化服务系统方案，二者之间进行对抗博弈，供给主体和农户间建立起关于林业社会化服务的交易协议，从而解决了林业社会化服务供需不匹配问题；第二阶段博弈是供给主体之间的动态博弈，这是建立在供给主体共同分配林业社会化服务系统价值的基础上的合作博弈，将有效解决服务资源配置问题；三阶段博弈可以多次应用，由于农户需求的变化，可以在每次更新时使用，从而将建立供给主体与农户间的长期合作关系，提高林业社会化服务质量与农户满意度，更能培育林业社会化服务生态系统。

(5) 构建林业社会化服务合作供给的满意度测度指标体系。通过对满意度的测评得出多元合作供给对农户满意度的提高有显著正向影响，其运行机制、合作关系、供给目标、供给环境的改进对林业社会化服务供给满意度的提高有积极作用；其次，基于农户需求的林业社会化服务多元供给具有可行性：一是农户需求程度的加强催生林业社会化服务多元供给体系的发展；二是农户需求与供给满意度的对接强化林业社会服务多元供给，也可以为供给满意度的改善提供有效可行的具体路径。

(6)针对以上研究，本书构建了满足农户需求的多元供给林业社会化服务机制。通过多元合作，利益分配、监督制衡三大机制，理清公共服务机构、合作经济组织与龙头企业、其他社会组织的界线，保证公共服务机构既不失责，也不越权，让资源得到有效配置。建立了刺激农户服务需求与不断完善林业社会化服务多元合作供给的良性循环机制，这样既能提升林业社会化服务质量与农户满意度，更能培育建立更好的林业社会化服务生态系统。

9.2 政策建议

本书认为湖南林业社会化服务供给体系未来发展应当注意以下四点。

(1)以农户需求为导向推进政府机构改革。首先，湖南省林业、财政等各部门必须改变以往各自决策、单独执行的问题，以适应林业社会化服务协同发展总目标。可以建立与完善湖南省林业协同发展部门机制，逐步实现各部门的信息共享、统一决策和共同执行。其次，初步设计湖南省林业社会化服务协同发展规划，认清发展现状、明确发展重点，合理配置林区各类林业社会化服务，以形成目标明确、措施得当、利益紧密的林农一体化发展系统，解决林农的不均衡、不协调与不可持续的发展问题。再次，建设与完善湖南省林业企业名录库，为林农的政府购买提供更多的选择，积极争取各级政府和相关部门的支持，并引入中介机构积极参与到林业项目的培养和推广中来，并制定向社会公开的林业产品目录，通过竞标方式，打破林业区域和行业限制，面向全省统一购买林业公益培训等林业社会化服务项目，同时在实施外包时，通过适应财政税收制度改革，使得市场发挥应有的作用。

(2)构建一个公共服务机构、合作经济组织与龙头企业、其他社会组织共同参与的新机制，供给主体间协作形成合力。公共服务机构层面：研究制定湖南农户长期协同发展的整体规划，逐步完善农户网络，探索农户体系投入、构建、管理、运营的办法和机制，构建能够覆盖整个湖南的农户体系。林业企业层面：根据行业区分建立林业企业的协作联盟，统一整合企业信息搜集与服务能力，利用企业行业交流与合作的优势，建立完备的诚信体系，提高企业服务农户的水平。民间团体层面：定期组织林业社会团体组织进行交流，加强各团体之间的合作，通过这些交流与合作，营造出积极向上、创业创新的农户文化氛围。根据供给侧结构性改革的要求，坚持政府引导、市场主导、社会参与、个体创新的原则，充分利用信息共享，资源配套，进一步促进湖南林业产业的全方位升级，积极推动湖南林农服务一体化发展。

(3)实施优惠政策加强制度保障。一方面，政府财政部门要认真落实国家关于林业发展的方针政策，不断加大对林业社会化服务体系建设的投入力度。建立林业社会化服务资金投入机制，发挥财政资金的导向作用。另一方面，国家应加大对基层林业部门的资金支持，鼓励大胆开展多样性、创新性的林业社会化服务活动，尝试有偿服务与无偿服务相结合的供给方式，以增强经济活动，不断提高自身服务水平；其次，要制定优惠的税收政策。对于大多数林业社会化服务组织，如合作经济组织、龙头企业以及社会组织应该依据其为林业提供服务的规模、效益适当减少或免征所得税、营业税等，为服务主体减负，以提高其为林业发展提供优质服务的积极性；最后，要指定优惠的信贷政策。新型林业社会化服务体系需要大量的资金，仅靠国家财政还远远不够，需要多方筹资，这就要求建立更加宽松的林业信贷环境，以激励更多的社会力量参与林业建设和开展对林业的社会化服务。

(4)加快推动林业社会化服务网络数字化建设。互联网的迅猛发展，为林业社会化服务更好地满足农户需求提供了更为优质快捷的平台。利用互联网科技建设推动林业社会化服务发展，借助网络媒介方式实现湖南科学服务 + 林业服务 + 互联网的优质服务全覆盖，让人们能够体验到“互联网＋”带来的全新林业生活方式，加深和拓宽林业服务资源的广度和深度，真正实现湖南省林业社会化服务资源方便、快捷、高效供给。

9.3 不足与展望

首先，本书所采用数据多为农户微观样本调查数据，但该方法会导致收集的数据具有不连续性与随机性，所以其得出的结论可能会具有相对的局限性。

其次，研究区域的局限性不够广泛。研究范围仅限于湖南，相对于其他省市的比较而言，经济条件相似性不大，所以，这一研究成果就在湖南省内的应用性较强，但不一定具有全面代表性及其在全国所有地区的可复制性普遍性。在今后的工作与学习中，笔者会结合其他相应省份拓展的研究范围，在最大程度的范围内让此次研究结果具有普遍代表性和前瞻性。

本书对林业社会化服务供给的研究是一种探索性研究，限于自身的学术视角狭窄与能力不足，以及研究条件的限制，本书中的个别研究结论可能也存在偏颇之处，部分结论还需要结合下一步的工作实践加以完善。本书分析存在一定的局限性，有待在未来研究中改进。

参考文献

[1] Aaron M. Petty, ChristianIsendahl, HannahBrenkert-Smith, David J. Goldstein, Jeanine M. Rhemtulla, SyedAjijurRahman, Tyhra C. Kumasi. Applying historical ecology to natural resource management institutions: Lessons from two case studies of landscape fire management[J]. Global Environmental Change, 2015, 3(31):1-10.

[2] AmaniOmer, UnaiPascual, Noel Russell. A theoretical model of agrobiodiversity as a supportingservice for sustainable agricultural intensification[J].Ecological Economics, 2010, 69(10):1926-1933.

[3] Brett J Butler, Jaketon H Hewes, Brenton J Dickinson, KyleAndrejczyk, Sarah M Butler, MarlaMarkowski-Lindsay. Family Forest Ownerships of the United States, 2013: Findings from the USDA Forest Service's National Woodland Owner Survey[J]. Journal of Forestry, 2016, 114(6):638-647.

[4] BSHARY R. Cooperation between unrelated individuals – a game theoretic approach[M]. Springer Berlin Heidelberg, 2010.

[5] GLICKSMAN R L.Wilderness management by the multiple use agencies: What makes the forest service and the bureau of land management different?[J]. Environmental Law, 2014, 44(2): 447-495.

[6] HULME D. Agricultural extension: Public service or private business[J]. Agricultural Administration, 1983, 14(2): 65-79.

[7] Jennifer Hauck, ChristianSchleyer, Klara J. Winkler, JoachimMaes. Shades of Greening: Reviewing the Impact of thenew EU Agricultural Policy on Ecosystem Services[J]. Change and Adaptation in Socio-Ecological Systems, 2014(1):125-132.

[8] JEPSON P, JARVIE J K, MACKINNON K, et al. The end for indonesia's lowland forests?[J]. Science, 2001, 292(5518): 859-861.

[9] Julia Szulecka, Krystof Obidzinski, Ahmad Dermawan. Corporate-society engagement in plantation forestry in Indonesia: Evolving approaches and their implications[J]. Forest Policy and Economics, 2016(62):19-29.

[10] KENEFIC L S, ROGERS N S.The evolution of USDA forest service experimental forest research on northern conifers in the northeast[J]. Journal of Forestry, 2017, 115(1): 62-65.

[11] KENT B, BARE B B, FIELD R C, et al. Natural resource land management planning using large-scale linear programs: The USDA forest service experience with FORPLAN[J]. Operations Research, 1991, 39(1):256-264.

[12] Laura S Kenefic, Nicole S Rogers. The Evolution of USDA Forest Service Experimental Forest Research on Northern Conifers in the Northeast[J]. Journal of Forestry, 2017, 115(1):62-65.

[13] Liu, Wilson, Luo. The impact of Panama Canal expansion on the container-shipping market: a cooperative game theory approach[J]. Maritime Policy & Management, 2016, 43(2):209-221.

[14] LOZANO S. Information sharing in DEA: A cooperative game theory approach [J].European Journal of Operational Research, 2012, 222(3):558-565.

[15] Matthew G. E. Mitchell, Elena M. Bennett, Andrew Gonzalez. Forest fragments modulate the provision of multiple ecosystem services[J]. Journal of Applied Ecology, 2014, 51 (4) :909-918.

[16] MATTILA O, ROOS A. Service logics of providers in the forestry services sector: Evidence from Finland and Sweden[J]. Forest Policy and Economics, 2014, 43 (6) : 10-17.

[17] MATTILA O, TOPPINEN A, TERVO M, et al. Non-industrial private forestry service markets in a flux: Results from a qualitative analysis on Finland[J]. Small-scale Forestry, 2013, 12 (4) : 559-578.

[18] MENDES A M S C.Implementation analysis of forest programmes: Some theoretical notes and an example[J]. Forest Policy and Economics, 2006 (8) : 512-528.

[19] MENDES S, CARVALHO J, GOMES P.Use of performance measurement in the ublic sector[J]. The Case of the Police Service, 2008 (5) : 67-76.

[20] Michael G. Farnworth. A game theoretic model of the relationship between prices and waiting times[J]. Journal of Health Economics, 2003, 22 (1) :47-60.

[21] Morteza Zangeneh, Peter Nielsen, Asadolah Akram, Alireza Keyhani. A Performance Evaluation System for Agricultural Services in Agricultural Supply Chain[J]. Management and Production Engineering Review, 2014, 5 (3) :70-80.

[22] MOSELEY M J, OWEN S. The future of services in rural England[J]. Progress in Planning, 2008 (4) : 93-130.

[23] O'HERRIN K, SHIELDS P. Assessing municipal forestry activity: A survey of home-rule municipalities in Texas, U.S.[J]. Arboriculture and Urban Forestry, 2016, 42 (4) : 267-280.

[24] PINHO J. Forest context and policies in Portugal[M].Switzerland: Sprinter

International Publishing, 2014: 155-183.

[25] POPKIN S. The rational peasant: The political economy of peasant society[J]. Theory & Society, 1980, 9(3): 411-471.

[26] Salem M. Aljazzar, Mohamad Y. Jaber, LamaMoussawi-Haidar. Coordination of a three-level supply chain (supplier-manufacturer-retailer) with permissible delay in payments and price discounts[J]. Applied Mathematical Modelling, 2017(48):289-302.

[27] SMITH A, HIGGS H, CANNAN E. The wealth of nations [J]. Transactions of the Institute of British Geographers, 1904, 5(3): 255-276.

[28] TANG Liqun, LIU Qiang, YANG Wanjiang, et al. Do agricultural services contribute to cost saving? Evidence from Chinese rice farmers[J]. China Agricultural Economic Review, 2018, 10(2):323-337.

[29] ZHAO Y, WANG S, CHENG T C E, et al. Coordination of supply chains by option contracts: A cooperative game theory approach[J]. European Journal of Operational Research, 2010, 207(2):668-675.

[30] 才琪，张大红，赵荣，等 . 林业社会化服务体系背景下林业新型经营主体探究 [J]. 林业经济，2016，38（2）：78-82.

[31] 蔡志坚，丁胜，谢煜，等 . 农民对林业社会化服务的需求及对主要供给主体的认知——以林改后的福建省为例 [J]. 林业经济问题，2007，27(6): 494-498.

[32] 蔡志坚，刘俊，谢煜，等 . 福建林业社会化服务供给模式的研究 [J]. 南京林业大学学报（自然科学版），2008，32（2）：118-122.

[33] 曹兰芳，王立群，曾玉林 . 林改配套政策对农户林业生产行为影响的定量分析 —— 以湖南省为例 [J]. 资源科学，2015，37（2）：391-397.

[34] 曹兰芳，王立群，曾玉林 . 林改配套政策对异质性农户林业生产投入行

为影响研究——以湖南省为例 [J]. 经济体制改革，2016（2）：89-94.
[35] 曹兰芳，尹少华，曾玉林，等 . 资源异质性农户林业生产投入决策行为及差异研究——以湖南省为例 [J]. 中南林业科技大学学报，2017，37（12）：174-179.
[36] 陈建成 .《新型林业社会化服务体系建设研究》书评 [J]. 林业经济，2017，39（6）：96.
[37] 陈建平 . 村级“八大员”制度：农村公共服务体系的一项创新探索——以南平市村级“八大员”制度为例 [J]. 福建农林大学学报（哲学社会科学版），2010，13（2）：1-5，36.
[38] 程云行，秦邦凯，刘恩龙 . 浙江林农林业社会化服务需求的影响因素分析 [J]. 农业经济与管理，2012（5）：70-75.
[39] 邓建钦 . 论林业社会化服务 [J]. 河南林业，1998（5）：7.
[40] 邓倚月 . 基于 DEA 方法的湖南省农村公共服务效率评价 [J]. 时代金融，2014（11）：71-72.
[41] 董明涛 . 基于合作治理的农村公共服务体系改革研究 [J]. 广东农业科学，2014，41（2）：198-203.
[42] 杜豹 . 林业社会化服务体系研究——以粤西南 Q 镇三华李生产为个案 [D]. 武汉：华中师范大学，2012.
[43] 范选华，周陪袁，左杰 .“八位一体”：农村公共服务运行维护初探——以江苏省扬中市为例 [J]. 镇江高专学报，2014，27（2）：45-47.
[44] 冯彩云 . 瑞典、日本林业社会化服务体系的比较与借鉴 [J]. 林业经济，2006（12）：70-72.
[45] 高强，孔祥智 . 我国农业社会化服务体系演进轨迹与政策匹配：1978~2013 年 [J]. 改革，2013（4）：5-18.
[46] 龚继红，钟涨宝 . 农户背景特征对农业服务购买意愿影响研究 [J]. 求索，

2011（1）：12-15.

[47] 韩耀．中国农户生产行为研究 [J]. 经济纵横，1995（5）：29-33.

[48] 胡豹．农业结构调整中农户决策行为研究 —— 基于浙江、江苏两省的实证 [D]. 杭州：浙江大学，2004.

[49] 胡家浩．美、德农业社会化服务提供的启示 [J]. 开放导报，2008（5）：88-91.

[50] 胡兴华，李达德．林业社会化服务体系需求分析 —— 基于四川省宣汉县林农调查 [J]. 四川林勘设计，2013（1）：72-74.

[51] 黄季焜．中国农业科技投资经济 [M]. 北京：中国农业出版社，2000.

[52] 黄宗智．略论华北近数百年的小农经济与社会变迁 —— 兼及社会经济史研究方法 [J]. 中国社会经济史研究，1986（2）：9-15，8.

[53] 纪月清，刘亚洲，陈奕山．统防统治：农民兼业与农药施用 [J]. 南京农业大学学报（社会科学版），2015，15（6）：61-67.

[54] 贾若．市场经济下林业社会化服务体系建设研究 [J]. 科技经济市场，2017（6）：182-183.

[55] 姜松，曹峥林，刘晗．农业社会化服务对土地适度规模经营影响及比较研究 —— 基于 CHIP 微观数据的实证 [J]. 农业技术经济，2016（11）：4-13.

[56] 姜长云．推进农业供给侧结构性改革的重点 [J]. 经济纵横，2018（2）：91-98.

[57] 晋书元．湖南林业社会化服务体系建设调查报告 [D]. 长沙：中南林业科技大学，2012.

[58] 孔凡斌，廖文梅．中国林业市场化进程的林业发展效应 —— 基于 31 个省（市、自治区）2002—2011 年相关统计数据 [J]. 林业科学，2013，49（12）：126-135.

[59] 孔凡斌，阮华，廖文梅．构建新型林业社会化服务体系 —— 文献综述与

研究展望 [J]. 林业经济问题，2017，37（6）：90-96，112.

[60] 孔凡斌，吴雄平，廖文梅，等 . 林业合作组织经营模式、运行机制及评价研究——基于江西、浙江两省的经验 [C]. 陈建华，田明华，肖忠忧 . 绿色经济与林业发展论——第六届中国林业技术经济理论与实践论坛论文集 . 北京：中国林业出版社 .2013，265-273.

[61] 孔凡斌 . 集体林权制度改革满意度评价理论与实证研究——基于江西省 2484 户农户收入增长的视角 [J]. 林业科学，2008（10）：132-141.

[62] 孔祥智，楼栋，何安华 . 建立新型农业社会化服务体系：必要性、模式选择和对策建议 [J]. 教学与研究，2012（1）：39-46.

[63] 孔祥智，穆娜娜 . 实现小农户与现代农业发展的有机衔接 [J]. 农村经济，2018（2）：1-7.

[64] 孔祥智，钟真 . 供销合作社改革、土地托管与服务规模化——山东省供销合作社综合改革调查与思考 [J]. 中国合作经济，2017（10）：36-40.

[65] 孔祥智 . 健全农业社会化服务体系实现小农户和现代农业发展有机衔接 [J]. 农业经济与管理，2017（5）：20-22.

[66] 冷清波 . 江西省林业社会化服务需求调查与分析 [J]. 江西林业科技，2007（6）：49-51，63.

[67] 李宏印，张广胜 . 辽宁省林业社会化服务体系现状调查及发展对策 [J]. 高等农业教育，2010（6）：91-94.

[68] 李建黎 . 美国经验对完善长三角农业社会化服务体系的启示 [J]. 江南论坛，2017（5）：18-20.

[69] 李近如，王福田 . 瑞典私有林经营管理实践与启示 [J]. 林业经济，2003（5）：52-53.

[70] 李俏，付雅雯，蔡永民 . 多功能农业视角下的家庭农场发展研判 [J]. 贵州社会科学，2015（10）：160-164.

[71] 李俏，王建华，吴林海．农业社会化进程中的个体服务形态及发展思路[J]. 贵州社会科学，2014（2）：49-53.

[72] 李全海．健全农业社会化服务体系的新思考 [J]. 农业经济，2017（1）：62-64.

[73] 李荣耀．农户对农业社会化服务的需求优先序研究 —— 基于 15 省微观调查数据的分析 [J]. 西北农林科技大学学报（社会科学版），2015，15（1）：86-94.

[74] 李先东，米巧，余国新，等．西部边疆地区农业社会化服务水平及制约因素分解 —— 以新疆地区为例 [J]. 山西农业大学学报（社会科学版），2017，16（10）：30-37.

[75] 李想．中国农村公共服务评价体系研究 [J]. 统计教育，2009（7）：46-50.

[76] 廖文梅，彭泰中，曹建华．农户参与森林保险意愿的实证分析 —— 以江西为例 [J]. 林业科学，2011，47（5）：117-123.

[77] 廖文梅，张广来，孔凡斌．农户林业社会化服务需求特征及其影响因素分析 —— 基于我国 8 省（区）1413 户农户的调查 [J]. 林业科学，2016，52（11）：148-156.

[78] 廖文梅，张广来，周孟祺．林地细碎化对农户林业科技采纳行为的影响分析 —— 基于江西吉安的调查 [J]. 江西社会科学，2015，35（3）：224-229.

[79] 林琴琴，吴承祯，刘标．福建省集体林权制度改革绩效评价 [J]. 林业资源管理，2011（3）：28-32.

[80] 林琴琴，吴承祯，刘标．林业社会化服务体系建构研究 —— 基于福建省林业社会化服务需求的分析 [J]. 福建行政学院学报，2011（3）：98-102.

[81] 林毅夫．小农与经济理性 [J]. 中国农村观察，1988（3）：31-33.

[82] 刘典文 . 基于灰色关联的农村公共服务综合评价研究 —— 福建省的经验性解释 [J]. 科学决策，2010（1）：86-94.

[83] 刘慧颖，孙文涛，黄永菊，等 . 农业社会化服务机构在英国家庭农场的应用启示 [J]. 农业经济，2017（4）：12-13.

[84] 刘宁 . 河南省林业社会化服务体系建设初探 [J]. 河南林业科技，2014，34（1）：33-35.

[85] 吕杰，冉陆荣 . 辽宁省集体林权改革与林业社会化服务体系调查报告 [J]. 林业经济问题，2008，28（2）：131-135.

[86] 穆娜娜，孔祥智，钟真 . 农业社会化服务模式创新与农民增收的长效机制 —— 基于多个案例的实证分析 [J]. 江海学刊，2016（1）：65-71.

[87] 欧世平 . 基于善治的农村公共服务供给探析 [J]. 江淮论坛，2013，259（3）：44-48.

[88] 彭勃文，杨宇 . 发达国家农业社会化服务体系发展和趋势及对中国的借鉴 [J]. 世界农业，2018（2）：149-153.

[89] 祁效杰，赵元红，马晓燕，等 . 古浪县集体林权制度改革后林业社会化服务体系建设探析 [J]. 现代园艺，2013（18）：225.

[90] 恰亚诺夫 A. 农民经济组织 [M]. 萧正洪，译 . 北京：中央编译出版社，1996.

[91] 乔鑫 . 建立和完善农村公共服务多元供给体系 [J]. 经济研究导刊，2011（7）：59-60.

[92] 乔永平，聂影 . 福建省构建新型林业社会化服务体系的实践与探索 —— 以邵武市林业服务中心为例 [J]. 林业资源管理，2010（6）：7-12.

[93] 乔永平，聂影 . 新型林业社会化服务体系的构建 —— 以福建省邵武市林业服务中心为例 [J]. 中国林业经济，2010（5）：25-28.

[94] 秦邦凯 . 基于农户需求的林业社会化服务体系研究（以浙江省为例）[D].

杭州：浙江农林大学，2012.

[95] 史清华 . 农户经济增长与发展研究 [M]. 北京：中国农业出版社，1999.

[96] 宋圭武 . 对小农问题的若干思考 [J]. 农业经济问题，1999（12）：6-10.

[97] 宋洪远 . 经济体制与农户行为：一个理论分析框架及其对中国农户问题的应用研究 [J]. 经济研究，1994（8）：22-28.

[98] 宋璇，曾玉林，田治威，等 . 林农林业社会化服务满意度评价与分析——基于湖南省样本县的林农调查 [J]. 林业经济，2017，39（4）：67-71，77.

[99] 宋璇，田治威，曾玉林 . 林农林业社会化服务需求的优先序及其影响因素——基于湖南省 10 县 500 户林农调查 [J]. 求索，2016（6）：90-94.

[100] 仝志辉，侯宏伟 . 农业社会化服务体系：对象选择与构建策略 [J]. 改革，2015（1）：132-139.

[101] 汪杰贵，裴志军，张俊华 . 以农民满意为导向的农村公共服务多元化协同供给模式研究 [J]. 农村经济，2012（1）：26-30.

[102] 王安华 . 农业社会化服务体系建设探讨与研究 [J]. 农业与技术，2017，37（6）：236，242.

[103] 王鼎，赵鹏武，翟洪波，等 . 新型林业经营主体对林业社会化服务需求问题综述 [J]. 林业经济，2017，39（5）：79-82.

[104] 王桂涛 . 北京市林农参与林业合作组织意愿及影响因素研究 [D]. 北京：北京林业大学，2012.

[105] 王汝发 . 基于模糊分析的农村公共服务绩效评价 [J]. 郧阳师范高等专科学校学报，2009，29（3）：26-28.

[106] 王洋 . 新型农业社会化服务体系构建研究 [D]. 哈尔滨：东北农业大学，2010.

[107] 王瑜，应瑞瑶，张耀钢 . 以农民专业合作组织为依托的农业技术服务组

织模式 —— 江苏省典型案例分析 [J]. 新疆农垦经济，2007（5）：27-31.

[108] 吴业苗 . 农民转身：新型农村社区的适应处境与公共服务建设 [J]. 浙江社会科学，2013（1）：98-107，158-159.

[109] 西奥金 •W. 舒尔茨 . 改造传统农业 [M]. 北京：商务印书馆，1999.

[110] 夏蓓，蒋乃华 . 种粮大户需要农业社会化服务吗 —— 基于江苏省扬州地区 264 个样本农户的调查 [J]. 农业技术经济，2016（8）：15-24.

[111] 徐春永，胡承辉，陈晓瑚，等 . 关于湖北林业社会化服务体系建设的思考 [J]. 湖北林业科技，2015，44（3）：46-48，90.

[112] 许雯静 . 黑龙江省国有林区发展林下经济的社会化服务体系研究 [D]. 哈尔滨：东北林业大学，2015.

[113] 严瑞珍，孔祥智，程淑兰，等 . 转轨时期农民行为与政府行为的轨迹 [J]. 经济学家，1997（5）：63-70.

[114] 张杰 . 公共服务创新基本问题探析 [J]. 石家庄学院学报，2010，12（4）：28-32.

[115] 张绍波，崔光成，郑大明 . 地方高校参与农村公共服务体系建设途径 [J]. 边疆经济与文化，2013（8）：1-2.

[116] 张怡，李瑞缘 . 非营利组织参与农村公共服务税收激励机制研究 [J]. 经济与管理评论，2013（5）：89-97.

[117] 张颖，杨桂红，李卓蔚 . 基于 DEA 模型的北京林业投入产出效率分析 [J]. 北京林业大学学报，2016，38（2）：105-112.

[118] 张颖 . 伊春林业社会化服务体系建设研究 [D]. 哈尔滨：东北林业大学，2011.

[119] 张永翊，王倞，任连娣 . 农民专业合作社与农村社会事业治理 —— 农民专业合作社的功能研究 [J]. 生产力研究，2011（11）：42-43，60.

[120] 张勇，张卫，徐新胜，等 . 基于三阶段博弈的制造服务系统动态演化方

法 [J]. 计算机集成制造系统，2016，22（11）：2698-2706.

[121] 赵曼丽 . 从协同到共生：农村公共服务供给的理论构建与超越 [J]. 江海学刊，2013（3）：213-218，239.

[122] 赵然芬 . 以健全农业社会化服务体系为抓手加快推进河北省乡村振兴的对策与建议 [J]. 经济论坛，2018（3）：4-6.

[123] 郑苗苗，包庆丰 . 林业社会化服务体系研究进展 [J]. 内蒙古农业大学学报（社会科学版），2013，15（1）：25-27.

[124] 郑卫荣，柯建云 . 农村公共服务评价与位序结构优化：兼论供给策略的选择 [J]. 安徽行政学院学报，2010，1（3）：74-79.

[125] 郑英宁，唐娟莉，朱玉春 . 我国农村公共服务效率评价：基于 DEA 方法 [J]. 技术经济，2008，27（12）：98-103.

[126] 钟艳，谷梅 . 林业社会化服务体系的问题与对策探讨 [J]. 绿色中国，2005（4）：47-48.

[127] 钟真，孔祥智 ."十三五"中国农业改革发展的起点与展望 [J]. 教学与研究，2016（2）：5-13.

[128] 钟真，谭玥琳，穆娜娜 . 新型农业经营主体的社会化服务功能研究——基于京郊农村的调查 [J]. 中国软科学，2014（8）：38-48.

[129] 钟真，张琛，张阳悦 . 纵向协作程度对合作社收益及分配机制影响——基于 4 个案例的实证分析 [J]. 中国农村经济，2017（6）：16-29.

[130] 周海迪，孟庆军 . 农业供给侧改革背景下构建现代农业经济社会化服务体系研究 [J]. 经济研究导刊，2017（20）：22-23.

[131] 周娟 . 基于生产力分化的农村社会阶层重塑及其影响——农业社会化服务的视角 [J]. 中国农村观察，2017（5）：61-73.

[132] 周素萍，赵京华，张亦明，等 . 湖南农村公共服务体系的建立及完善 [J]. 农业经济，2010（8）：29-31.

[133] 朱海强，刘晓华．广西林业社会化服务体系研究 [J]. 广西社会科学，2013（7）：22-24.

[134] 朱永华，王燕燕．中小企业服务体系模式研究——基于三个典型城市的实证分析 [J]. 上海企业，2009（2）：22-23.

[135] 庄丽娟，贺梅英，张杰．农业生产性服务需求意愿及影响因素分析——以广东省 450 户荔枝生产者的调查为例 [J]. 中国农村经济，2011（3）：70-78.

附　录

问卷编号：□□□□□□□□□□□□

________省________县________乡/镇________村

林业社会化服务专项调查问卷

调查问卷

户主姓名____________________

联系电话____________________

调查员姓名____________________

复核员姓名____________________

调查日期______年____月____日

一、家庭基本情况

(一) 户主基本特征

性别	年龄（岁）	受教育程度	职业

是否从事与林业有关的经营活动（如林业种植、采运、林产品销售等）	是否村、组及以上干部	是否接受过林业培训

注：1. 性别：A. 男，B. 女；

2. 受教育程度：A. 小学及以下，B. 初中，C. 中专或高中，D. 大专或本科及以上；

3. 职业：A. 务农，B. 务农兼打工，C. 务农兼工副业（如开商店、卫生所等），D. 长期外出打工；E. 固定工资收入者（如村干部、教师、医生等）；F. 其他（注明）；

4. 是否从事与林业有关的经营活动：A. 是，B. 否；

5. 是否干部（包括曾经是干部的）：A. 是，B. 否；

6. 是否接受过林业培训：A. 是，B. 否。

(二) 2016年家庭基本情况（单位：人）

总人口	劳动力	长期外出打工人数（6个月以上）	外出涉林打工		本地涉林打工	
			人数	时间（日/人）	人数	时间（日/人）

家里是否有人经商	家庭收入主要来源	家庭收入在村中的水平

注：1. 家里是否有人经商：A. 是，B. 否；

2. 家庭收入主要来源：A. 靠打工，B. 做生意，C. 固定工资收入，D. 农业生产，E. 林业生产，F. 政府补助，G. 其他（请注明）；

3. 家庭收入在村中的水平：A. 较高，B. 中等，C. 较低。

(三) 2016年家庭人员经营自家林地情况（不包括外出打工和雇佣外来劳力）

造林		采摘		采摘		采伐		其他（请注明）	
人数(人)	时间(日/人)	人数(人)	时间(日/人)	人数(人)	时间(日/人)	人数(人)	时间(日/人)	人数(人)	时间(日/人)

(四) 耕地面积 _____ 亩；林地 _____ 块，面积 _____ 亩。

二、农户家庭生计情况

(一) 2016年农户家庭林业生产经营支出(元)

总支出	种苗/幼种	化肥农药	人工						机械或畜力	税费	其他
			家庭自投劳力			雇佣劳动力					
			支出(元)	人数(人)	时间(日/人)	支出(元)	人数(人)	时间(日/人)			

注：1. 种苗(幼种)投入包括用材林、经济林树苗投入、林下种植投入的各类种子及林下养殖投入的幼崽等；

2. 人工投入内容包括造林种植、森林抚育、森林管护、林木采伐、竹材采伐、果品采摘、竹笋挖掘、其他；

3. 人工投入费用以投工人数、投工天数和当地当年每日临时雇工费用乘积来计算。

(二) 2016年农户家庭林业收入(元)

总收入	用材林收入	竹林收入	经济林收入	林下经济收入	涉林打工收入	财产性收入	转移性收入	其他收入

注：1. 用材林收入包括木材收入和薪材收入；竹林收入包括竹材收入和竹笋收入。

2. 对家庭自用的木材、果品、竹笋等以家庭消费量和当地当年价格之乘积计算。如果林产品有干、湿差别，应按照干、湿产品重量和各自价格乘积之和计算。

3. 林下经济收入包括林下种植收入、林下养殖收入、林下产品采集加工收入和森林景观利用收入。

4. 财产性收入包括林地租赁、买卖青山等获得的收入。

5. 转移性收入包括各种林业补贴，例如生态效益补偿、抚育补贴、种苗补贴、林业农机具补贴等。

(三) 2016年农户家庭其他支出与收入(元)(不含林业)

收入		支出					
生产经营收入	其他收入	生活消费	家庭经营费用	购置生产性	税费	财产性支出	转移性支出

注：1. 生产经营收入包括农业收入和其他经营收入。农业收入包括粮食生产、经济作物、养殖、其他收入。

2. 其他收入包括非林工资性收入、非林转移性收入、非林财产性收入。
3. 生活消费支出包括食品、衣着、居住、家庭设备用品及服务、医疗保健、交通和通讯、文化教育娱乐用品及服务、其他商品和服务支出。
4. 经营费用支出指以家庭为基本生产经营单位从事生产经营活动而消费的商品和服务、自产自用产品。
5. 转移性支出包括亲友间礼金支出、捐赠支出、赡养支出、非储蓄性保险支出等。

三、林业社会化服务基本情况

(一) 对于农户来说下列哪些社会化服务是需要的？

是否需要：A. 非常不需要 B. 不需要 C. 一般 D. 需要 E. 非常需要

是否满意：A. 非常不满意 B. 不满意 C. 一般 D. 满意 E. 非常满意

项目	是否需要	对提供的服务是否满意
林业科技推广服务		
林地流转中介服务		
林业产权评估服务		
林地流转产权交易服务		
林业融资服务		
森林病虫害防治服务		
森林保险服务		
林木种苗培植与供应服务		
林产品加工服务		
林产品收购服务		
森林防火设施建设服务		

(二) 当前，我们林业部门主要提供了哪些林业社会化服务项目？哪些项目可以转化为市场和社会供应？理由是什么？

项目	是否林业部门提供?	是否可转化为市场和社会供应?	理由
林业科技推广服务			
林地流转中介服务			
林业产权评估服务			
林地流转产权交易服务			
林业融资服务			
森林病虫害防治服务			
森林保险服务			
种苗培植与供应服务			
林产品加工服务			
林产品收购服务			
森林防火设施建设服务			

选题答案说明：1. 是否林业部门提供？（A. 是；B. 不是）

2. 是否可以转化为市场、社会供应？（A. 可以；B. 不可以）
3. 理由：不可转化的理由（A. 有政府专项经费；B. 林业部门人员难以消化；C. 林业部门提供更有保障；D. 可盈利）；可转化的理由（A. 市场供应更公平、公正；B. 市场提供更有效率；C. 可盈利）。

(三) 请根据下列服务项目的供给途径填写。

A. 亲戚朋友　B. 村公告　C. 报纸　D. 电视、广播　E. 村领导　F. 互联网　G. 其他。

序号	项目	供给信息获取的渠道	序号	项目	供给信息获取的渠道
1	林业科技推广服务		7	森林保险服务	
2	林地流转中介服务		8	种苗培植与供应服务	
3	林业产权评估服务		9	林产品加工服务	
4	林地流转产权交易服务		10	林产品收购服务	
5	林业融资服务		11	森林防火设施建设服务	
6	森林病虫害防治服务				

四、林业社会化服务需求影响因素

(一) 请根据现有的林业社会化服务需求情况，对以下指标进行填写。

项目	变量	变量定义	填写
1	性别	1＝男，0＝女	
2	年龄	按实际填写	
3	受教育程度	1＝小学及以下，2＝初中，3＝高中，4＝大专及以上	
4	人均林地面积	按实际填写	
5	是否从事经营活动	1＝是，0＝否	
6	是否为干部	1＝是，0＝否	
7	是否接受过林业培训	1＝是，0＝否	
8	是否接受过林业科技服务	1＝是，0＝否	
9	林地流转面积	按实际填写	
10	遭受灾害面积	按实际填写	
11	遭受病虫鼠害面积	按实际填写	
12	是否需要林权抵押贷款	1＝是，0＝否	
13	是否有林权纠纷	1＝是，0＝否	
14	是否有法律保障	1＝是，0＝否	
15	到城镇距离	1＝近，2＝较近，3＝较远，4＝远	
16	是否愿意支付	1＝是，0＝否	

(二) 请根据现有的林业社会化服务供给情况，对以下指标进行填写。

项目	变量	变量定义	填写
1	服务种类满意度	0＝非常满意，1＝满意，2＝不满意，3＝非常不满意	
2	服务价格满意度		
3	服务质量满意度		
4	是否为经营小户	0＝否，1＝是	
5	劳动力是否匮乏	0＝否，1＝是	
6	流动资金是否匮乏	0＝否，1＝是	

续表

项目	变量	变量定义	填写
7	是否有税收减免	0＝否，1＝是	
8	是否有资金补贴	0＝否，1＝是	
9	是否有贷款贴息	0＝否，1＝是	
10	是否有专项经费	0＝否，1＝是	
11	林业部门人员服务是否及时	0＝否，1＝是	
12	林业部门人员是否服务态度好	0＝否，1＝是	
13	林业部门人员是否专业性强	0＝否，1＝是	
14	是否有非公共服务机构供给	0＝否，1＝是	
15	是否建设信息服务平台	0＝否，1＝是	
16	是否有技术推广	0＝否，1＝是	
17	服务是否有保障	0＝否，1＝是	

五、满意度评价指标

(一)请根据现有的林业社会化服务供给情况，对以下满意度评价指标进行打分。

一级指标	二级指标	很差	较差	一般	较好	很好
农户满意度	对服务的满意度					
	对服务的需求度					
	抱怨与投诉减少度					
供给主体资源配置效率	供给主体的投入产出效率提高度					
	供给主体交易成本降低程度					
	供给主体运营效率提高程度					
社会公平	服务分配的公平程度					
	农户参与程度					
	供给主体对矛盾的协调程度					
	供给主体责任的实现程度					
影响	可持续发展程度					
	对社会、政治、经济等的影响程度					

注：请在对应的一栏打“√”。

(二)请根据现有的林业社会化服务供给情况，对以下供给影响因素指标进行打分。

一级指标	二级指标	很差	较差	一般	较好	很好
供给目标	目标明确性					
	目标一致性					
运行机制	服务系统响应					
	服务系统设计					
	服务系统选择					
	服务系统组建					
	服务系统更新					
合作关系	信任					
	沟通					
	协调					
供给环境	政策与制度					
	农户支持					

注：请在对应的一栏打“√”。

六、想法与建议

对目前林业社会化服务供给有什么好的想法与建议？

后　记

本书是在我的导师田治威教授悉心指导下完成的。田教授不仅从全书的框架和逻辑关系中教授我如何谋划，还用严谨的研究态度和精益求精的工作作风感染着我、激励着我。田教授多次指导本书的写作，首先是从全书的框架上，再从具体章节的撰写上，之后又从全书的格式中严格要求我、鞭策我前进。这种外在动因对我提高很大，因为这是一次与导师沟通学习磨炼的机会！本书的写作对我而言犹如涅槃重生，在此谨向田教授致以诚挚的谢意和崇高的敬意。

感谢我的老师曾玉林教授带领我连续三年调研，获得了宝贵的原始数据，并在自己最困难无助之时提供了帮助。感谢陈建成教授、尹少华教授、温亚利教授、孔祥智教授、潘焕学教授、程宝栋教授、田明华教授、张立中教授、王立群教授、胡明行教授、夏春锋老师对本书的指导，他们提出了许多宝贵的意见。感谢国家林草局经研中心的刘璨教授对本书的指导。感谢王金龙、杨伶博士在我困惑迟疑的时候给予我精神上的鼓励。感谢在一起愉快学习的经管博2012级的同学们，尤其是要感谢班长于豪谅、王丹华、郑贵军给我的鼓励和帮助，感谢谭盼小师妹的陪伴。在此，还要特别感谢曹兰芳副教授在本书的资料搜集方面提供的帮助，支持我度过了许多难关。

还要感谢我的家人，这些年我既要完成教学任务，又要抽出时间来完成书稿，没有时间好好陪伴家人，是父母和爱人主动承担起了全部家务和照顾孩子的责任。他们对我从来没有要求过任何回报，对我全是支持和鼓励。这一切给予了我自信。这里还要特别感谢我的大儿子，支持我全力以赴地写作本书，他的支持成为我完成本书的巨大动力。妈妈非常谢谢你！希望你和弟弟健康快乐地成长。